Arretium
Clusium
TYRRHENI (ETRUSCI)
Tiberis
UMBRI
Tarquinii
SABINI
Veji
Tibur
Anio
Caere
Sulmo
MARE ADRIATICUM
Roma
Praeneste
Ostia
Tusculum
LATIUM
Arpinum
VOLSCI
Cannae
Capua
Cumae
Vesuvius
Puteoli
Neapolis
Baiae
Pompeii
Herculaneum
Venusia
Brundisium
Tarentum
MARE TYRRHENUM
RIOR
SCYTHAE
DACIA
Tomi
PONTUS EUXINUS
Danuvius
LYRICUM
MOESIA
DALMATIA
PONTUS
BITHYNIA
THRACIA
Bosporus
PARTHIA
APULIA
MACEDONIA
Byzantium
Philippi
Lampsacus
ASIA
Brundisium
PHRYGIA
Phoenice
Olympus
Troia
MEDIA
THESSALIA
MARE
Pergamum
Croton
Lesbus
LYDIA
Actium
Ephesus
Tarsus
Issus
MARE
Delphi
SYRIA
ATTICA
Miletus
CILICIA
Seleucia
IONICUM
Athenae
Olympia
Corinthus
Samus
Sparta
Rhodus
PELOPONNESUS
AEGAEUM
CYPRUS
MESOPOTAMIA
Kition
Cnossus
CRETA
Tyrus
Nazareth
INTERNUM
PALAESTINA
Jericho
IUDAEA
Hierosolyma
Cyrene
Alexandria
ARABIA
LIBYA
Ammonium
AEGYPTUS
Nilus

ROMA

Ausgabe A in vier Bänden

Band I

von Reinhold Ernstberger
Richard Nusser
Hans Ramersdorfer

C. C. BUCHNERS VERLAG · BAMBERG
J. LINDAUER VERLAG (SCHAEFER) · MÜNCHEN
R. OLDENBOURG VERLAG · MÜNCHEN

ROMA A

Unterrichtswerk für Latein als 1. Fremdsprache

Herausgegeben von Josef Lindauer und Prof. Dr. Klaus Westphalen

ROMA A I wurde verfasst von

Dr. Reinhold Ernstberger, Richard Nusser und Dr. Hans Ramersdorfer, Regensburg

Bild auf dem Einband:
Camille Corot (1796–1875): Blick auf das Forum aus den Farnesischen Gärten (Ausschnitt). Paris, Louvre

3. durchgesehene Auflage 3 5 4 3 2 1 1999 98 97
Die letzte Zahl bedeutet das Jahr dieses Druckes.

Alle Drucke dieser Auflage sind, weil untereinander unverändert, nebeneinander benutzbar.

Dieses Werk folgt der reformierten Rechtschreibung und Zeichensetzung. Ausnahmen bilden Texte, bei denen künstlerische, philologische oder lizenzrechtliche Gründe einer Änderung entgegenstehen.

C. C. Buchners Verlag ISBN 3 7661 **5641** 1
J. Lindauer Verlag ISBN 3 87488 **641** 7
R. Oldenbourg Verlag ISBN 3 486 **19451** 8

Gesamtherstellung: Graphischer Großbetrieb Friedrich Pustet, Regensburg

VORWORT

Das ab 1. August 1992 gültige Lehrplanwerk für das Bayerische Gymnasium hat Verlag, Herausgeber und Verfasser veranlasst, das seit 17 Jahren eingeführte Unterrichtswerk ROMA einer Bearbeitung zu unterziehen. Dabei sollte der bewährte Aufbau der Reihe erhalten bleiben, jedoch mussten die notwendigen Änderungen vorgenommen werden, so dass die Neubearbeitung den Forderungen des Fachlehrplans und den von Kollegen geäußerten Wünschen entsprechen kann. Am didaktischen und methodischen Gesamtkonzept hat sich für das ganze Unterrichtswerk nichts geändert. Die meisten Lesestücke des 1. Bandes sind nur geringfügig verändert, wenige Stücke wurden durch neue ersetzt. Die mehrfarbige Bebilderung soll den Text unterstützen und auch Freude am Umgang mit dem Lateinbuch vermitteln.

Um von Anfang an auf die Textlektüre hinzuarbeiten, muss die Durchnahme der Lesestücke (L) im Vordergrund stehen; sie sollten vollständig behandelt werden. Jedes Lesestück führt die grammatischen Phänomene im Kontext vor. Ein größeres Angebot an deutschen und lateinischen Übungssätzen kommt einem vielfach geäußerten Wunsch entgegen. Unter diesen Sätzen sowie aus dem umfangreichen Übungsmaterial (Ü) insgesamt muss der Lehrer eine geeignete Auswahl treffen. Der Einführungsteil (E) demonstriert an einfachen Sätzen den jeweiligen neuen Stoff, doch kann dieser kleine Teil auch als Ergebnissicherung verwendet werden. Die Sachinformationen (S) ergänzen und erweitern die Thematik der Lesestücke oder regen zur Auseinandersetzung mit lateinischen Sentenzen an.

Jede Lektion ist auf etwa zwei bis drei Unterrichtsstunden berechnet. Mit wenigen Ausnahmen sind daher die Lektionen zweigeteilt. Deshalb sind die meisten Einführungsteile (E), fast alle Lesestücke (L) und die deutsch-lateinischen Übersetzungsstücke (in Ü) durch Abschnittsbildung gekennzeichnet. Bei den Übungen insgesamt bezeichnet ein kleiner Strich den Einschnitt. Der Wortschatz wurde noch einmal statistisch abgesichert und gekürzt und den genannten Halbierungen entsprechend jeweils in zwei Kolumnen aufgelistet.

Wir hoffen mit dieser Neubearbeitung einen guten Weg beschritten zu haben und ein Unterrichtswerk vorlegen zu können, das Lehrer wie Schüler gerne und mit Gewinn benützen werden. Für Anregungen und Wünsche sind wir jederzeit offen.

Herausgeber und Autoren danken dem C. C. Buchners Verlag sehr für die große Sorgfalt, mit der er das Buch in allen Phasen der Bearbeitung betreut hat.

INHALT

In einer römischen Familie

Die ersten elf Lektionen des Unterrichtswerkes ROMA führen uns mitten hinein in eine römische Familie. Sie ist anders als unsere Familien heute:
Der Familienvater (lat. pater familias) ist das unbestrittene Oberhaupt, man hat gewöhnlich viel mehr Kinder als heutzutage, so dass man diese der Einfachheit halber nummerierte (der sechste Sohn hieß z. B. schlicht Sextus), und vor allem gehörten auch je nach Reichtum mehrere Sklaven und Sklavinnen zur Familie. Was meint ihr: Haben wir es heute besser oder schlechter in unserer Kleinfamilie?

Wir sind zu Gast in der Familie des Publius. Er ist verheiratet mit Tullia und hat nur zwei Kinder, Markus und Claudia. Die Sklavin Delia ist das Mädchen für alles, die Sklaven Davus und Syrus dienen ihrem Herrn.
Dazu kommt noch der stets unternehmungslustige Onkel Tullius, der Bruder Tullias.

Wir lernen das Alltagsleben der Römer kennen, hören von der Schule, den Spielen und den Spielgefährten, erleben etwas von der Leidenschaft vieler Römer für die Zirkusspiele (die nichts mit unserem Zirkus zu tun haben!) und erfahren schließlich, was die Kinder von ihren Lehrern halten.

1 Die lateinische Sprache

E Warum heißt dieses Lehrbuch der lateinischen Sprache ROMA?

ROMA heißt heute die Hauptstadt Italiens. ROMA hieß aber auch die Stadt, die Romulus, wie die Sage erzählt, im Jahre 753 vor Christus in der Landschaft Latium gründete. Von dieser Landschaft Latium und ihren Bewohnern, den Latinern, hat die Sprache der Römer ihren Namen. Der Name „Römer" für das Volk aber wurde von der Stadt ROMA abgeleitet, die die Römer bewohnten. Darum heißt dieses Lehrbuch der lateinischen Sprache ROMA.

Von Rom aus verbreiteten die Römer ihre Herrschaft über ganz Italien und über weite Teile der damals bekannten Welt. Um Christi Geburt erstreckte sich ihr Reich vom heutigen England bis Nordafrika, vom Atlantik bis zum Orient. In Deutschland waren der Rhein und die Donau die Grenzen. Zum verstärkten Schutz gegen Angriffe der Germanen und zur Begradigung des Grenzverlaufs bauten die Römer etwa von Regensburg bis in die Nähe von Bonn einen ca. 550 km langen Wall, den berühmten Limes, der lange Zeit den Angriffen trotzte. In den unterworfenen Gebieten setzten sich römische Lebensart und römische Sprache immer mehr durch. Und als das Reich schließlich zerfiel, hielten sich fast überall die Reste der Städte, die die Römer gegründet, und Zeugen der technischen Leistungen, die sie vollbracht hatten. Mit den Dingen lebte auch die römische Sprache weiter. Schon früh übernommene römische Wörter passten sich der deutschen Sprache weitgehend an (Lehnwörter), später übernommene blieben meist unverändert (Fremdwörter). Jeder von uns gebraucht täglich viele lateinische Wörter, meist ohne es zu wissen. Machen wir die Probe!

L Lateinische Hauptwörter in der deutschen Sprache

a) Manche Wörter sind fast unverändert geblieben:
Paula, villa, Iulius, globus, circus, studium, publicum.

b) Viele Wörter haben nur den lateinischen Ausgang verloren:

1. figura	die Figur	forma	die Form
2. candidatus	der Kandidat	triumphus	der Triumph
3. fundamentum	das Fundament	testamentum	das Testament

c) Häufig änderte sich der Ausgang *-a* in *-e*:

statua	die Statue	flamma	die Flamme

d) Das lateinische Wortende *-ula* wurde meistens zu *-el* abgeschwächt:

fabula	die Fabel	insula	die Insel

Ü a) *Welche lateinischen Wörter werden großgeschrieben?*

b) *Welche Buchstaben ersetzen im Deutschen das* c *in* circus, *das* I *in* Iulius, *welchen Laut spricht man für das* v *in* villa?

c) *Vergleiche:* villa – *die Villa, eine Villa. Welche Wortart fehlt im Lateinischen?*

d) *Übersetze nach dem jeweils angegebenen Beispiel ins Lateinische:*

(die, eine) Form	– forma:	die Natur, Musik, Rom
(der, ein) Triumph	– triumphus:	der Chor, der Stil, der August
(das, ein) Testament	– testamentum:	ein Instrument, das Metall, das Institut
(die, eine) Flamme	– flamma:	eine Bestie, die Ruine, die Rose, die Familie, eine Summe, die Zelle
(die, eine) Fabel	– fabula:	die Regel, die Formel, die Epistel (der Brief)

S 34 lateinische Wörter hast du schon kennen gelernt!

Die meisten der genannten Wörter gibt es auch im Italienischen, Französischen, Spanischen, Portugiesischen und Rumänischen, sehr viele auch im Englischen.

Latein ist die Muttersprache wichtiger moderner Fremdsprachen.

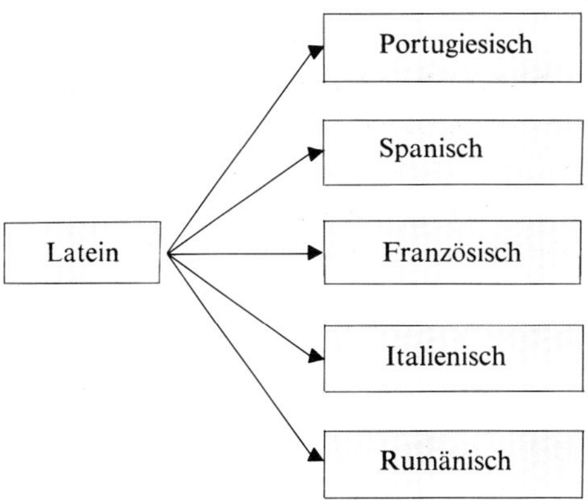

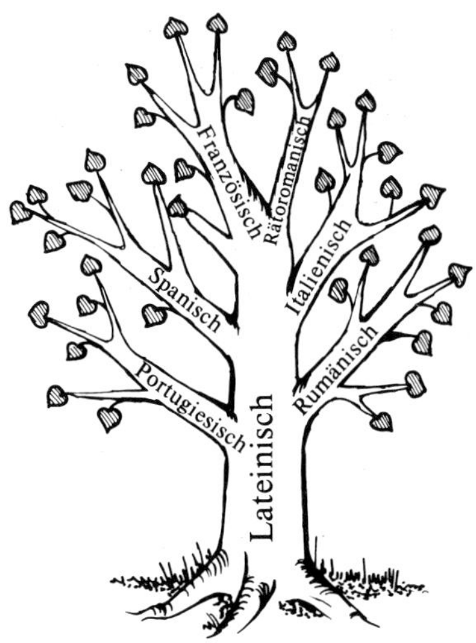

Sprachenstammbaum

Ein Beispiel für das Weiterleben eines lateinischen Wortes:

lateinisch	portugiesisch	spanisch	italienisch	französisch	rumänisch
amicus (Freund)	amigo	amigo	amico	ami	amic

Wer will heute schon den Vater oder die Mutter mit einem lateinischen Gruß überraschen?

Salve, pater!
Sei gegrüßt, Vater!

Salve, mater!
Sei gegrüßt, Mutter!

2 Der Numerus beim Verb (3. Person)

E

1.	Pūblius es-**t**	pater.	Tullia es-**t**	māter.
	Publius is-t der	Vater.	Tullia is-t die	Mutter.
2.	Pater	salūta-**t**.	Māter	salūta-**t**.
	Der Vater	grüß-t.	Die Mutter	grüß-t.

3.	Mārcus et Claudia	su-**nt**	fīlius	et	fīlia.
	Markus und Claudia	si-nd	der Sohn	und	die Tochter.
4.	Fīlius et fīlia	salūta-**nt**.			
	Sohn und Tochter	grüße-n.			

L In einer römischen Familie

Publius est pater. Tullia est mater.
Pater salutat. Mater salutat.
Marcus est filius. Claudia est filia.
Marcus cenat. Claudia cenat.
Syrus est servus. Delia est serva.
Servus laborat. Serva laborat. Avus cenat.

Filius et filia cenant.
Mater intrat et rogat:
„Ubi sunt Syrus et Delia?“
Serva et servus laborant. Properant.
Marcus et Claudia rogant:
„Ubi est pater?“
Mater: „Pater ambulat.“

Ü a) Wenn ein Soldat grüßt, sagt man: er salutiert.

Vergleiche: er salutiert — salutat (Einzahl)
sie salutieren — salutant (Mehrzahl)

Welche Wörter sind im Lateinischen nicht übersetzt?

b) Das Wort salutieren stammt aus dem Lateinischen. Es ist ein Fremdwort.

Andere Beispiele: (der Fahrer) transportiert, (die Kundin) reklamiert, (der Arzt) kuriert, (der Zeichner) illustriert.

Wie müssen diese Verbformen lateinisch heißen?

Römisches Ehepaar, Besitzer einer Bäckerei, dargestellt auf einem Wandgemälde in Pompeji. Der Mann hat eine Schriftrolle in der Hand, während die Frau Wachstäfelchen und einen Schreibgriffel hält. Vermutlich macht sie Notizen über Ausgaben für ihr Geschäft.

c) *Übersetze:* 1. Syrus ist ein Sklave. Der Sklave arbeitet. 2. Delia ist eine Sklavin. Sie isst. 3. Tullia ist die Mutter. Sie arbeitet. 4. Der Sohn grüßt. Er arbeitet. 5. Die Tochter fragt: „Wo ist die Mutter?" 6. Mutter tritt ein und fragt: „Wo ist Markus?" 7. Markus beeilt sich und tritt ein. 8. Mutter fragt: „Wo sind der Sklave und die Sklavin?" 9. Syrus und Delia beeilen sich und arbeiten. 10. Der Vater tritt ein. Sie essen.

d) *Woran liegt es, dass die Sätze von* c) *im Lateinischen kürzer sind als im Deutschen?*

---

e) *Setze die Verbformen von* b) *lateinisch in den Plural und übersetze sie.*

f) *Erkläre mit Hilfe des lateinischen Wortschatzes:* ‚Servus' (als Grußformel), Salut, Filiale, Labor, ambulante Behandlung.

S Die römische Familie

Bei den vermögenden Römern zählten gewöhnlich nicht nur die Eltern und die Kinder, sondern auch die im Haus geborenen Sklaven und Sklavinnen zur Gemeinschaft einer Familie. Und bei etlichen Leuten war diese Dienerschaft recht zahlreich.

Der Familienvater hatte alle Rechte über die Ehefrau, die Kinder und die Sklaven. Er entschied z. B. in sehr alter Zeit über Leben und Tod eines neugeborenen Kindes und konnte seine Kinder sogar in die Sklaverei verkaufen. Bald freilich hob ein Gesetz dieses unmenschliche Recht auf.

Eine tüchtige Ehefrau hatte Einfluss auf die Entscheidungen ihres Mannes und nahm auch Anteil an den Würden, die ihr Gatte im öffentlichen Leben genoss. Ihr unterstanden die Verwaltung des Hauses und die Erziehung der Kleinkinder. Sie ging auch aus, machte und empfing Besuche. Eine Vorliebe hatten römische Frauen nicht selten für Weben und Sticken.

3 Der Nominativ der ā- und o-Deklination

E 1. Serv-**us** labōra-t, serv-**a** própera-t.
Serv-**ī** labōra-nt, serv-**ae** própera-nt.

2. Fīlius nōn labōrat.

L Der Tag beginnt

Dominus et domina, filius et filia, servus et serva sunt familia.
Syrus et Davus iam laborant; servi sunt.
Etiam servae laborant.
Mater rogat: „Ubi est Claudia? Cur non properat?"
Delia: „Filia dormitat[1]."
Mater clamat: „Claudia, Claudia!"
Claudia: „Quis clamat? Ah, mater clamat."
Filia properat.

Die Kinder sollen in Begleitung der Sklaven zur Schule gehen.

Pater rogat: „Ubi est Marcus? Servus iam exspectat."
Sed Marcus non properat.
Tum pater: „Amici et amicae iam exspectant."
Nunc filius et filia intrant et pransitant[2].
Tum Marcus rogat: „Ubi sunt tabulae et stili?"
Mater: „Hic sunt stili et tabulae."
Nunc filius et filia salutant.
Etiam pater et mater salutant.
Tum pater properat. Pater patronus est.

Ü a) *Übersetze mit bestimmtem und unbestimmtem Artikel:*
filiae, familiae, fabulae, serva, servi, filius, avi, dominus, domini.

b) *Setze zunächst die passende Form von* filia, *dann von* domina *ein:*
1. ... salutat. 2. ... intrant et cenant. 3. ... ambulat. 4. ... laborant.

c) *Setze in den Plural:*
1. Servus intrat. 2. Filius properat et laborat. 3. Filia salutat et ambulat. 4. Etiam dominus et domina laborant.

---

[1] *dormītat* er (sie, es) schläft [2] *prānsitant* sie frühstücken

d) *Ergänze die Endungen:* Domina intra… . Servae saluta… . Etiam mater et pater saluta… . Filius et filia non labora… . Pater clama…, Marcus non propera… . Servi labora…, avus ambula… .

---

e) *Unterscheide, was jeweils verneint wird:*
Marcus non laborat, sed cenat.
Non Marcus laborat, sed Claudia.

f) *Verwandle folgende Wörter, die männliche Personen bezeichnen, durch Veränderung des Wortausgangs in Wörter, die weibliche Personen bezeichnen:*
filius, servus, dominus, amicus, patronus.

g) *Übersetze:* 1. Wer ruft laut? 2. Der Herr grüßt und fragt: „Wo sind die Sklaven? Warum arbeiten sie nicht?“ 3. Claudia entgegnet°: „Die Sklaven arbeiten bereits, sie gehen nicht spazieren.“ 4. Schon beeilen sich Tochter und Sohn; auch Großvater und Vater arbeiten schon.
5. Davus fragt: „Wo ist die Tafel?“ 6. Die Mutter antwortet°: „Hier ist die Tafel.“ 7. Der Sklave wartet schon, auch die Freunde und die Freundinnen warten. 8. Sie fragen: „Wo sind Markus und Claudia?“ 9. Sohn und Tochter essen; dann beeilen sie sich.

Deutsche Wörter mit ° werden nicht übersetzt.

S Ein römischer Schüler beschreibt seinen Tagesablauf

Bei Tagesanbruch wache ich auf, rufe meinen Sklaven und lasse ihn das Fenster aufmachen. Dann bitte ich um Socken und Schuhe, denn es ist kalt. Man bringt mir Wasser in einem Topf für meine Morgenwäsche. Bin ich damit fertig, ziehe ich mein Nachthemd aus und die Tunika an, schnalle einen Gürtel um und kämme mich. Dann verlasse ich das Zimmer mit meinem Pädagogen, um Papa und Mama zu begrüßen. Ich suche hierauf mein Schreibzeug und meine Tafel und gebe sie dem Sklaven. Nun mache ich mich, von meinem Sklaven gefolgt, auf den Weg zur Schule. Dort steige ich sehr ruhig, wie es sich gebührt, die Stufen hinauf. In der Vorhalle lege ich meinen Mantel ab. Ich streiche mit dem Kamm über die Haare, trete ein und sage: „Ich grüße dich, mein Lehrer“. Er umarmt mich und grüßt mich wieder. Der Sklave reicht mir Täfelchen, Schreibzeug und Lineal. Ich setze mich und mache mich an die Arbeit. Sobald ich mit dem Lernen meiner Lektion fertig bin, bitte ich den Lehrer, mich zum Essen nach Hause zu lassen. Ich kehre nach Hause zurück, ziehe mich um und nehme mir Weißbrot, Oliven, Käse, trockene Feigen und Nüsse. Ich trinke auch frisches Wasser. Dann gehe ich wieder in die Schule. Später muss ich zum Baden. Ich nehme Handtücher und folge meinem Diener. Ich laufe denen entgegen, die auch ins Bad gehen, und sage allen und jedem: „Wie geht's? Gutes Bad! Gutes Abendessen!“

So etwa war also der Tagesablauf eines jungen Römers aus wohlhabender Familie. Wodurch wird sich der Tageslauf eines Kindes armer Eltern unterschieden haben?

Römischer Knabe mit einer goldenen Amulettkapsel um den Hals. Sie war das Zeichen vornehmer Abstammung.

4 Der Akkusativ Singular der ā- und o-Deklination

E 1. Māter fīli-**am** exspectat.
2. Pater fīli-**um** exspectat.

L ## In der Schule

Servus tabulam et stilum portat. Itaque Marcus servum laudat. Claudia Paulam spectat et salutat. Amici et amicae nunc ludum intrant et salutant. Etiam magister salutat. Nunc ludus est. Magister tabulam monstrat et Marcum rogat: „Ubi sunt Italia et Roma?“ Marcus Italiam et Romam monstrat. Magister nunc amicum rogat: „Ubi sunt Germania et Gallia?“ Amicus Germaniam et Galliam monstrat. Magister Marcum et amicum laudat.

Quem magister nunc vocat? Non Claudiam, sed amicam vocat: „Quid est Britannia?“ – „Britannia est insula.“ Magister et Paula Britanniam spectant. Magister amicam laudat. Tum Claudiam vocat et rogat: „Quid est Sicilia?“ Claudia non errat: „Etiam Sicilia est insula.“ Puella Britanniam et Siciliam monstrat. Magister puellam laudat. Tum fabulam recitat. Amici et puellae salutant. Quem ludus non delectat?

Ü a) *6 Sätze mit 3 Wörtern:* Domina amicam salutat.
Neben dieser Wortstellung sind noch 5 andere im Lateinischen denkbar.
Welches Missverständnis wäre möglich, wenn wir auch bei der deutschen Übersetzung die Stellung veränderten? Wo steht im Lateinischen gewöhnlich die Satzaussage (das Prädikat)?

b) *Frage folgende Sätze ab und übersetze:* 1. Die Herrin betritt das Landhaus. 2. Die Sklavin sieht den Herrn. 3. Der Herr lobt die Sklavin und den Sklaven. 4. Claudia erwartet die Freundin. 5. Die Freundin grüßt Claudia.
Setze das Subjekt von Satz 1, 2 und 5 in den Plural und ändere das Prädikat.
Bei welchen Sätzen kann man auch im Deutschen ohne Gefahr eines Missverständnisses Subjekt und Akkusativobjekt umstellen?

c) *Beantworte die Fragen lateinisch:* Quem Marcus laudat? Quem Claudia salutat? Quis tabulam portat? Quem Claudia spectat? Quid Marcus monstrat? Quis amicam et amicum rogat? Quis non errat? Quid Claudia monstrat?

d) Pater filium laudat. Der Vater lobt den Sohn.
Besser übersetzen wir: Der Vater lobt s e i n e n Sohn.
Wo kannst du im Lesestück ebenso übersetzen?

Ein Vater, der hier die Rolle des Lehrers übernimmt, hat seinen Sohn zu sich gerufen und hört ihn die Hausaufgabe ab. Beide haben eine geschlossene Schriftrolle in der Hand; das bedeutet, dass sie den Text auswendig wissen.

Das Bild ist einem Grabstein entnommen, der verschiedene Stationen im Leben des Buben zeigt.

e) *Übersetze:* 1. Der Vater erwartet seinen° Freund. 2. Delia trödelt (eilt nicht); daher lobt der Vater die Sklavin nicht. 3. Schon betritt der Freund das Landhaus. 4. Großvater und Sohn begrüßen den Herrn und zeigen ihm° die Villa.
5. Das Landhaus gefällt dem Herrn (erfreut den Herrn). Dann betreten Vater und Mutter die Villa. Sie essen jetzt. 6. Sohn und Tochter rufen laut, denn sie sehen die Sklavin nicht. 7. Sie fragen: „Wo ist die Sklavin?“ 8. Delia beeilt sich und liest eine Geschichte vor. 9. Die Geschichte erfreut Claudia und Markus.

Besitzanzeigende Fürwörter in Sätzen wie „der Vater erwartet seinen° Freund“ werden in der Regel nicht ins Lateinische übersetzt und sind im Folgenden auch nicht mit ° versehen.

5 Der Akkusativ Plural der ā- und o-Deklination

E Māter amīc-**ās** et amīc-**ōs** salūtat.

L Die Spielgefährten der Kinder

Cornelius, Gaius, Paulus, Marcus amici sunt. Marcus amicos vocat. Amici Marcum saepe visitant, nam ludos amant. Appropinquant et villam intrant. Dominum et dominam salutant. Tum campos et bestias spectant. Equos amant. Servi laborant, bestias curant. Marcus servos laudat. Tum ludi amicos delectant.

Etiam Claudia saepe amicas exspectat. Subito amici clamant: „Paula, Iulia, Corinna appropinquant!“ Iam puellae hortum intrant et amicos salutant. Rosas[1] spectant. Sed Marcus et amici puellas ludificant[2]. Itaque Claudia et Corinna properant et villam intrant. Pater puellas rogat: „Cur amici clamant?“ – „Marcus et Gaius Iuliam et Paulam ludificant[2]. Puellas captant.“ Tum etiam amici villam intrant. Servae cenam parant. Cibi convivas delectant.

Spielende Kinder
Die einen spielen mit Nüssen, die anderen treiben Kugeln mit Rutenbündeln um die Wette vorwärts.

Ü a) *Bestimme nach Kasus (Fall), Numerus (Zahl) und Deklination (Beugung) und bilde jeweils den Singular oder den Plural dazu:*
filii, filias, dominum, servos, amicae, patronum, campi, equos, insulam.

---

[1] *rosa* die Rose
[2] *lūdificat* er (sie, es) neckt, foppt

Ü b) *Ergänze die unvollständigen Wörter:*
Amici camp_ intra_ et serv_ saluta_. Serv_ laborant et besti_ curant. Marcus et Paulus besti_ specta_. Pater Claudi_ rogat: „Cur amic_ et puell_ clamant?“ Lud_ amic_ et puell_ delectat.

c) *Etwas für Tüftler:* Mit den Wörtern *filius, amicus* und *exspectat* lassen sich 8 sinnvolle Sätze mit jeweils 3 Wörtern bilden, wenn man das Subjekt, das Objekt und das Prädikat teils in den Singular, teils in den Plural setzt. Dasselbe Wort darf hier nicht gleichzeitig Nominativ und Akkusativ sein.
Mit *filius, amicus, filia* und *exspectat* kannst du bei gleichen Bedingungen 24 Sätze bilden.

---

d) *Frage ab und übersetze:* 1. Claudia lädt oft ihre Freundinnen ein. 2. Schon betreten Corinna, Julia und° Paula das Landhaus. 3. Sie besuchen das Mädchen. 4. Sie betrachten die Felder. 5. Dann begrüßt der Vater die Freunde und die Mädchen.
6. Nun erfreuen Spiele die Gäste. Denn die Gäste mögen (lieben) Spiele. 7. Die Sklaven versorgen (pflegen) die Pferde. 8. Die Freunde lieben Pferde, daher loben sie die Sklaven. 9. Plötzlich ruft der Vater die Sklavinnen. Sie richten (bereiten) die Speisen her°. 10. Die Gäste loben die Speisen. Wen erfreut eine Mahlzeit nicht?

e) *Zwei Sprachen auf einen Schlag!*
Die folgenden lateinischen Wörter lauten völlig gleich im Italienischen:
amica, villa, figura, forma, natura, statua, bestia, serva.
Der lateinische Ausgang *-us* wurde im Italienischen oft zu *-o*.
Der Buchstabe *h* am Wortanfang wird meist nicht geschrieben.
Wie heißen also zu den folgenden italienischen Wörtern die lateinischen?
campo, cibo (sprich: tschibo), amico, patrono, servo, (h)orto.

f) Claudia amicas visitat et salutat. Claudia besucht und begrüßt ihre Freundinnen. Oder: Claudia besucht ihre Freundinnen und begrüßt sie°.

Übersetze ebenso: 1. Patronus servos exspectat et laudat.
2. Pater equum parat et curat.
3. Mater epistulam monstrat et recitat.

Besonderen Spaß machte es römischen Kindern, Reifen oder Scheiben übers Pflaster zu treiben.

6 ā- und ē-Konjugation (3. Person Singular und Plural)

E 1. Amīcus salūt**a**-t et rīd**e**-t.

2. Amīcī salūt**a**-nt et rīd**e**-nt.

L Kinderspiele (I)

Markus schlägt vor: „Spielen wir Schule! Ich mache den Lehrer."

Puellae et amici Marcum salutant, nam Marcus nunc est magister: „Salve!"
Magister amicos spectat et rogat: „Ubi est Marcus?"
Corinna: „Marcus non est hic."
Amici et puellae rident et clamant. Magister amicos monet et rogat: „Quis non paret? Cur puellae me non timent?"
Tum amicos terret. Itaque subito parent. Etiam puellae tacent. Non iam clamant.

Nunc Marcus tabulam monstrat et narrat: „Oceanus[1] saepe oras et vicos delet. Tum curae dominas et dominos terrent."
Sed Gaius: „Fabula me non delectat." Amici rident.
Marcus nunc Gaium rogat: „Quid est inter[2] Britanniam et Galliam?"
Gaius: „Aqua est inter Britanniam et Galliam."
Marcus: „Gaius semper errat. ‚Et' est inter Britanniam et Galliam."
Nunc puellae et amici rident; non iam tacent. Ludum laudant. Marcus victoriam habet.

Ü a) Er studiert: studet.
Übersetze ebenso: er pariert (gehorcht); er doziert (lehrt); sie moniert (mahnt).
Setze diese Wortformen in beiden Sprachen auch in den Plural.

b) *Übersetze und bestimme die Konjugation:*
properat, terrent, errant, timent, amat, monet, monstrat, paret, parat, portant.

c) *Ergänze:* Marcus amicos rog_, sed amic_ rid_. Puellas laud_. Tum amicos mon_.

d) *Beantworte mit kurzen Sätzen aus dem Lesestück:*
Cur Marcus amicos monet? Quid monstrat? Cur amici subito parent? Cur domini et dominae Oceanum timent? Quid dominos et dominas terret?

---

[1] *Ōcéanus* der Ozean
[2] *inter* (mit Akkusativ) zwischen

e) *Frage ab und übersetze:* 1. Markus ist der Lehrer. Er mahnt seine Freunde. 2. „Warum gehorcht Paulus nicht? 3. Warum fürchtet er mich nicht?“ 4. Da schweigt Paulus. Er lacht nicht mehr.

5. Der Lehrer erzählt nun eine Geschichte. 6. „Wasser und Feuer (Flammen) zerstören oft Gärten und Landhäuser. 7. Daher fürchten die Besitzer (Herren) Wasser und Feuer (Flammen).“ 8. Die Mädchen und die Freunde lachen, denn Markus hält Schule. 9. Die Schule erfreut die Freunde und die Mädchen immer.

f) *Erkläre mit Hilfe des lateinischen Wortschatzes:*
Aquarium, Kur, Visite, Camping, Monstranz, Terror, Vokal, Porto.

Kopf eines römischen Mädchens
aus gebranntem Ton (Terrakotta)

S Schule im antiken Rom

Wenn ein Römer keine Zeit hatte persönlich seinen Kindern das Lesen und Schreiben beizubringen, vertraute er sie für wenig Geld einem Schullehrer an, der auch im Rechnen, gelegentlich sogar im Stenographieren unterrichtete. Eine allgemeine Schulpflicht gab es nicht; etwa 135 Tage im Jahr waren schulfrei. In Italien gibt es noch heute 125 Ferientage im Jahr, wir haben 75. Der Unterricht begann in den frühen Morgenstunden, wurde mittags unterbrochen und am Nachmittag wieder aufgenommen.

Als Schulgebäude diente ein gemietetes Haus oder man traf sich in einem ruhigen Winkel im Freien. Gewöhnlich gab es keine Tische. Der Lehrer saß auf einem großen Stuhl, dem Katheder, die Schüler nahmen auf Schemeln Platz. Ihre Wachstafeln, in die sie mit einem Griffel die Buchstaben einritzten, hielten sie auf den Knien. Schulbücher kannte man nicht.

Nach der Grundschule kamen die Kinder zu einem Grammatiker, bei dem man lateinische und griechische Schriftsteller, etwas Rechnen, Physik, Astronomie, Geschichte und Erdkunde studierte. Wenn sich einer noch weiterbilden wollte, befasste er sich mit Redekunst und Philosophie.

7 ā- und ē-Konjugation (1. und 2. Person Singular und Plural)

E

	Singular	Plural
1. Person:	Rīde-**ō** et clām -**ō**.	Rīdē-**mus** et clāmā-**mus**.
2. Person:	Rīdē-**s** et clāmā-**s**.	Rīdē-**tis** et clāmā-**tis**.

L **Kinderspiele (II)**

Ein altes Fangspiel

Subito Paulus amicos et puellas rogat: „Cur nunc non captamus muscas[1]? Ego vos capto.“
Statim Paulus oculos ligat[2] et clamat: „Muscas capto, muscas capto.“
„Te non timemus. Nunc tacemus, te non vocamus.“
„Sed ego vos terreo, nam appropinquo.“
Properat. Corinnam paene captat.
Corinna: „Paulus nos videt, nam non errat.“
Paulus: „Vos non video, tamen[3] vos capto.“

Iulia: „Quem captas? Me non vides, me non terres, me non captas!“
Paulus: „Cur clamatis? Cur me non timetis? Cur ridetis?“
Paula: „Ludum amamus. Itaque ridemus.“
Paulus nunc dolum adhibet. Valde flet et clamat. Iulia statim amicum rogat: „Cur fles?“ Sed Paulus amicam subito captat.
Non iam flet. Paula amicam liberat. Paulus ridet: „Victoriam habes.“ Sic horae volant.

Ü a) *Bilde die 1. Person Singular und Plural und übersetze:*

delet, narrat, cenam parat, paret, amicos terret, appropinquat, patronum vocat et monet, spectat hortos, ridet et delectat filium.

b) *Ergänze:* 1. Marcus: „Amicos voc_.“ 2. Paulus: „Muscas[1] capt_ et amicas terr_.“ 3. Amici clam_: „Te vid_, itaque te non tim_.“ 4. Puellae rid_: „Paulus nos non capt_; victoriam hab_.“

---

c) *Bilde die 2. Person Singular und Plural und übersetze:*

timeo equum, fabulas recito, clamo, captat et habet, paremus, oram spectamus, tacent.

---

[1] *musca* die Mücke, Fliege. *Muscās captāmus* wir fangen Fliegen, hier: wir spielen Blindekuh
[2] *ligō* ich verbinde mir° [3] *tamen* trotzdem

Kinder beim Reiterkampf
Sarkophag um 250 n. Chr.
Vatikanische Museen

d) *Zwei Sprachen auf einen Schlag!*
Folgende lateinische Formen lauten im Italienischen gleich:
saluto, erro, curo, porto, volo, libero, narro, amo.

e) *Unterscheide und übersetze:* quis, quem, quid, ubi, cur; cena, cibus; hora, ora; paro, pareo; propero; appropinquo; subito, hic, nunc, tum; iam, etiam, non iam; saepe, semper, sic.

f) *Übersetze:* 1. Ich erwarte meine Freunde. Schon sehe ich Corinna und Gajus. 2. Wir lachen und bereiten ein Spiel vor. 3. Ich verbinde *(ligō)* mir° die Augen und rufe laut: „Jetzt fange ich euch." 4. Die Freunde lachen: „Uns siehst du nicht, uns fängst du nicht."
5. Corinna sagt°: „Warum nähert ihr euch nicht? Warum fürchtet ihr mich?" 6. Das Mädchen wendet nun eine List an: Sie weint plötzlich. 7. Gajus nähert sich ihr° sogleich. Corinna fängt den Freund. 8. „Warum lacht ihr?" – „Das Spiel gefällt (erfreut) uns sehr." 9. So fliegen die Stunden dahin°.

S Kinderspiele

Vieles von dem, was Kinder heute spielen, war auch die Freizeitbeschäftigung römischer Buben und Mädchen. Man kannte z.B. Blindekuh (Fliegen fangen), Mühle, verschiedene Ball- und Würfelspiele, freute sich an lustigen Figuren und Puppen, peitschte den Kreisel mit einer Schnur und trieb einen Reifen, der mit Ringen und Glöckchen besetzt war. Sehr beliebt war das Nüssespiel. Man baute kleine Türme aus Nüssen, drei als Grundlage und eine oben drauf. Wer den Turm mit einem Wurf traf, der durfte sich die Nüsse nehmen. Auch die Erwachsenen nachzuahmen und dabei Soldaten, Richter, Beamte und Lehrer zu spielen machte Spaß. Oder ein Kind spannte sich z.B. vor einen Wagen als Zugpferd und ließ sich dabei auch Schläge mit der Peitsche gefallen. Oder man nahm einen Kameraden auf die Schulter und los ging der Reiterwettkampf.

8 Der Dativ der ā- und o-Deklination

E 1. Dēlia Claudi-**ae** fābulam recitat.
2. Servus domin-**ō** equum mōnstrat.
3. Mārcus amīc-**īs** et puell-**īs** hortum mōnstrat.

L Zur Familie gehören auch Sklaven

Dominus cenam exspectat. Itaque Tullia servo et servae imperat. Syrus et Delia dominae parent. Serva cibos parat et mensam ornat. Servus domino aquam portat. Publius Syro et Deliae pecuniam donat. Itaque servus et serva domino gratiam debent. Tum pater filium et filiam vocat. Syrus domino nuntiat: „Claudia mensae appropinquat. Sed Marcum non video. Non laborat. Ubi est filius?“ Dominus servo: „Curas non habeo. Fortasse[1] amico et amicae equos monstrat.“ Subito etiam Marcus appropinquat. Familia nunc cenat.

Publius filio et filiae narrat: „Romani servis gratiam debent, nam valde laborant. Servis etiam filios et filias mandant.“ Marcus Deliam videt: „Cur fles?“ Delia tacet. Pater filio explicat: „Italia servae non placet, nam Graecia est patria, non Italia. Etiam serva patriam amat et desiderat.“ Mater Deliam laudat. Nam Delia filiae et amicis saepe fabulas recitat.
Syrus Marcum et Claudiam educat[2]. Tabulam habet, Marco et Claudiae Europam et Asiam monstrat, terras et insulas nominat. Itaque Publius et Tullia servis gratiam debent. Syro et Deliae saepe pecuniam donant. Tamen Syrus et Delia etiam curas habent.

Ü a) *Setze folgende Substantive als Dativobjekte im Singular ein:*
... hortum monstro (amicus, puella, servus, domina).
... appropinquamus (insula, equus, hortus).

b) *Welche Kasus kann der Ausgang* -ae *bezeichnen?*
Übersetze: Servae bestiae aquam portant. Bestiae servae appropinquant. Filiae convivae hortum monstrant. Convivae filiae pupam *(pūpa die Puppe)* donant.

c) *Vervollständige die Satzergänzungen:* Convivae vill_ et hort_ appropinquant. Serva domin_ paret et conviv_ cib_ parat. Servi equ_ aqu_ portant. Amici Deli_ pecuni_ donant. Quis servo et serv_ filiam et filium mandat?

---

d) *Wozu braucht man den Dativ? Versuche eine Antwort, indem du dir die Bedeutungen von* dono, mando, debeo, nuntio, narro, porto, recito, paro *überlegst.*

---

[1] *fortasse* vielleicht [2] *ēducat* er (sie, es) erzieht

e) Setze die Substantive von a) als Dativobjekte im Plural ein.

f) *Gib jeweils Kasus und Numerus an und übersetze:* den Sieg – den Siegen – dem Sieg; den Tisch – dem Tisch – den Tischen; dem Anwalt – den Anwalt – den Anwälten; den Freunden – den Freund – dem Freund.

g) *Übersetze:* 1. Gajus und seine Freunde nähern sich dem Landhaus. 2. Ein Sklave meldet dem Herrn die Gäste. 3. Die Freunde schenken der Sklavin Geld. 4. Gajus übergibt dem Freund einen Brief. 5. Mutter erzählt dem Sohn und der Tochter oft Geschichten.
6. Die Gäste übergeben ihre Pferde den Sklaven. 7. Da nähern sich auch die Mädchen den Pferden und bringen den Tieren Futter (Nahrung). 8. Claudia zeigt ihren Freundinnen den Garten. 9. Den Gästen bereiten die Sklavinnen ein Mahl. 10. Daher schulden die Gäste den Sklavinnen Dank.

h) Viele Wörter der englischen Sprache stammen aus dem Lateinischen.
Welche lateinischen Wörter erkennst du in den folgenden englischen:
labour, portable, terrible, master, ambulance, camp, liberal, victory, (to) expect.

► **Wiederholungsstück W 1, S. 140**

Sklaven bei der Küchenarbeit und beim Servieren
Nachzeichnung von Reliefs an der sog. Igeler Säule bei Trier.
Welche einzelnen Dienstleistungen erkennst du?

9 Der Genitiv der ā- und o-Deklination

E

1. Claudia hortum amīc-**ae** intrat.
2. Mārcus equum amīc-**ī** spectat.
3. Claudia tabulam terr-**ārum** habet.
4. Puellae figūram equ-**ōrum** laudant.

L

Im Circus Maximus

Romani ludos circi saepe spectant. Ludi etiam animos Publii et Tulliae delectant. Itaque circum visitant. Hic amicum familiae exspectant. Sed nuntium amici vident. Publius rogat: „Ubi est amicus?“ Nuntius: „Dominus non valet. Oculi domini dolent[1].“ Publius causam amici probat et diligentiam nuntii laudat. Nuntio pecuniam dat. Tum Publius et Tullia circum intrant.

Nunc copia equorum, camelorum[2], elephantorum[3], simiarum[4] arenam intrat. Ludi populo placent.
Tullia formam equorum laudat; amica equorum est. Publium audacia elephantorum delectat; nam flammas paene non timent. Sed animum Tulliae forma et stridor[5] elephantorum terrent et incitant.
Publius: „Quid times? Bestiae non appropinquant, sed dominis parent. Et muri bestias retinent.“ Nunc catervam[6] simiarum spectant. Simia in carro[7] est. Cameli simiae parent. Publius et Tullia rident.

Ü

a) *Frage jeweils nach den Satzgliedern und übersetze:* 1. Filiae convivae hortum monstrant. 2. Filiae dominae mensam ornant. 3. Servae filiae dominae cenam parant. 4. Servi domini patriam amant. 5. Domini servos laudant.

Welche Formen sind mehrdeutig? Veranschauliche die Mehrdeutigkeit von Satz 3 mit Hilfe des Satzmodells.

---

b) *Ordne die eingeklammerten Genitive sinnvoll als Attribute ein:*

1. Pater amicum salutat (filii). 2. Servae equis copiam parant (domini, cibi). 3. Servae mensam ornant (Publii, convivarum). 4. Gratia filium delectat (convivae, servi). 5. Forma animos incitat (Romanorum, bestiarum).

---

[1] *dolet* es schmerzt [2] *camēlus* das Kamel [3] *elephantus* der Elefant [4] *sīmia* der Affe
[5] *strīdor* das „Trompeten“ [6] *caterva* die Schar [7] *in carrō* auf dem Wagen

Ein Affe als Lenker von Kamelen

c) *Übersetze:* 1. Claudia erwartet den Freund des Markus und die Freundin der Corinna. 2. Dann zeigt sie den Gästen die Parkanlagen (Gärten) Roms. 3. Wo sind die Landkarten Italiens und Germaniens? 4. Ich zeige den Freunden die Heimat des Sklaven. 5. Die Essenszeit (die Stunde der Mahlzeit) erfreut die Gäste.
6. Publius und Markus lieben Zirkusspiele. 7. Schon betritt eine Menge von Tieren (der Tiere) den Zirkus. 8. Die Kühnheit der Elefanten gefällt dem Markus. 9. Die Tiere begeistern die Herzen der Römer. 10. Publius erzählt dem Markus Tiergeschichten. Der Dank des Sohnes erfreut Publius.

d) *Übersetze das Lesestück ohne die Attribute im Genitiv. Was geht dabei verloren? Was leistet also das Attribut?*

e) *Beantworte mit kurzen Sätzen aus dem Lesestück:*
Quem ludi delectant? Cur Publius et Tullia amicum non vident? Quid Tulliam terret? Cui *(wem)* bestiae parent?

f) Im letzten Satz des Lesestücks ist die Reihenfolge der Satzglieder in beiden Sprachen gleich. *Wo steht meist das Prädikat eines längeren Aussagesatzes im Deutschen bzw. im Lateinischen? Vergleiche den 1. Satz des Lesestücks in beiden Sprachen.*

S Zirkusspiele in Rom

An vielen Tagen des Jahres hatten die Römer Gelegenheit, Zirkusspiele zu besichtigen. Der Eintritt war kostenlos; im Circus Maximus hatten bis zu 250 000 Zuschauer, im Colosseum bis zu 50 000 Platz.

Eine besondere Sensation versprachen die Wagenrennen. Die größte Schwierigkeit war dabei an der Wendemarke *(mēta)* zu bewältigen. Man durfte sie beim Wenden nicht streifen. Die üblichen Spiele freilich waren die Gladiatorenkämpfe. Geschulte Kriegsgefangene oder abgerichtete Sklaven kämpften mit verschiedenen Waffen gegeneinander und versuchten den Gegner zu verwunden oder zu töten. Das Schicksal der Verletzten hing von der Gunst des Publikums ab. Die Faust mit dem Daumen nach unten bedeutete für sie den Tod.

Ein anderes Schauspiel war es Tiger, Panther und Löwen auf bewaffnete Gladiatoren zu hetzen. Den rasenden Bestien wurden auch zum Tode verurteilte Verbrecher oder Staatsfeinde, z. B. Christen, vorgeworfen. Auf diese Weise starben sie eines grausamen Todes.

Nur wenige berühmte Römer, z. B. Seneca und Plinius, lehnten diese blutrünstigen Schauspiele scharf ab. Die Masse aber war mit Begeisterung dabei.

10 Das Präsens von *sum*
Der Vokativ der ā- und o-Deklination

E 1. Quis tū **es**? **Sum** fīlius Pūbliī.
2. Ubi **estis**? Hīc **sumus**.

3. Ubi es, Claudi**a**? Ubi es, Mārc**e**?
4. Ubi estis, amīc**ī** et amīc**ae**?

L Tier- und Sklavenkämpfe – eine Leidenschaft vieler Römer

Publius und Tullia treffen im Zirkus Tullius, den Onkel der Kinder.

Nunc servi et bestiae in[1] arena sunt et ibi pugnant. Ursus[2] servo appropinquat. Primo servum vulnerat, tum necat. Sic servus praeda bestiae est. Pugna animos populi delectat. Sed Tullia tacet; tum Tullium et Publium rogat: „Cur hic estis?“ Publius et Tullius rident: „Ludos et pugnas libenter[3] videmus, itaque hic sumus.“ Sed Tullia: „Pugnam non probo. Pugna bestiarum et servorum animum terret. Ego sum patrona[4] servorum et amica bestiarum, etiam tu patronus servorum es. Ludus bestiarum me delectat. Amica sapientiae sum, non pugnarum.“

Publius und Tullius gehen in ihrer Begeisterung für die Spiele auf Tullias Worte nicht ein.

Tullius: „Hodie Scritus et Barbatus in[1] arena sunt, servus contra[5] servum pugnat. Patria Scriti Africa est, patria Barbati Germania.“ Iam diu populus servos incitat: „Ubi es, Scrite? Quo properas, Barbate? Cur non pugnatis, cur non necatis, servi? Non estis amici!“ Nunc vehementer[6] pugnant, nam gratiam populi desiderant. Romani audaciam Barbati laudant, Scritum servum ignorant. Itaque victoriam Barbati desiderant. Subito Scritus Barbatum temptat, vulnerat, necat. Statim populus sententiam mutat et Scritum laudat: „Victoriam habes, Scrite.“

Ü a) *Schreibe die konjugierten Formen von* sum *so untereinander, dass das* s *des Stammes in einer senkrechten Reihe steht. Bei welchen Formen ist das* e *des Stammes verschwunden? Welche Endung hat die 1. Person Singular?*

b) *Konjugiere:* puella sum, nuntius sum, servus sum et laboro.

c) *Betrachte die Stellung des Eigennamens:* Paulum amicum exspecto. Pater Deliae servae pecuniam donat. Servus Publium patronum rogat.

---

d) *Welche der folgenden Formen sind eindeutige Vokative, welche sind mehrdeutig:* puella, convivae, amice, domini, patrone, filia, serve.

---

[1] *in arēnā* in der Arena [2] *ursus* der Bär [3] *libenter* gern
[4] *patrōna* die Anwältin, Beschützerin [5] *contrā* (m. Akk.) gegen [6] *vehementer* heftig

e) *Übersetze:* 1. Wo seid ihr, Freunde? 2. Wer bist du, Mädchen? Ich bin eine Freundin der Claudia und erwarte jetzt Claudia. 3. Warum seid ihr oft hier? Wir sind Freundinnen von° Claudia (Gen.). 4. Wo sind Paula, Julia, Corinna? 5. Sie besuchen Paulas Großvater, denn er ist nicht gesund.
6. Wohin eilt ihr heute, ihr° Mädchen und ihr° Freunde? Wir besuchen Markus. 7. Markus sagt°: Hier habt ihr eine Landkarte: Wo ist Germanien, wo ist Italien? 8. Zuerst sehen wir die Länder nicht; da zeigt Markus die Landkarte. 9. Die Römer lieben die Zirkusspiele. Heute kennen wir Sklaven- und Tierkämpfe nicht mehr°.

f) *Welche Arten von Zirkusspielen werden in L 9 und L 10 vorgestellt? Was sagen dir die Texte über die Einstellung der Römer zu den Spielen?*

Gladiatoren mit Schiedsrichter
Mosaik aus einer römischen Villa in Nennig bei Trier.

11 Der Imperativ I
Substantive auf *-er*

E
1. Cūr mē nōn exspectās? Exspect**ā** mē, Claudia!
2. Cūr nōn pārēs, Mārce? Pār**ē**, Marce!
3. Cūr mē nōn exspectātis? Exspectā-**te** me!
4. Cūr nōn pārētis? Pārē-**te**!
5. Pu**er** tacet. Sed puella pu**erum** incitat: Nārrā fābulam, pu**er**!
6. Ag**er** agricolam dēlectat. Servī ag**rum** (ag**rōs**) cūrant.

L Ohne Lehrer geht es nicht

Tullia liberos monet: „Stude et adhibe curam, Claudia, et tu, Marce, pare! Valete, liberi!“ Iam turba virorum et feminarum, puerorum et puellarum vias complet.
Davus servus liberis tabulas et stilos portat. Incitat: „Properate, Marce et Claudia! Magister vos exspectat.“ Sed Marcus: „Tace, Dave! Ego iam vesperum desidero, nam magister semper monet: Studete, laborate! – Vide, Claudia, ibi Quintus appropinquat! Salve, Quinte!“ Quintus: „Salvete, amici! Quo properatis?“ „Hem[1], quo properamus? Magister nos vocat.“

Quintus: „Ego magistros non amo, ego libros amo. Libri me delectant, nam libri sunt amici, libri sunt magistri. Libri non clamant: Recita, labora, pare! Tamen nos docent. Itaque saepe librarium[2] visito. Properate mecum[3] et spectate libros in taberna libraria[4]!“
Claudia: „Quis explicat libros, fabulas, sententias? Magister explicat. Itaque magistrum visitamus.“
Marcus: „Tamen magistros non amo. Mihi[5] silvae, campi, agri magis placent quam sententiae magistrorum.“
Sed nunc Davus clamat: „Properate, liberi!“ Quintus salutat: „Vale, Marce, vale, Claudia! Visitate me!“

Ü
a) *Finde die richtige deutsche Form für:* intra, cena, recita, appropinqua, da, manda, ride, doce, vale.
Setze die Formen in beiden Sprachen in den Plural.

b) *Unterscheide:* Narra, puella! Tace, serve!

---

[1] *hem* hm! (Ausruf) [2] *librārius* der Buchhändler [3] *mēcum* mit mir
[4] *in tabernā librāriā* in der Buchhandlung [5] *mihi* mir

c) *Verwandle folgende Aussagesätze in Befehlssätze:* Serva liberis fabulas narrat. Liberi servam amant. Marcus vesperum exspectat. Paulus tacet et laborat.

Was will ein Sprecher erreichen, wenn er eine Befehlsform setzt? Überlege, warum der Imperativ gewöhnlich am Anfang des Satzes steht.

---

d) *Dekliniere:* 1. Puella et puer, dominus et vir.
2. Amicus et magister, liberi et libri.

Bilde den Dativ Singular von puer, ager, vesper, liber, viri.

e) *Unterscheide:* libro, libero, libri (3), liberi (2), libros, liberos, liberas.

f) *Übersetze:* 1. Heute erwarte ich Kinder. Schon lange vermisse ich die Buben und Mädchen. 2. Nun sehe ich die Gäste: „Beeilt euch (eilt), kommt herein (tretet ein), besucht uns!“ 3. Die Mutter mahnt Markus: „Zeige den Kindern den Garten! 4. Besucht auch den Großvater, Kinder! Erzählt und lacht, denn Kinder erfreuen den Mann!“

5. Jetzt befiehlt Tullia den Sklavinnen: „Holt (bringt) Wasser und bereitet den Kindern das Essen! Dann ruft die Kinder!“ 6. Vater mag (liebt) Bücher. Bücher gefallen Männern und Frauen. 7. Bücher sind Lehrer, sie erfreuen, sie unterrichten. 8. Wer kennt nicht das Buch der Bücher?

g) Avus Marco pecuniam donat.

Warum muss man im lateinischen Satz darauf warten, ob der Großvater das Geld verspricht, leiht, nimmt oder schenkt?

Was will ein Sprecher wohl betonen, wenn er Marco *oder* pecuniam *als erstes Wort des Satzes setzt?*

Drei zusammengebundene Wachstafeln und zwei Griffel
Mit dem breiten Ende des Griffels konnte man
Geschriebenes wieder auslöschen.

S Der Leitspruch der Benediktinermönche heißt: ORA[1] ET LABORA!
Was bedeutet LIBER LIBRORUM? Was ist ein EX[2] LIBRIS?

---

[1] *ōrō* ich bete, bitte [2] *ex* aus

Unterwegs in Rom und Umgebung

Im zweiten Abschnitt von ROMA (L. 12–28) wird es Zeit auszuschwärmen – in der Stadt selbst und in ihrer näheren Umgebung. Onkel Tullius spielt dabei den Fremdenführer, meist sind Markus und Claudia dabei. Wenn Tullius allzu gescheit tut, spielen die Kinder Lehrer und fragen ihn zum Spaß aus.

Für uns ist alles neu: das Forum mit seinen Marmorbauten, das Kapitol mit den Tempeln der höchsten Götter, die vielen Straßen, Plätze und Tore, das Viertel der kleinen Leute und so weiter. Schließlich sind wir sogar beim Anlegen der Männertoga dabei, wodurch ein sechzehnjähriger Junge offiziell zum Mann wird …

Tullius interessiert sich besonders für Politik (ihr noch nicht?). Er empfindet den Gegensatz zwischen dem Reichtum seines Bekannten Lucius, dessen zwei prachtvolle Villen in Rom und auf dem Lande er anschaut, und den Nöten seines Freundes Sextus, eines kleinen Bauern aus der Gegend um Rom. In einer Kneipe hört er zu, wie sich ein Römer mit einem Germanen streitet, dessen Heimat jetzt zum römischen Reich gehört.
Auf welcher Seite würdet ihr stehen?

12 Der Ablativ der ā- und o-Deklination

E 1. Dēlia līberōs fābul-**ā** dēlectat.
2. Mārcus amīcōs dol-**ō** terret.
3. Pecūnia nōn semper cūr-**īs** līberat.

L Seeräuber terrorisieren das Mittelmeer

Der Onkel erzählt von den Überfällen der Seeräuber und vom Kampf gegen sie.

Tullius: Piratae praedam et pecuniam valde desiderant. Itaque oris insularum et Africae appropinquant. Viros et feminas, puellas et pueros dolo terrent et vexant. Villas flamma delent, viros gladio necant, naviculas[1] praeda complent. Interdum feminae piratas pecunia conciliant. Sic se non gladio, sed pecunia servant.

Marcus: Piratae etiam oras Italiae et colonias Romanorum avaritia vexant.
Tullius: Sic est. Sed Romani piratas non timent. Viri feminis et liberis imperant: „Occultate vos!“ Tum gladiis se armant. Piratas oppugnant et pugna superant. Sic Romani piratas oris Italiae arcent. Victoria familias curis et iniuria liberat. Feminae et puellae statuam Victoriae rosis[2] ornant.

Ü a) *Welche Kasus der ā- und o-Deklination haben im Singular gleiche Ausgänge?*

b) Mater filiam delectat.
Setze folgende Wörter als Angaben (Adverbialien) in den Satz ein:
ludus, epistula, cibus, copia ciborum, fabula, liber.

c) *Stelle fest, um welche Kasus es sich jeweils handeln kann:*
praeda, puellae, amice, conviva, animo, populi, causae, gladio, equorum, ludum.

---

d) *Bestimme die Objekte und Adverbialien und übersetze:*
1. Liberi horto appropinquant. 2. Servus bestiam gladio necat. 3. Diligentia, serva, dominam delectas. 4. Cur pecunia non semper viros et feminas curis liberat? 5. Serva animos liberorum fabulis delectat. 6. Liberos libris delectas, serva. 7. Dolis amicos superas, Marce.

---

[1] *nāvicula* das (kleine) Schiff [2] *rosa* die Rose

Transportschiff
Römische Wandmalerei. Vatikanische Museen.

e) *Übersetze:* 1. Publius lädt Tullius mit einem Brief ein. 2. Mutter begeistert die Herzen der Kinder mit der Nachricht (Botschaft): Tullius kommt (nähert sich) schon. 3. Tullius beschenkt Claudia und Markus mit Geld. 4. Nun erfreut er die Kinder mit einer Geschichte.
5. Die Piraten beunruhigen (quälen) Männer und Frauen nicht mehr mit ihren Überfällen (Listen). 6. Denn die Römer besiegen die Piraten durch ihre Kühnheit und Umsicht. 7. Sie bewaffnen sich mit Schwertern und töten die Seeräuber. 8. Wer wehrt die Piraten von den Küsten der Heimat und von der Ansiedlung ab? 9. Wer befreit die Frauen und Mädchen, die Männer und Buben von den Sorgen?

f) Zwei lustige Wendungen:

Avus naso[1] clamat.	Der Großvater schnarcht.
Magis naso quam oculis videtis.	Ihr steckt eure Nase überall hinein.

S Wieviele Fälle gibt es in modernen Sprachen?

Im Deutschen sind es vier und sie machen einem Ausländer, der sie lernen und unterscheiden muss, erhebliche Schwierigkeiten. Im Italienischen, im Französischen und im Englischen bleibt die Form des Hauptworts in allen Kasus gleich; Genitiv, Dativ und Akkusativ müssen umschrieben bzw. durch die Stellung kenntlich gemacht werden. Das Russische zählt sechs Fälle ohne den Vokativ; das Tschechische hat sieben Fälle. Die sechs Kasus des Lateinischen sind also nichts Einmaliges oder Ungewöhnliches.

Wozu aber braucht man die Fälle? Stell dir vor, es gäbe sie nicht! Ein Beispiel: *Marcus amicus hortus monstrat*. Stünden die Wörter nicht beziehungslos nebeneinander? In dieser Form ergeben sie keinen Sinn. Erst die Kasusendungen zeigen an, welche Aufgabe ein Wort in einem Satz hat. Sie sind Signale für das Verständnis eines Textes.

---

[1] *nāsus* die Nase

13 Substantive auf *-um*

E 1. For-**um** animōs Rōmānōrum dēlectat. Itaque Rōmānī for-**um** laudant.

2. Templ-**a** deōrum Rōmam ōrnant. Quis templ-**a** Rōmānōrum ignōrat?

L Ein Besuch auf dem Forum

Bei einem Aufenthalt in Rom zieht es den Onkel auf das Forum. Markus und Claudia begleiten ihn und stellen Tullius als „Kenner" von Rom auf die Probe. Vielleicht besteht er sie.

Claudia: Foro appropinquamus. Iam templa fori et basilicas[1] videmus. Nunc forum intramus et aedificia fori spectamus.

Marcus: Explica templa et aedificia! Nam nos magistri sumus et verba probamus.

Tullius: Hic templum Vestae deae videmus.

Claudia: Cur Vestae templa aedificamus? Explica!

Tullius: Vesta familias servat. – Spectate ibi templum Concordiae et templum Saturni! Concordia imperium et populum Romanorum servat. Itaque ibi senatores[2] saepe consilia habent.

Marcus: Et cur Saturno deo templa aedificamus?

Tullius: Saturnus est deus agricolarum.

Marcus: Cur semper auxilium deorum et dearum exspectamus? Doce nos!

Tullius: Auxilio deorum imperium habemus et tenemus, non bellis et victoriis. Itaque deis dona damus et simulacra templorum auro et argento ornamus. Deorum auxilio barbaros[3] imperio arcemus et bellis superamus. Ubi Romani sunt, ibi templa et fora aedificant. Sic deorum et dearum gratiae populum Romanorum et colonias mandamus.

Marcus et Claudia sapientiam Tullii valde laudant. Nam Tullius magistris aedificia explicat, non errat.

Ü a) *Dekliniere im Vergleich:* magister – verbum; consilium – sapientia; imperium – nuntius.

b) *Vergleiche jeweils das Geschlecht des deutschen Wortes mit dem des lateinischen Wortes:* via, oculus, victoria, verbum, equus, dolus, sententia, diligentia, ludus, consilium, liber, animus, hortus, puella, gladius, templum, epistula.

---

[1] *basilica* die Gerichtshalle [2] *senātōrēs* die Senatoren (Angehörige des Rates)
[3] *barbarus* der Barbar, Fremde

c) *Bestimme die folgenden Wortformen (die Zahl in Klammern gibt die Möglichkeiten an):* hora (3), fora (3), viae (4), verbum (3), agri (3), consilio (2), paro, pareo, puero (2), aedifico, aedificio (2), orna, ora (3), imperio (2), imperia (3), impera.

d) *Übersetze:* 1. Tempel und Gebäude verschönern (schmücken) oft die Marktplätze. 2. Wer kennt nicht die Gebäude des Forums? 3. Wo Römer leben (sind), dort erbauen sie ihren Göttern Tempel. 4. Denn die Götter bewahren das Reich der Römer. 5. Daher hören die Römer auf die Befehle der Götter (gehorchen den Befehlen ...).

6. Die Tempel statten sie mit Gold und Silber aus. 7. Den Göttern bieten (geben) sie manchmal Geschenke an°. 8. Auch mit Götterbildern gewinnen sie die Gunst der Götter. 9. Daher lassen (geben) die Götter dem Reich der Römer ihre Hilfe zukommen°. 10. Die Römer halten ihr Reich durch Kriege und durch die Hilfe der Götter zusammen°.

e) *Versuche zu erklären:* Agrarpolitik, Luftpiraterie, Probe, Libero, Dozent, komplett, feminin.

S Römische Götter (I)

Überall vermuteten die Römer das Wirken göttlicher Kräfte. Daher gab es eine Vielzahl von Gottheiten, die auf unzähligen Statuen abgebildet waren und bestimmte Kennzeichen (Attribute) trugen.

Iuppiter (Jupiter) war die höchste Gottheit und der höchste Schutzpatron Roms. Seine Kennzeichen waren der Blitz in der Hand, ein Adler oder eine Eiche. *Iūnō* (Juno), die Mutter der Götter, verehrten vor allem die Frauen. Ihr waren der Pfau und der Granatapfel geweiht. *Minerva* wurde als Tochter Jupiters gefeiert. Sie war die Göttin der Künste und Wissenschaften. Man erkannte sie an Helm und Lanze. *Mārs* war der Gott des Krieges, an Schild und Lanze zu erkennen. *Venus,* die Göttin der Schönheit und der Liebe, trug als Attribute eine Taube und einen Myrtenzweig. *Apollō* mit dem Lorbeerkranz galt als Gott der Dichtkunst und der Musik, der Medizin und der Weissagung. *Diāna* wurde als Göttin der Jagd und der Wälder verehrt. Eine vielseitige Gottheit war *Mercurius* (Merkur); mit Flügelschuhen, Flügelhaube und Heroldstab dargestellt, war er der Bote der Götter; zugleich aber flehten die Kaufleute und sogar die Diebe zu ihm. *Neptūnus* (Neptun), den Gott des Meeres, erkennt man am Dreizack, einer großen Gabel mit drei Zinken, mit dem er die Wogen der Meere aufwühlte. *Vulcānus* (Vulkan), der Gott des Feuers, beschützte besonders die Handwerker. *Vesta* und *Cerēs* waren Schwestern Jupiters: Vesta, die Göttin des Herdfeuers, behütete die Familie und die Stadt Rom. Ceres wurde als Göttin der Ernte und des Ackerbaus verehrt.

Die Götterfamilie. Ausschnitt aus einem Relief zu Ehren des Kaisers Trajan

Welche Götter kannst du auf der Abbildung erkennen?

14 Die Apposition
Der Fragesatz

E 1. Convīva Mārcō, fīliō Pūbliī, librum dōnat.

2. **Quis** Mārcō librum dōnat?

3. Amīcus Pūblium vīsitat: Dōnās**ne** fīliō pecūniam, amīce?
Mārcus pecūniam amat: **Nōnne** fīliō pecūniam dōnās, amīce?
Mārcus equō nōn appropinquat. **Num** bēstiam timet?

L Ein Patrizierhaus in Rom

Tullius schaut sich das neue Stadthaus des Lucius, eines Bekannten, an.

Lucius iam diu Tullium exspectat. Syrus, servus Lucii, viam observat. Nunc Tullius, amicus Lucii, appropinquat. Servus Tullium videt et rogat: „Quis tu es? Esne Tullius, amicus domini?“ „Sum[1] Tullius, amicus Lucii. Ubi est dominus?“ Iam Lucius amicum salutat: „Salve, amice! Iam diu te desidero. Valesne? Num curas habes?“ – „Non habeo[1]. Valeo.“
Nunc Tullius et Lucius atrium intrant. Amici solum, impluvium[2], columnas[3], tectum spectant. Lucius: „Placetne tibi[4] atrium?“ Tullius simulacra, ornamenta atrii, laudat. Tum tablinum[5] Lucii spectant et triclinium[6] intrant. „Hic convivia paramus.“
Nunc Lucius vinum et cibos desiderat. Syrum vocat et monet. Servus festinat, dominis vinum et aquam portat. Vinum, donum Bacchi, animos Lucii et Tullii delectat.

Tum Tullius: „Nonne etiam hortum mihi monstras, amice?“ Lucius: „Monstro[1]. Hortus nobis valde placet, hortum imprimis amo. Hic otio me do, interdum artificia specto interdum disputo. Sed saepe negotia me retinent. Videsne ibi statuas deorum et dearum?“
Amicus hortum et statuas laudat: „Hortus est ornamentum, statuae sunt artificia. Imprimis mihi placet statua Mercurii, nuntii deorum.“ Tum Lucium rogat: „Nonne avaritiam servorum et servarum times?“ Lucius ridet: „Non timeo[1]. Servis saepe pecuniam do, servis gratiam debeo. Nam servi et servae villam et hortum curant.“

Ü a) *Bilde aus folgenden Wörtern sinnvolle Satzglieder, so dass die Sätze eine Geschichte ergeben:* 1. Deus, ornant, Romani, et, simulacrum, templum. 2. Auxilium, servant, deus et dea, imperium. 3. Templa, viri et feminae, dei, visitant, 4. Solum, tectum, et, etiam, aedificia, spectant. 5. Laudant, templa, aedificia, et, Roma.

[1] Statt der Antwort „ja“ wiederholt man im Lateinischen oft das Verb, bei „nein“ mit Verneinung. [2] *impluvium* das Regenbecken [3] *columna* die Säule [4] *tibi* dir
[5] *tablīnum* der Schreibraum, das Arbeitszimmer [6] *triclīnium* das Speisezimmer

b) *Welche der folgenden Wörter lassen sich deklinieren bzw. konjugieren:* tum, tectum, iam, pecuniam, semper, liber, subito, observo, paene, me, saepe, serve, pare.

c) *Übersetze und stelle jeweils fest, welche Antwort der Fragesteller erwartet:* 1. Laudatne conviva villam? 2. Nonne auxilium deorum Romani saepe desiderant? 3. Nonne templa ornamenta fori sunt? 4. Nonne desiderant servi patriam? 5. Num verba magistrorum vos vexant? 6. Delectantne vos ludi circi?

Wie müssen jeweils die Fragesätze lauten, wenn ein Fragesteller auch die beiden anderen Antworten erwartet?

d) *Übersetze:* 1. Lucius richtet (bereitet) seinen Gästen ein Gastmahl her°. 2. Die Gäste bringen dem Gastgeber (Herrn) Geschenke mit°. 3. Die Gastgeschenke erfreuen Lucius sehr. 4. Er zeigt den Freunden den (Fuß-) Boden und die Standbilder, den Schmuck (Pl.) des Gebäudes. 5. Auch das Dach des Atriums gefällt den Gästen. 6. Jetzt gehen Lucius und seine Freunde spazieren und betrachten die Straßen und Gebäude Roms. 7. Dann sprechen sie dem Wein zu (geben sie sich dem Wein hin°) und preisen (loben) vor allem Bacchus, den Gott des Weines. 8. Sie diskutieren und genießen die Ruhe. 9. Auch uns gefallen die Erzählungen (Geschichten) der Römer.

e) Wörter, die so eng zusammengehören wie *cūra* (die Sorge) und *cūrō* (ich besorge), gehören der gleichen Wortfamilie an. *Welches Wort gehört zur Wortfamilie von* dono, nuntio, orno, aedifico, ceno, pugno, impero?

S Das römische Haus war nach außen hin meistens fensterlos. So glich es eher einem befestigten Bau als einem Wohnhaus. Oft war es nicht einmal verputzt. Im Hauptraum, dem Atrium, sorgte eine Öffnung in der Decke für Licht und Luft; das einfallende Regenwasser wurde von einem im Fußboden angelegten Becken *(impluvium)* aufgenommen.

Im Atrium empfing man Gäste und Geschäftsfreunde. Zu Tisch bat man im Triclinium. Das Tablinum war das Arbeitszimmer des Hausherrn. Dort verwahrte er wichtige Dokumente und Geld. Im rückwärtigen Teil des Hauses bildete ein von Wasserbecken, Springbrunnen und Statuen geschmückter Garten den Mittelpunkt. Den Garten umgaben häufig Säulengänge, so dass man in frischer Luft war ohne der Sonne oder dem Regen ausgesetzt zu sein.

Das römische Haus:
1. Atrium mit Wasserbecken 2. Schlafzimmer
3. Triclinium 4. Tablinum 5. Garten mit Säulengängen

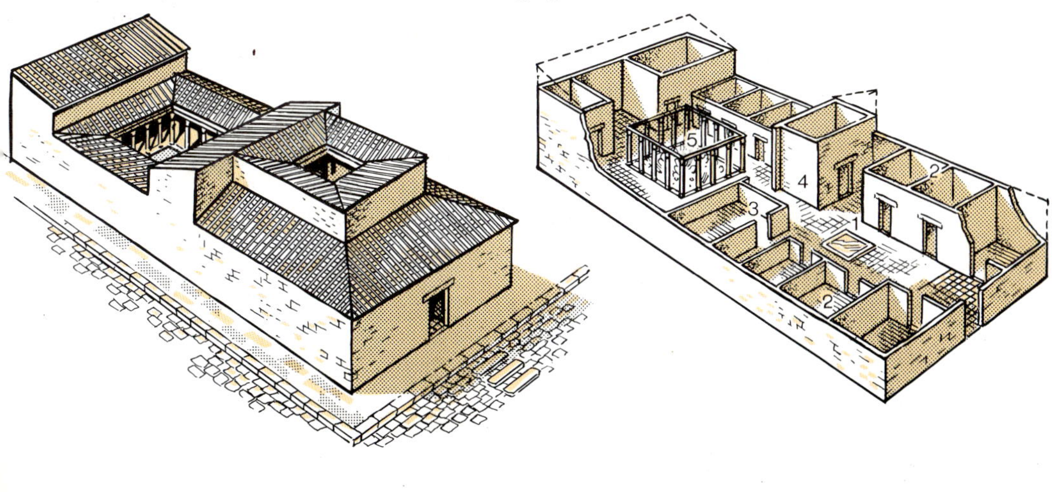

15 Die Adjektive auf *us, a, um* (I)
Das attributive Adjektiv

E
1. Tullia servae bon**ae** līberōs mandat.
2. Domina cōnvīvās cēnā bon**ā** et vīnō bon**ō** dēlectat.
3. Servae cōpiam cibōrum bon**ōrum** parant.

L
Auf dem Landgut eines reichen Römers

Nach dem Besuch des Stadthauses lädt der begüterte Lucius den Tullius ein auch sein Landgut zu besichtigen.

Tullius et Lucius praedium[1] visitant. Villam novam intrant. Servi et servae dominos salutant. Tum Lucius imperat: „Portate cibos iucundos et vinum bonum!“ Tullius vinum bonum laudat. Tum Lucius etiam vilicum vocat. Vilicus Lucio et Tullio stabula[2] equorum firmorum monstrat. Servi cellas copiis variis complent. Vilicus operam servorum bonorum probat, servos malos verbis aptis incitat. Interdum servi vilicum timent.

Domini etiam vineas[3] altas et oliveta[4] lata spectant. Tum vilicus dominum orat: „Desideramus, domine, aquam[5] novam.“ Lucius operam vilici laudat: „Diligentia viri mihi placet. Consilium probo. Aedifica, vilice, aquam novam et firmam!“ Dominus iustus vilico praemium donat, servos et servas verbis iucundis laudat. Verba domini animos gaudio complent. Tum servi et servae otio iucundo se dant. Vita rustica dominum et convivam delectat.

Ü

a) *Dekliniere:* hortus iucundus; aqua nova; verbum aptum.

b) *Ordne die Teile so, dass sinnvolle Sätze entstehen:*

1. Amico, servi, solum, agrorum, bonum, novorum, monstrant. 2. Dominus, copiam, amico, vini, donat, bonus, iucundi. 3. Filias, femina, libris, bonas, variis, delectat.

---

c) *Übersetze:* 1. Ein guter Herr achtet auf (beobachtet) die Arbeit seiner Sklaven. 2. Er schuldet den tüchtigen Mitarbeitern (Sklaven) auch Dank. 3. Die Sklaven kümmern sich um die neuen Äcker (besorgen die ...) und die starken Mauern. 4. Die Sklavinnen richten verschiedene Speisen und neue Weine her° (bereiten). 5. Das neue Landhaus gefällt dem Lucius sehr.
6. Der Herr stachelt (regt) mit angenehmen Belohnungen die Arbeit seiner tüchtigen Sklaven an. 7. Er lobt die Arbeit der starken Männer mit passenden Worten. 8. Jetzt genießt die Hausgemeinschaft die angenehme Ruhe. 9. Die Römer lieben das Landleben (das ländliche Leben) sehr.

---

[1] *praedium* das Landgut [2] *stabulum* der Stall [3] *vīnea* der Weinberg
[4] *olivētum* der Ölberg, die Olivenpflanzung [5] *aqua* hier: die Wasserleitung

Rekonstruktion eines römischen Landgutes

d) *Suche ein passendes Adjektiv:*

1. Dominus amicis villam ... monstrat. 2. Amici hortum ... et bestias ... spectant. 3. Servae ... amicis cibum ... parant. 4. Convivae vitam ... amant. 5. Vita ... et cibi ... convivis placent. 6. Vilicus ... operam servorum verbis ... laudat.

e) *Lies das Lesestück ohne Adjektive. Was leistet diese Wortart?*

S Die Landhäuser der Römer

Reiche Römer besaßen häufig neben ihrer Stadtvilla ein Landgut, das unter der Aufsicht eines Verwalters bewirtschaftet wurde. Die Arbeitssklaven und der Verwalter lebten in den unteren Räumen der *vīlla rūstica*, während die gut ausgestatteten Räume des Obergeschosses dem Besitzer vorbehalten waren. Sehr bald aber bauten sich vermögende Grundherrn abseits vom Gutshof eine großzügige Luxusvilla. Man errichtete sie gern an einem Platz, der eine schöne Aussicht bot. In dieser Wohnanlage, die oft von parkähnlichen Gärten umgeben war, widmete man sich den Studien, gab Feste und führte ein Leben wie in der Stadt; sie hieß daher *vīlla urbāna* (*urbānus* städtisch).

16 Die Adjektive auf *us, a, um* (II)
Adjektive als Substantive

E 1. Multī virī et multae fēminae templum summī deī spectant.

2. Multī templum summī deī spectant.

L Auf dem Kapitol

Die Mutter besucht mit den Kindern das Kapitol.

Mater: „Cuncti Romani Capitolium amant. Columnae[1] altae multa aedificia Capitolii ornant. Ibi templum clarum summi dei est. Iuppiter est summus deus, est etiam magnus dominus imperii Romani. Romanos multis periculis liberat." Statim Marcus verbis aptis sapientiam summi dei laudat: „Iuppiter bona et mala vitae nobis donat. Servat iustos, delet superbos – sic magister nos docet." Mater et Claudia rident.

Nunc mater liberis explicat: „Hic etiam Iuno, summa dea, et Minerva, dea sapientiae, parvas cellas[2] habent."
Claudia: „Spectate! Multi viri magnum amphitheatrum[3] intrant. Ibi sunt thermae[4] publicae, aedificia alta."
Mater: „Forum antiquum et templa clara nobis gloriam magni imperii demonstrant. Multi Romam aeternam ut summum bonum amant. Itaque Romam appellamus Romam magnam, Romam altam, Romam superbam."

Ü a) *Bilde den Singular zu folgenden Formen:* libris novis, viri iusti, aedificia clara, puerorum superborum, agros Romanos.

b) *Ordne das Adjektiv jeweils passend in den Satz ein:*
1. Bella viros et feminas terrent (cuncti).
2. Amici libros spectant (varius).
3. Servae bestiis cibos parant (multi).
4. Mater liberis templum dei monstrat (summus).

c) *Adjektive als Substantive. Vergleiche und übersetze:*
1. Cuncti amici forum visitant. Cuncti Romam laudant.
2. Multi magistri libros Romanos amant. Multi libros Romanorum amant.
3. Vinum bonum cunctos delectat. Diligentia est magnum bonum.
4. Nuntii mali cunctos terrent. Bellum est magnum malum.

---

[1] *columna* die Säule [2] *cella* hier: die Kapelle [3] *amphitheātrum* das Amphitheater
[4] *thermae* die Bäder, die Badeanlagen

Das Kapitol heute

d) *Übersetze:* 1. Die Mutter zeigt ihren Kindern die berühmten Bauwerke (Gebäude) Roms. 2. Sie betrachten das weite (breite) Forum und die vielen Tempel Roms. 3. Mutter gibt den Kindern einen guten Rat: „Schaut die großen Götterbilder und alle Statuen an (betrachtet)!“ 4. Viele Römer ersehnen die Hilfe des obersten Gottes und beten: „Befreie uns von allen Übeln!“
5. Die Götter lieben Rom. Denn die römische Herrschaft gefällt den ewigen Göttern. 6. Durch stolze Siege erwerben die Römer neuen Ruhm, aber durch Ungerechtigkeiten und Habgier bereiten sie sich *(sibi)*auch viele Sorgen und Leiden. 7. Wir rühmen (loben) die alten Kunstwerke der Römer mit großen Worten.

e) Etwas Sprachspielerei: serva, porta, villa, bonus, magnus, rusticus
Setze zu jedem Substantiv das passende Adjektiv und vervollständige den Satz:
-ae -ae -ae -ae -ae -ae appropinquant.
Wo im Satz bezeichnet der Ausgang -ae *einen Nominativ, wo einen Dativ, wo einen Genitiv?*

Wiederholungsstück W 2, S. 140

17 Die Präposition

E 1. **Ante** vīllam via est, **post** vīllam hortus est.
2. Tullius **ad** forum properat. Avus **per** Rōmam ambulat.

3. Amīca **ab** (ā) forō ad vīllam properat.
4. Māter **ex** (ē) vīllā spectat et amīcam salūtat.

5. Līberī **in** hort**um** properant.
6. Līberī **in** hort**ō** amīcōs exspectant.

L Römische Straßen

Onkel Tullius ist vom Besuch bei Lucius zurückgekehrt und besucht nun mit den Kindern Gegenden, die diese nicht so gut kennen.

Tullius et liberi per vias Romae ad portam Appiam festinant. Nunc ad portam sunt. Tullius: „Post nos, liberi, magna aedificia Romae sunt, ante oculos via Appia est. Iuxta[1] viam monumenta Romanorum clarorum videtis. Viam Appiam propter gloriam reginam[2] viarum appellamus.“ Tum ante portam ambulant. Ibi mulos et carros[3] agricolarum vident. Nam rustici per multas horas copias varias ad fora portant.

Alias[4] Tullius cum liberis ad portam Flaminiam ambulat. Multi rustici sine copiis a foro remeant[5]. Ministri et servi in viis sub oculis dominorum laborant. Tullius nunc de via Flaminia narrat: „Via Flaminia est via antiqua ad Ariminum. Viam Flaminiam intra[6] muros Romae etiam viam Latam appellamus.“ Tum Tullius de via Lata ad campum Martium declinat[7]. Multi liberi e tectis in campum Martium properant. Nam campus Martius est liberis aptus. In campo Martio cum magno gaudio ludis se dant. Tum Tullius cum liberis ad forum remeat[5]. Nam mater Claudiam in foro ad templum Vestae exspectat.

Ü a) *Ergänze und übersetze:* Liberi post vill_ (aedifici_, agr_) se ludis dant. Marcus per Rom_ ad port_ Appi_ properat. Ante mur_ monument_ sunt, post hort_ camp_ sunt.

b) *Übersetze:* 1. Bei den öffentlichen Gärten warten wir auf° (erwarten wir) unsere Freunde. 2. Schnell° gehen (eilen) wir dann in den Garten und spielen stundenlang (geben uns viele Stunden hindurch den Spielen hin°). 3. Wir betrachten vor den Mauern Roms mit großer Aufmerksamkeit (Sorgfalt) viele Denkmäler. 4. Hinter dem Tor versorgen Bauern ihre Pferde mit Wasser. 5. Die kräftigen (starken) Tiere bringen die Vorräte zu den verschiedenen Märkten.

---

[1] *iuxtā* (Präp. mit Akk.) neben [2] *rēgīna* die Königin [3] *mūlus et carrus* der Maulesel und der Karren [4] *aliās* ein andermal [5] *re-meō* ich kehre zurück [6] *intrā* (Präp. mit Akk.) innerhalb [7] *dē-clīnō* ich biege ab

c) *Unterscheide:*

1. Ministri simulacrum ad templum portant. Ministri simulacrum in templum portant.
2. Per multas horas nos libris damus. Mater nos libris delectat.

d) *Setze* a/ab *bzw.* e/ex *jeweils vor das Hauptwort in der Klammer und übersetze:*

Viri (villa, ager, forum, hortus) in circum properant.

e) Wo oder wohin? *Setze den richtigen Fall.*

1. Servi in (campus, via, hortus) laborant. 2. Puellae in (tectum, campus, hortus) properant. 3. Liberi in (aedificium, circus, aqua) sunt. 4. Multae bestiae sub (terra) sunt. 5. Ante portas multi campi sub (oculi) sunt.

f) *Übersetze:* 1. Vor den Toren liegen (sind) Felder und Äcker. 2. Vom Landhaus aus gehen wir mit Freunden spazieren. 3. Im Wald ruhen wir uns ohne Sorgen aus (geben wir uns ohne Sorgen der Ruhe hin°). 4. Großvater, erzähle uns von vielen Ländern! 5. Vom Wald aus eilen wir zur Küste.

S Römische Straßen

Die Römer verbanden alle Städte ihres Reiches mit einem dichten Netz guter Straßen, die auf festem Untergrund gebaut waren. Bei jeder Meile (ca. 1,5 km) zeigte ein Meilenstein die Entfernung von Rom an. Alle 7 bis 10 Meilen (ca. 11 bis 15 km) konnte man die Maulesel oder Pferde wechseln, etwa alle 30 Meilen fand man ein Gasthaus und eine Station der Straßenpolizei. Die *via Appia* (um 312 v. Chr. begonnen) führte über 363 römische Meilen (ca. 545 km) von Rom nach *Brundisium* (Brindisi), die *via Flāminia* verband Rom mit *Arīminum* (Rimini) auf einer Länge von 212 römischen Meilen (ca. 318 km), die *via Aemilia Arīminum* mit *Mediōlānum* (Mailand). Die im Jahre 47 n. Chr. unter Kaiser Claudius fertig gestellte *via Claudia Augusta* verlief von *Altīnum* (in der Gegend des heutigen Venedig) über den Reschenpass nach Augsburg und erreichte bei Regensburg die Donau. Viele Straßen in Italien folgen heute noch weithin den römischen und tragen wie im Altertum den Namen ihres römischen Erbauers. Kennst du eine Römerstraße in Bayern?

18 Das prädikative Adjektiv
Der Infinitiv Präsens

E
1. Via Appia **est** clār**a**.
2. Librī **sunt** novī.
3. In perīculō es-**se** malum est. In Gefahr zu sein ist schlimm
4. Amīcōs habē-**re** et vīsitā-**re** nōs dēlectat.

L Das Viertel der Kleinbürger Roms

Der Onkel besucht ein andermal mit Markus die Subura, das Viertel der Kleinbürger.

Tullius: Multae viae Romae sunt clarae. Sed non cunctae viae latae sunt. In Subura viae angustae sunt, tabernae sunt antiquae; ibi nulla aedificia clara sunt. Nam magnus numerus proletariorum[1] et libertorum ibi habitat. Nunc in Subura sumus. Magna est turba servorum. Servi sub oculis dominorum laborant. Nonnulli rustici ad parvas tabernas stant et vino se recreant[2]. Rident et clamant; sed vita parvorum et proletariorum[1] iucunda non est.

Specta magnas insulas! Insulae sunt domicilia[3] proletariorum et libertorum. Feminas aquam in insulas portare video. In insulis angustis esse, in insulis habitare non iucundum, sed molestum est. Nihil habere malum est. Specta etiam tabernas varias et magnam turbam! Nonnulli rustici iam pleni sunt vini. Vinum ut amicum bonum amant.

Marcus: Cur tabernam non intramus?

Tullius: Tabernam notam visitare mihi placet. Ibi Sextum agricolam salutare in animo habeo.

Ü

a) *Konjungiere durch alle Personen:* Parvus sum; iusta sum, non superba.

b) *Vervollständige die attributiven und die prädikativen Adjektive und übersetze:*

Forum antiqu_ Romae clar_ est. For_ saepe lat_ sunt. Mult_ viae angust_ sunt. Mult_ aedificia parv_ sunt. Insulae angust_ non sunt iucund_.

Schreibe die vervollständigten Sätze ab und unterstreiche die attributiven Adjektive rot, die prädikativen blau.

c) Sprachspielerei: *Ordne folgende Wörter so, dass sie einen Satz ergeben, dessen Substantive und Adjektive nur auf* -i *enden:*

minister, dominus, bonus, iustus, novus, firmus, et, sunt.

d) *Bilde den Infinitiv zu folgenden Verbformen:*

Habitamus, disputate, dele, bestias times, sunt, mensam orno, tabulam habent, viam ignoratis, animum compleo, equum tenes.

---

[1] *prōlētārius* der arme Bürger, der Proletarier [2] *recreāre* erfrischen [3] *domicilium* die Wohnung

Schmiedewerkstatt. Relief am Grabmal eines Schmiedes

e) *Übersetze:* 1. Das Leben mancher Sklaven ist schlimm, denn ihr Herr ist hochmütig. 2. In der Subura sind die Straßen nicht breit, sondern eng. 3. Dort sind viele Häuser alt und klein. 4. Die Mauern der Häuser sind oft nicht fest. 5. Die Zahl der Wirtshäuser ist groß.

6. Der Besitzer (der Herr) der Taverne ist Tullius bekannt. 7. Das Wirtshaus ist voll von° Männern (Gen.); denn die neuen Weine des Wirtshauses sind gut. 8. In der Taverne zu sein ist für° viele (Dat.) angenehm. 9. Den Männern macht es Spaß (die Männer erfreut es) zu erzählen und Wein zu trinken (sich dem Wein zu geben). 10. Manche sind bereits jetzt voll von° Wein (Gen.).

f) Latein – Muttersprache moderner Fremdsprachen

Welche lateinischen Substantive und Adjektive liegen den folgenden italienischen und spanischen Wörtern zu Grunde:
campo, foro, animo, atrio, alto, numero, muro, simulacro, rustico, monumento.

Im Lateinischen und Italienischen sind die folgenden Infinitivformen gleich:
salutare, narrare, visitare, tenere, mandare, superare, armare, disputare, stare, donare, nominare, dare, desiderare, valere, occultare, amare, tenere, cenare, (h)abitare.

Aus dem Lateinischen *-are* wird im Französischen *-er*, wobei *r* nicht gesprochen wird.

Welche lateinischen Infinitive stecken deshalb in folgenden französischen Infinitiven:
porter, ignorer, voler, libérer, errer, orner, muter, curer (u wird ü gesprochen).

Der lateinische Infinitiv deckt sich übrigens jeweils mit dem italienischen.

19 Das Imperfekt der ā- und ē-Konjugation

E 1. Mārcus: „Cūr vīllam nōn intrās? Quem exspectās, pater?“

2. Pater: „Servum vocā-**ba**-m, sed servus nōn pārē-**ba**-t.“

L Vom Leben und Denken eines einfachen Bauern

Tullius hatte gehofft in der Taverne seinen Freund Sextus zu treffen. Dieser kleine Bauer aus der Umgebung Roms pflegte dort nach dem Verkauf seiner Ware einzukehren, bevor er sich auf den Heimweg machte. Tullius erzählt:

Sextum amicum hic non video; semper laborare debet, nam parvus rusticus est. Familiam Sexti ante paucos annos saepe visitabam, agros et campos malos videbam. Sextus paucos servos et ministros, sed familiam laetam habebat. Familia sub tecto parvo et antiquo habitabat. Murus altus non semper ventos firmos a tecto arcebat. Interdum rusticus aram ornabat. Tum totam familiam ad aram vocabat, deos et deas salutabant.

Dei semper pericula a familia et ab agris arcebant. Familiae multa beneficia dabant; deis rustici fortunam debebant[1] – ut putabant. Familia sic orabat: „Vos, dei aeterni, numquam industriae et curis rusticorum auxilium negabatis. Semper annum bonum nobis donabatis. Tu, Silvane, copiam etiam huic[2] anno da! Conserva agros, campos, tectum!“ Familia agris magnam operam dabat; sed rustici parvum pretium operae[3] habebant.

Ü a) *Mit welchem einfachen Mittel drückt die lateinische Sprache den Abstand der Gegenwart von der Vergangenheit aus?*

b) *Konjugiere:* paro et parabam: pareo et parebam.

c) *Setze die Präsensform ins Imperfekt und umgekehrt:*

narrabamus, complet, habito, armant, disputabat, monebas, nuntias, habebatis, volabat, ridetis, doces, observamus, dat, timebat, probant, clamabam, erro, terrebant, ignoratis, arcetis.

d) *Übersetze:* 1. Mir gefiel (ich liebte) schon° immer das Leben der Bauern. 2. Niemals hielt ich mich lange Zeit in Rom auf (niemals hielt mich Rom lange Zeit). 3. Wohin fuhrst (eiltest) du? Ich fuhr (eilte) immer zu dem Landhaus, wo ich jetzt wohne. 4. Oft verfolgte (betrachtete) ich dort die beschwerliche Arbeit der Bauern. 5. Auch die Kinder der Kleinbauern arbeiteten auf dem Feld.

[1] *dēbēre* hier: verdanken [2] *huic* diesem [3] *pretium operae* Lohn für ihre Mühe.

Pflügender Bauer. Etruskische Bronze

6. Alle mussten hart (sehr) arbeiten. 7. Aber die kleinen Felder brachten (schenkten) den Familien nur° geringen Lohn (Preis). 8. Oft bedrängten (quälten) auch die Besitzer (Herren) vieler Felder die kleinen Bauern durch ihren Geiz sehr. 9. Sie erwarben um (durch) einen geringen Preis die Äcker der kleinen Leute (der Kleinen).

e) *Welche Sätze im Lesestück bezeichnen*

1. eine sich häufig wiederholende Handlung,

2. einen in der Vergangenheit länger dauernden Zustand?

f) Ein Zungenbrecher:

Konjugiere rasch: probabam et adhibebam.

g) *Lateinische Wörter im Englischen – welche erkennst du:* (to) complete, (to) study, glory, sentence, firm, superb, note, numerable, industry, fortune, cause.

h) *Sei schlau – unterscheide genau:* cur, cura; liber, liberi, libero, libro; vale, valde; imperio, impero; ubi, ibi; hora, ora, orna; incito, recito; amo, armo, arceo; nos, vos; tabula, fabula; tum, num; parat, paret; concilio, consilio; aedificium, artificium.

20 Das Imperfekt von *esse*
Der Imperativ I von *esse*

E 1. *Claudia:* In hortō **eram**. Ubi **erās**, Mārce? Ubi **erat** avus?
Marcus: In Subūrā **erāmus**.

2. *Servus:* Cūr iūstus nōn es, patrōne? **Es** iūstus!
Servi: Cūr iūstī nōn estis, patrōnī? **Es-te** iūstī!

L Klagen eines Kleinbauern

Plötzlich erscheint Sextus in der Taverne; voller Zorn und Ärger erzählt er nach der Begrüßung:

Sextus: Heus[1], amice! Valesne? Ego non valeo, vita rusticorum parvorum me non iam delectat. Mihi, ut tibi notum est, vita rustica numquam molesta erat. Eramus cuncti laeti et contenti. Agros semper curabam, di magni[2], numquam ignavus eram. Cuncta necessaria in cellis erant. Dei industriae familiae nihil negabant. Numquam fortunam parvorum accusabam. Paucos servos habebam, sed servi certi et grati erant propter concordiam familiae. Nunc in magno periculo sumus et ...

Tullius: Quid est? Quid te terret?

Sextus: Vicini nobis erant amici, ut tu mihi amicus carus es. Tuti eramus ab avaritia vicinorum. Etiam Marcellus vicinus diu humanus erat. Nunc se tantum et pecuniam amat, nunc etiam nostros[3] agros parvos parare studet. Animum impium et inimicum non iam occultat. Verba Marcelli animum iniustum demonstrant.

Tullius: Es bonus, es pius, Sexte! Nam dei non incerti sunt. Este cuncti firmi, ut semper eratis!

Sextus: Mihi semper placebat agros et campos habere, sed nunc, ut timeo, servus Marcelli sum.

Tullius: Sumus vobis vicini, imprimis in periculis.

Ü a) *Konjugiere:* Grata eram. Studebam et bonus eram.

b) *Übersetze:* 1. Paulus und Gajus fragen den Freund: „Wo warst du? Du warst nicht auf dem Forum. 2. Alle Freunde waren hier. Alle waren fröhlich.“ 3. „Ich war im Garten und arbeitete dort°. 4. Markus und Quintus waren auf dem Marsfeld. Wo wart ihr?“ 5. „Wir waren in den öffentlichen Gärten.

---

[1] *heus* heda! hallo! [2] *dī magnī* ihr großen Götter (Gefühlsausbruch) [3] *nostrōs* unsere

Erntewagen
Das Getreide wird mit einem Netz festgehalten. Mosaik aus der Schweiz

6. Dann besuchten wir den Nachbarn. Denn er war krank *(īnfirmus)* und erwartete uns. 7. Er war immer freundlich und dankbar.“ 8. Sei gerecht und menschlich, Herrin! 9. Seid zuverlässig und fromm, ihr° Diener des höchsten Gottes! 10. Manchmal waren die Einstellungen (Überlegungen) einiger Römer gegenüber° ihrem Vaterland feindselig (feindlich).

c) *Übersetze und bilde dann lateinisch auch den Plural bzw. den Singular:*

1. Es certa, domina! Es grata et laeta, puella! 2. Este pii, ministri! Este boni et iusti, domini!

Verwandle die Befehlssätze in Aussagesätze.

d) *Ergänze, übersetze und vertausche den Singular mit dem Plural:*

Es... (tüchtig), minister! Es... (lieb), filia! Es... (gerecht) et... (menschlich), magister!

S Großbauern und Arbeitssklaven

Neben den Kleinbauern gab es in Italien reiche Patrizier, die ihren Grundbesitz ständig vergrößerten und von Sklaven bearbeiten ließen. Diese Wirtschaftsweise, ausgedehnten Grundbesitz mit billigen Arbeitskräften Gewinn bringend zu bebauen, nannte man Latifundienwirtschaft (*lati fundi* = weite Grundflächen).

An Arbeitssklaven fehlte es nicht. Eroberungsfeldzüge hatten zahllose Kriegsgefangene ins Land gebracht. Auch standen verarmte Kleinbauern als Arbeitskräfte zur Verfügung. Da sie häufig an langjährigen Feldzügen teilnehmen mussten, konnten sie ihre Felder nicht bestellen und waren gezwungen nach ihrer Rückkehr beim reichen Grundherrn Schulden zu machen. Wenn sie dann die hohen Zinsen und Abgaben nicht mehr aufbringen konnten, nahm ihnen der Grundherr den Besitz, mitunter sogar die Freiheit.

21 Das Futur I und der Imperativ II von *esse*

E 1. Quia semper iūstus er-ā-s, cūnctīs cārus er-**i-s**.
2. Semper amīcus certus er-**ō**.
3. Amīcī tibi grātī er-**u-nt**.

4. Semper iūstī es-**tō-te**!
5. Amīcī fidī su-**ntō**!

L Eine Einladung beim Gutsbesitzer Marcellus

Sextus berichtet weiterhin, was ihm ein Gast von seinem rücksichtslosen Nachbarn Marcellus erzählt hat.

Marcellus contra vicinos saepe durus erat et semper superbus erit. Sed erga convivas largus[1] est. Amicos in villam amplam invitat[2]: „Quia vos iam diu ad cenam vocare in animo habebam, amici, nunc vos ad magnum convivium voco. Beatus ero, si hic eritis. Laeti erimus. Sub pinis[3] altis umbra iucunda erit. Cibi exquisiti[4] erunt, vinum optimum erit."

Marcellus vilico imperat: „Cras hic magnum convivium erit. Orna triclinium[5] et hortum, para cibos optimos et vina mira!"
Vilicus: „Si convivae hic erunt, cuncta[6] parata et apta erunt. Tibi vilicus certus ero. Tu, domine, contentus esto!"
Tum Marcellus: „Tibi gratus ero, si minister fidus eris. Mihi et amicis vita iucunda esto! Cibi varii et optimi sunto! Tu, vilice, magister convivii eris. Mox inter cenam magnum gaudium erit."

Ü a) *Konjugiere:* in vico ero; semper parata ero; laetus ero, quia bonus eram.
Schreibe Futur und Imperfekt von esse *nebeneinander in zwei Kolonnen.*
Welche Vokale geben uns das Signal, das die Zukunft anzeigt?
Welcher Vokal signalisiert das Imperfekt?
Verändert sich der Stamm?

b) *Setze in die entsprechende Pluralform:* Vir Romanus eris (es, eras). Vinum optimum est (erit, erat). Amicus certus eram (ero, sum).

---

[1] *largus, a, um* großzügig, freigebig [2] *invītāre* einladen [3] *pīnus* die Pinie
[4] *exquīsītus, a, um* ausgesucht, erwählt [5] *triclīnium* das Speisezimmer
[6] *cūncta* (Neutr. Pl.) alle Dinge, alles

Trinkgefäß aus Silber

Obst und Wein. Römisches Wandgemälde aus Pompeji

c) *Welche Sätze des Lesestücks können im Deutschen auch im Präsens stehen? Welche Wörter deuten an, dass ein Vorgang erst künftig eintreten wird?*

d) *Übersetze:* 1. Wo bist (!) du morgen? Ich bin (!) morgen nicht in der Schule, sondern im Landhaus des Großvaters. 2. Werdet ihr vor dem Essen dort sein? Wir werden nach der Essenszeit (Stunde des Essens) dort sein. 3. Der Großvater ist zu den (gegen die) Gästen freundlich, die Speisen werden verschiedenartig sein.
4. Bald werden Ferien *(fēriae)* sein. Da° werden wir zu vielen Spielen Zeit haben (bereit sein). 5. Ich werde voll Freude (Gen.) sein. Alle sollen fröhlich sein! 6. Im Garten werden wir zufrieden sein. 7. Alles (Neutr. Pl.) wird bereit und wunderbar sein. 8. Die Gehilfen sollen immer zuverlässig sein!

e) *Vergleiche:*

periculum die Gefahr *periculosus* gefahrvoll, gefahrenreich, gefährlich

Bilde die Adjektive zu folgenden Substantiven und versuche eine Übersetzung:

numerus, animus, victoria, gloria, umbra, otium, pretium, fabula, dolus.

S Vom Essen und Trinken

Die Römer frühstückten zweimal: Morgens nahm man etwas Brot und Wein zu sich, um die Mittagszeit gab es meistens kalte Kost vom Vortag. Die Hauptmahlzeit aber lag am späten Nachmittag; sie konnte sich lange hinziehen.
Die Masse der Bevölkerung lebte von Brot, von Polenta (damals ein Mehlbrei mit Öl), von Kohl, Erbsen, Linsen, Rüben, Lauch, Zwiebeln, Obst, Käse, Quark und Eiern. Fleisch fehlte meistens auf dem Tisch der Leute; es war zu teuer.
Erlesene Gerichte gab es bei einem Gastmahl vermögender Römer. Als Delikatesse galten Vögel, Pfauen, Fasane, köstlich zubereitete Fische, jegliche Art von Wild, Lamm- und Hammelfleisch. Auch Schweinefleisch, Tauben und Hühner waren sehr beliebt.
Zum Essen trank man ausgiebig: neben Wasser vor allem mit Wasser gemischten Wein und Fruchtsäfte. Ungemischten Wein zu trinken galt als unfein.
Was den reichen Römern serviert wurde, haben einige Schriftsteller überliefert.
Der Dichter Martial erwähnt: Schnittlauch, Kopfsalat, gewürzte Sardellen, Schweineeuter, Schinken, Schaffleisch, Huhn, süßes Obst, Wein.
Juvenal gibt an: Hammelbraten, Bergspargel, große Eier, Hennen, Weintrauben, Birnen, Äpfel.
Bei Plinius gibt es Salate, Weinbergschnecken, Eier, Oliven, Zwiebeln, Gurken, honigsüßen Wein.

22 Das Futur I und der Imperativ II der ā- und ē-Konjugation

E 1. Crās Mārcum vīsitā-**b**-ō.
2. Mihi librōs mōnstrā-**bi**-t.
3. Librī mē dēlectā-**bu**-nt.

4. Pius es-**tō**, Mārce, et deōs implōrā-**tō**!
5. Magistrīs pārē-**tō**-**te**, līberī!
6. Līberī laetī su-**ntō** et rīde-**ntō**!

L Gäste bei Marcellus

Sextus hofft auf eine gute Lösung für seine Schwierigkeiten, obwohl er von dem folgenden Gespräch zwischen Marcellus und dem Anwalt Lucius gehört hat.

Lucius, vir honestus: Mirum est, Marcelle, totum praedium[1]. Agros bonos habes, multis servis imperas. Semper fortunam secundam habebas.

Marcellus: Novum consilium in animo habeo. Multa bona habeo, multis servis impero. Mox etiam alios agros habebo. Sextus vicinus cum familia me ‚dominum' appellabit, alii servi mihi parebunt.

Lucius: Parabisne iniuria agros novos? Nonne iram deorum times? Nonne te Croesi[2] exemplum terret?

Marcellus: Erras. Specta villam finitimam! Sextus agricola ibi habitat. Vita rustici parvi molesta est. Mox, ut spero, pecunia, non iniuria agros Sexti comparabo. Quis me prohibebit? Unde agricola auxilium postulabit? – Nunc intrate, amici! Vesper appropinquat. Cenabimus, potabimus[3], ridebimus. Servi cibos et vina nobis portanto! Vos autem me novis fabulis delectabitis, convivae. Post cenam tu, patrone, de causis narrato!

Ü a) *Konjugiere:* fabulam recitabo, diligentiam adhibebo, laborabo et studebo.

b) *Bilde das Imperfekt und das Futur, indem du den richtigen Vokal einsetzt. Bei welcher Form ergibt sich nur das Futur oder nur das Imperfekt?*
er.t, taceb.mus, ornab.tis, er.s, er.nt, er.mus, taceb., er.m.

---

[1] *praedium* das Landgut
[2] Trotz seines Reichtums war der lydische König Kroesus von Sorgen bedrängt.
[3] *potāre* trinken

c) *Womit kennzeichnet die lateinische Sprache das Imperfekt, womit das Futur? Setze folgende Formen in die bis jetzt bekannten Zeiten:*

stas, occultabunt, tacebitis, ornabam, docemus, arcebant, vexo.

d) *Bilde den Imperativ II und übersetze:*

fidi estis, deos time, pii sunt, optima es, curas prohibes, semper speratis, contentus est, deum orat, nihil postulatis, servos liberant.

e) *Übersetze:* 1. Wenn die Winde günstig sind (Fut.), werden wir morgen nach *(in)* Griechenland fahren (eilen). 2. Die Reise (der Weg) wird beschwerlich und gefährlich (voller Gefahren) sein. 3. Den Ratschlägen des Kapitäns (des Leiters) werde ich gehorchen, die Gefahren nicht fürchten.

4. In Griechenland werden wir große Tempel und alte Statuen anschauen. 5. Auch ihr *(vōs)* sollt einmal *(quondam)* das wunderbare Land besuchen! Dann wird eure° Freude groß sein. Schon jetzt sollt ihr neugierig *(cūriōsus)* sein!

S Recht und Gesetze in Rom

Die Formen des Imperativ II fanden besonders in Gesetzen Anwendung. Das erste „Gesetzbuch" der Römer waren zwölf schlichte Gesetzestafeln. Auf diesen Tafeln standen die wichtigsten Gesetze. Sie enthielten Bestimmungen für das Strafrecht, das Erbrecht und die Prozessordnung (d. h. die Ordnung, nach der ein Gerichtsverfahren abläuft). Damit jeder diese Gesetze einsehen konnte, waren die Tafeln auf dem Forum aufgestellt. Jahrhundertelang mussten die Kinder in den römischen Schulen dieses Zwölftafelgesetz auswendig lernen. Es ist klar, dass im Laufe der Zeit viele Gesetze und Verordnungen dazugekommen sind.

Das römische Recht ist die Grundlage unseres modernen Rechts. Viele römische Rechtsgrundsätze wurden in unser Recht übernommen, z. B. IN DUBIO PRO REO (Im Zweifelsfall für den Angeklagten).

Nachbildung der 1. Tafel des Zwölftafelgesetzes. Versuche einige Formen des Imperativs II zu entziffern.

23 Das natürliche Geschlecht
Die Pluralwörter

E 1. Poēt**a** nōt**us** fābulās recitat.
2. Convīv**ās** cār**ōs** exspectāmus.
3. Mox fēriae erunt. Tum in thermīs erō.

L Unrecht lohnt nicht. Die Geschichte vom Sänger Arion (1. Teil)

Tullius sitzt in einer Hafenkneipe. Dort erzählt ein Seemann die Geschichte vom Sänger Arion, der in alten Zeiten auf der griechischen Insel Lesbos lebte.

„Tacete, viri et amici! De nautis malis narrabo. Nam nautae non semper honesti sunt. Itaque, si vobis placet, de nautis iniustis narrabo."
„Narra, te non prohibebimus!"
„Arion, poeta egregius, diu animos multorum incolarum[1] Siciliae modis[2] miris delectabat. Ita sibi magnam pecuniam parabat. Sed post multos annos patriam desiderabat. Vitam undis et ventis mandat et animo laeto in[3] Graeciam navigat.

Magister[4] autem post paucas horas non solum libros, sed etiam divitias poetae videt. Statim animos nautarum incitat: „Poetae clari litteras, non divitias amanto! Itaque divitias poetae nobis parare iustum est. Poetam in undas praecipitabimus[5]. Ibi nullas copias contra nos comparabit, nulla arma, nulla castra habebit." Nautae rident et consilium probant. Arion autem odium nautarum observat. Insidias nautarum impiorum magis quam ventos et undas timet."

Ü a) *Bestimme das Geschlecht folgender Substantive:*
annus, opera, agricola, negotium, ira, vita, minister, concordia, umbra, vesper, poeta, gloria, fortuna, periculum, puer, pirata, ara, nauta, iniuria.

b) *Setze* notus *zu* viae (3) *und* poetae (3), laetus *zu* nautarum *und* filiarum, vicinus *zu* insulam *und* agricolam.

c) *Bilde Sätze:* Litterae mihi ... (esse, iucundus). Copiae ... (esse, magnus). Castra statuae Mercurii ... (vicinus, esse). Insidiae inimicorum poetam ... (clarus, terrere).
Ersetze litterae *durch* epistula, copiae *durch* aedificium, castra *durch* via, insidiae *durch* avaritia *und bilde dann die Sätze.*

d) *Überlege, warum im Lesestück nach den Sätzen mit Imperfekt Sätze mit Präsens folgen.*

---

[1] *incola* der Bewohner [2] *modus* hier: Melodie [3] *in Graeciam* nach Griechenland
[4] *magister* hier: der Kapitän [5] *praecipitāre* hinunterstürzen

Ein Wirtshausschild aus Ostia
Erkläre die Gesten der Männer. Kannst du die Namen der Gäste lesen?

e) *Übersetze:* 1. Vergil *(Vergilius)*, ein hervorragender Dichter der Römer, erzählt von den römischen Göttern. 2. Fromme Männer und Frauen erbauten den Göttern Tempel. 3. Silvanus beschützte (bewahrte) die Felder tüchtiger Bauern.
4. Alle Seeleute erflehten die Hilfe des Neptunus; erst° dann vertrauten sie ihre Güter den Winden und Wellen an. 5. Mars wehrte den Überfall frevelhafter Piraten von den Küsten ab. 6. Im Lager der römischen Truppen gab es (war) einen Altar.

f) *Unterscheide (oft ist nur ein einziger Buchstabe entscheidend):* odium – otium, dolus – ludus, nego – neco, orna – ora, totus – tutus, laetus – latus, carus – clarus, mirus – murus, liberi – libri, fabula – tabula, arma – ara.

g) *Vergleiche:* iustus gerecht iustitia die Gerechtigkeit
Bilde dementsprechend die Substantive zu amicus, malus, puer, laetus *und versuche eine Übersetzung.*
Wie muss das Adjektiv zu avaritia *heißen?*

h) *Erkläre:* Fortuna Düsseldorf, Exweltmeister, Caritas, Varieté, Mode, Navigation, Oratorium, Poet, total, monumental, human, negativ.

► **Wiederholungsstück W 3, S. 141**

24 Die Adjektive auf *-er*

E

1. Servus mis**er** erat.
2. Vīta servōrum mis**era** erat.

3. Tibi dext**er**am (dext**r**am) dō, serve, ita līb**er** eris.
4. Patriam pulch**r**am vidēbis.
5. Tibi dōna crēb**r**a dabō.

L

Die Geschichte vom Sänger Arion (2. Teil)

Der Matrose fährt in der Erzählung fort:

„Arion deliberat: ‚Nautae sunt mali, duri, asperi, vel etiam piratae. Cur gladios habent? Tutus eram in terra et curis liber. Sed nunc in aqua mihi magnum periculum parant, quia aurum et argentum desiderant. Patriam, liberos, amicos non iam videbo.‘ Tum piratas rogat: ‚Licetne pauca cantare? Date mihi citharam[1]!‘ Nautae rident et poetae misero veniam[2] dant.

Sed animus poetae aeger[3] non est. Arion citharam[1] dextra tenet et sacros modos[4] cantat. Delphinus[5] appropinquat, quia modos[4] miros amat. Arion autem medias in undas se praecipitat[6]. Tum delphinus poetam per undas crebras ad oram Graeciae portat. Arion in tergo delphini sedet et cantat. Sic delphinus fortunam atram et sinistram a poeta prohibet. Dei beneficium vident et bestiam praemio digno donant: Stella mira in caelo erit. Iniuriam autem et avaritiam nautarum multant[7].“

Ü

a) *Gestalte eine Geschichte über die Seeleute mit Sätzen aus folgenden alphabetisch angeordneten Wörtern. Geh dabei jedes Mal von der Verbalform aus.*

1. asper – erat – nauta – Romanus – vita. 2. erat – liber – non – periculum. 3. insidiae – parabant – piratae – non solum – viri – sed etiam – feminae et liberi. 4. asper – etiam – magnus – parabant – periculum – ventus. 5. implorabant – nautae – Neptunus – tum. 6. asper – libera – nos – ventus!

b) *Bestimme die folgenden Formen der Wortfamilie* liber *(frei)*: liberum (3), liberi (5), libera (7).

---

c) medio in oppido mitten in der Stadt, in der Mitte der Stadt.

Übersetze entsprechend: Media in via amicos videmus. Magna turba virorum medio in foro est. Nautae medias in insidias piratarum navigant. Delphinus poetam medias per undas portat.

---

[1] *cíthara* (eine Art) Gitarre [2] *venia* hier: Erlaubnis [3] *aeger* hier: betrübt [4] *modus* hier: Melodie [5] *delphīnus* Delphin [6] *praecipitāre* hinunterstürzen [7] *multāre* bestrafen

Ritt auf einem Delphin. Griechische Münze der in Süditalien gelegenen griechischen Stadt Tarent (griech. ΤΑΡΑΣ).
Die Vorstellung, dass Delphine Menschen aus Seenot erretten können, war in der Antike weit verbreitet.

d) *Übersetze:* 1. Rohe (raue) Piraten näherten sich oft mit ihren Schiffen *(nāvigium)* den Inseln und betraten die Küsten(streifen). 2. Dann überfielen (quälten) sie die armen Bewohner *(incola m.)*, weil sie vor allem Gold und Silber haben wollten (ersehnten). 3. Das Schicksal der Frauen und Kinder war hart (rau).
4. So bereiteten die Piraten durch ihre Habgier den freien Bewohnern *(incola m.)* zahlreiche Gefahren. 5. Deshalb war der Hass der Männer und Frauen gegen die Piraten groß. 6. Immer° wenn *(cum)* hervorragende Männer die Piraten mit Hilfe der Götter überwanden, waren alle den Göttern dankbar und brachten ihnen° Geschenke zu den heiligen Altären.

e) *Übersetze folgende Geschichte zuerst ohne die eingeklammerten Wörter. Erzähle dann die Geschichte nach, indem du die entsprechende Form des in Klammern angegebenen Wortes anstelle der gesperrt gedruckten Wörter setzt.*

Paulam amicam visito, quia non valet (aeger, esse). Amicae vita molesta (miser) est. Dextera amicam saluto. In villa amicae laeta (liber) sum. Servi certi (creber) hortos amplos (pulcher) curant. Altae (creber) tiliae *(die Linden)* ventum molestum (asper) arcent. Vinum bonum (ater) nos delectat.

S Die Musen

Künste und Künstler stehen unter dem besonderen Schutz der Götter. In der griechischen Sagenwelt kennen wir die neun Musen, die die Künstler nicht nur beschützen, sondern sie auch mit guten Einfällen versorgen, ihnen sogar die Geschichten erzählen, die die Dichter den Menschen dann weitergeben. Deshalb wenden sich die Dichter zu Beginn ihres Werkes an die Musen.
So dichtet etwa Homer, der uns die Sagen vom trojanischen Krieg und von den Irrfahrten des Odysseus hinterlassen hat, am Beginn seiner Odyssee: „Den Mann nenne mir, Muse, den vielgewandten, der gar viel umgetrieben wurde, nachdem er Trojas heilige Stadt zerstörte!"
Die neun Musen sind die Kinder von Zeus (Jupiter), dem Göttervater, und Mnemosyne, der Erinnerung. Sie tanzen und singen mit dem Gott Apollon auf dem Musenberg, dem Parnass (Mittelgriechenland). Jede Muse steht für eine besondere Kunst. So ist Erato die Muse der Liebesdichtung, Klio die Muse der Geschichtsschreibung und Polyhymnia die Muse des Gesanges.

Wie zeigt sich in der Geschichte vom Sänger Arion der besondere Schutz der Götter?

25 Das Possessivpronomen

E 1. Amīcō librum **meum** dō.
2. Dā mihi librum **tuum**, amīce!
3. Convīva dē **suā** fortūnā nārrat.
4. **Noster** hortus magnus, **vester** hortus parvus est.
5. Convīvae **nostrī** dē **suīs** negōtiīs nārrant.

6. Semper **meōs** amābō.

L Germanen und Römer – ein Streitgespräch

Ein Germane erzählt von seiner Heimat, ein Römer schaltet sich ein.

G: Mea patria, Romani, non tam pulchra est quam Italia. Caelum nostrum asperum est, crebri venti plantis[1] nocent. Itaque horti pomiferi[2] rari sunt. Bestiae ferae in nostris silvis nigris se occultant. Romani patriam meam terram foedam appellant. Agros proprios[3] non habemus, saepe agros mutare debemus. Vestram agriculturam[4] ignoramus; itaque parva est copia frumenti.

R: Mihi quoque patria tua aliena non est. Populus vester in casis[5] parvis habitat, aedificia pulchra non habetis. Natura acerba Germanis divitias soli negat. Tamen vestram terram valde amatis.

G: Quis suam terram non amabit? – Quia patriam nostram amamus, nostri interdum cum vestris copiis pugnabant.

R: Mox tota Germania provincia Romana erit. Sed non arma nostra et bella Germaniam delebunt. Germanos, ut puto, imprimis discordia superabit.

G: Narrabo exemplum discordiae.

Ü a) *Übersetze:* 1. Nostrum atrium magnum, vestrum atrium parvum est. 2. Cur amico tabulam novam non monstras, Marce? Mea pecunia tabulas comparo.
Warum steht im 1. Satz ein Possessivpronomen, im 2. Satz aber nicht?
Durch welches zusätzliche Wort kann im Deutschen das Possessivpronomen des 3. Satzes ein besonderes Gewicht erhalten?

b) *Konjugiere und beachte dabei den notwendigen Wechsel der Pronomina:*
Mea industria magistrum delecto. Mea audacia mihi pericula paro.

---

[1] *planta* die Pflanze [2] *hortus pōmifer* der Obstgarten [3] *proprius, a, um* eigen
[4] *ăgrīcultūra* der Ackerbau [5] *casa* die Hütte

c) *Setze solche Possessivpronomina ein, dass Gegensätze entstehen:*

1. ... negotium molestum est, ... iucundum. 2. Vina ... probo; tu proba etiam vina ... 3. Monstra mihi libros ..., tibi libros ... monstrabo. 4. Vos ... patriam desideratis, nos ... desideramus.

d) Die Possessivpronomina können als Hauptwörter verwendet werden.

Übersetze: Tuos amas. Cuncti suos et sua amant. Meos desiderabam.

e) *Übersetze das folgende Gespräch zwischen einem Römer und einem Germanen:*

R: Unsere Leute° (die Unseren) waren viele Jahre lang° euere Feinde. Jetzt sind Römer euere Lehrmeister (Lehrer).

G: Sie bringen ihren Wein und ihre Güter in unser Vaterland. Vor allem aber bringen (befehlen) sie uns Steuern *(tribūtum)*.

R: Zahlreiche Bücher werden einmal *(quondam)* deinem Volk von unseren bekannten Männern erzählen.

G: Wir sehnen uns nicht nach (wir ersehnen nicht ...) euren hervorragenden Männern. Denn lange Zeit kämpften ja° Römer mit unseren Leuten° (den Unseren).

R: Unser Reich wird auch euer Reich sein, wenn eure Leute° (die Euren) nicht mehr mit unseren Truppen kämpfen (Futur).

f) Die Zeitangaben in den folgenden Sätzen stehen im Ablativ bzw. im Akkusativ.

Bilde zwei Gruppen und schreibe darunter, wie man jeweils nach der Zeitangabe fragt:

Feriis rusticum visitabimus. Multas horas ambulabimus. Multos annos te non videbam, sed anno novo te videbo. Hora cenae amicos exspecto; multas horas de terris alienis narrabimus.

S Die Germanen lernten von den Römern viel Neues. Mit der Sache übernahmen sie auch die Bezeichnung. Suche zu den oberen Abbildungen die deutsche und lateinische Bezeichnung, zu den unteren die deutsche Entsprechung.

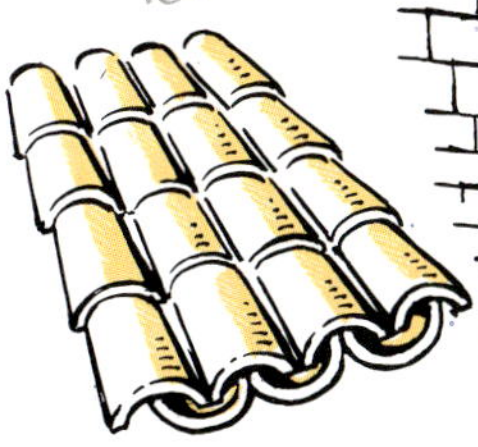

tegula fenestra speculum secula moneta facula

26 Das Personalpronomen
Das Reflexivpronomen

E 1. Paulus Mārcum videt: „**Tū** hīc? **Tē** salūtō. Quandō **mē** vīsitābis? **Mihi** grātus eris. **Tibi** librōs meōs mōnstrābō. **Mēcum** in hortīs pūblicīs ambulābis. Ibi Cornēlia **nōs** exspectābit et **nōbīscum** ambulābit."
Mārcus: „**Ego** vōbīs amīcus grātus erō."

2. Vir malus **sē** tantum amat, **sibi** tantum dīvitiās cōnservat.

L Ein Beispiel von Zwietracht unter den Germanen

Der Germane schließt sich der Meinung des Römers an und berichtet von folgendem Gespräch zwischen Flavus und Arminius. Die beiden germanischen Brüder waren bei den Römern ausgebildet worden. Während Flavus sich den Römern anschloss und sogar mit diesen gegen die Germanen kämpfte, führte Arminius gegen die Römer den Aufstand der Cherusker.

A: Cur tu contra patriam tuam et oppida nostra bellum iniustum paras?

F: Verba tua falsa sunt; nam imperium Romanum nunc mea patria est.

A: Ego imperium Romanum non ignoro. Romani tibi et mihi inimici sunt. Germania libera nobis cara esto!

F: Ego amicus fidus maximi cunctorum populorum sum semperque ero. Cuncta mea Romanis dabo.
Vos autem mox in miseria eritis, nisi disciplinae imperioque Romanorum parebitis. Vos superabimus, tum poena dura erit.

A: Romani se tantum amant, divitias sibi tantum comparant, de se semper narrant, ab sociis autem auxilium exspectant. Germani a se auxilium sperare debent. Mater nostra te rogat: Libera nobiscum patriam! Pugna mecum et pro nobis contra Romanos! Tum nobis gloriam parabimus. Quando nobiscum eris?

F: Ego Romanis auxilium fero[1]. Nam vinculum amicitiae me cum multis viris Romanis ligat[2].

Ü a) *Verändere E 1 so, dass Paulus mehrere Freunde trifft.*

b) *Setze das Pronomen jeweils in die Mehrzahl und in die 2. Person Einzahl und Mehrzahl.* Mox feriae me delectabunt. Feriae mihi gratae erunt. Quis mecum erit?

c) *Setze die Personal- und Possessivpronomina in die Einzahl.*
Beachte, welche Folgen sich dadurch für Subjekt und Prädikat ergeben.
Nobis nostra oppida cara sunt, vobis vestra. Vos vestra delectant, nos nostra.

---

[1] *ferō* ich bringe [2] *ligāre* binden, verbinden

Kopf eines Germanen. Ausschnitt aus der Darstellung eines Moselschiffes mit einer Weinladung, gefunden bei Trier.

Beachte die Haartracht des Germanen. Was fällt dir an seinen Augen auf? Welchen Grund könnte es für diesen Blick geben?

d) *Übersetze:* 1. Ego in meo vico sum, tu es in tuo oppido. 2. Me libri mei delectant, te negotia tua. 3. Mihi mea patria cara est, tibi tua. 4. Mecum amici mei sunt. Quis est tecum? 5. De te amicis meis narrabo. Narra amicis tuis de me!

Setze die Personal- und Possessivpronomina auch in den Plural.

---

e) *Konjugiere das Prädikat und achte auf den Wechsel der Fürwörter: (In der 3. Person muss als Subjekt jeweils* dominus *genommen werden.)*

Opera mea mihi pecuniam paro. E miseria me servabam.
Pericula a me arcebo. Cuncta mea mecum porto.

f) *Übersetze:* 1. Ich arbeite viele Stunden lang°, du aber ruhst dich aus (gibst dich der Ruhe hin). 2. Deshalb wirst du dir ohne mich Sorgen schaffen (bereiten). 3. Aber ich werde dir Geld geben und dich aus dem Unglück retten. 4. Ich werde meinen und deinen Angehörigen° über uns erzählen.
5. Halte auch du das Band unserer Freundschaft fest; denn nicht immer wird das Glück mit uns sein. 6. Wer wird nur von sich Hilfe erhoffen? 7. Ein hochmütiger Mensch (Mann) besorgt nur seine eigenen° Geschäfte, lobt nur sich selbst°. Aber ohne Freunde ist das Leben nicht schön.

g) *Verwandle alle Singularformen aus Üf in den Plural. Setze im 7. Satz statt ‚Mann' auch ‚Frau'.*

27 Der Konjunktiv Präsens von *esse*

E 1. *Indikativ:*

Fīdus es.	Du bist zuverlässig.	**(Wirklichkeit)**

2. *Konjunktiv im Hauptsatz:*

(Utinam) semper fīdus **sīs**!	Mögest du immer zuverlässig sein! Hoffentlich bist du immer zuverlässig.	**(Wunsch)**
Semper iūstī **sīmus**!	Lasst uns immer gerecht sein! Seien wir immer gerecht!	**(Aufforderung)**

3. *Konjunktiv im Gliedsatz:*

Optō:	Iūstus **sīs**!	Ich wünsche:	Mögest du gerecht sein!
Optō, ut	iūstus **sīs**.	Ich wünsche, dass du gerecht bist.	
Optō, nē	sevērus **sīs**.	Ich wünsche, dass du nicht streng bist.	

L Ein wichtiger Tag für einen jungen Römer

Aulus, der sechzehnjährige Sohn des Nachbarn, erhält die Männertoga.

Aulo, filio vicini, hora beata appropinquat. Hodie adulescentuli[1] togam mutant. Multi amici cum donis in atrio sunt. Nunc pater filium toga pura[2] ornat, nunc Aulus vir est. Aulus beatus gratiam deorum verbis piis implorat: „Semper sim in vestra tutela[3]! Utinam mihi propitii[4] sitis! Mea vita futura morbis et curis libera sit! Pericula mihi meisque semper ignota sint!"

Deinde pater: „Te non iam puerum appello. Inter viros mox eris. Deis grati simus! Sis semper beatus, Aule! Te moneo, ne iniustus sis. Vos, amici, oramus, ut hodie nobiscum laeti sitis."
Tum Marcus ad Aulum: „Opto, ut amicus meus sis, ut antea semper eras. Tibi dexteram do: Amicitia nostra sit firma! Te tuosque iam hodie rogo, ut apud nos sitis, cum[5] ego togam mutabo."

Ü a) *Übersetze:* liber es, miseri estis, este iusti, honesti sitis, egregius erit, pia eras, vicinus sum, fidus sim, tutae sunt, aegrae erunt, optimus sis, laetae eramus, severi erimus, firmi simus, contentae eritis, pauci sint.

---

[1] *adulēscentulus* der junge Mann [2] *pūrus, a, um* hier: ohne Verzierung
[3] *tūtēla* der Schutz [4] *propitius, a, um* gnädig [5] *cum* hier: wenn

b) *Welcher Satz drückt einen Wunsch, welcher eine Aufforderung oder einen Befehl aus?*

1. Amici boni simus! 2. Fortuna tibi secunda sit! 3. Utinam beatae sitis! 4. Avaritia liberi simus! 5. Semper honesti estote! 6. Cena bona sit!

c) *Verwandle in Wunschsätze:*

Verbum tuum certum est. Via insidiis libera est. Vir bonus es. In miseria semper cum amicis sum.

Setze die Sätze auch in den Plural.

---

d) *Lass die ersten drei Sätze aus c) von* pater optat, ut *abhängen.*

e) *Übersetze zuerst mit ‚dass', dann ohne ‚dass':*

Te moneo, ut iustus sis. Vos rogamus, ut nobiscum sitis. Marcus Aulum orat, ut amicus certus sit.

f) *Übersetze folgende kleine Ansprache:* 1. Lasst uns zufrieden sein, Gäste! Möchten doch viele Stunden so angenehm sein! 2. Mögen dir, lieber Aulus, die kommenden (zukünftigen) Jahre keine Sorgen bringen (frei von Sorgen sein)! 3. Wir wünschen dir°, dass (!) du immer glücklich bist. 4. Ich ermahne dich, dass (!) du nicht (!) ungerecht und hochmütig bist.

5. Gehorche immer guten Ratschlägen! 6. Euch, Freunde, lade ich ein, dass (!) ihr auch morgen bei uns seid. 7. Möget ihr jetzt und immer gesund sein, Freunde! 8. Die Helfer sollen uns nun Wein und Speisen bringen! 9. Wir bitten Gott, dass alle Völker frei seien.

S Römische Kleidung

Die Kleidung der Römer war einfach. Als Unterkleid diente eine Art Leinenhemd, über dem man zu Hause die Tunica trug. Die Ärmel waren je nach dem modischen Geschmack teils lang, teils kurz. Meist schnürte ein Gürtel die Tunica um die Taille zusammen.

Das offizielle Kleidungsstück für Männer war aber die Toga. „Das mit der Toga bekleidete Volk" nannte der Dichter Vergil die Römer. Mit 16 Jahren legten die heranwachsenden jungen Römer die sogenannte *toga pura* an, die keine Verzierungen hatte. Die *toga praetexta*, die ein purpurroter Streifen schmückte, trugen die höchsten Beamten und einige Priester.

Die Frau trug über der verlängerten Tunica eine Stola, einen weiten Umhang. Eine Spange an der Brust und ein Gürtel um die Hüfte hielten die Stola zusammen. Im Winter schützten sich die Frauen noch mit einem Überkleid, die Männer mit einem Mantel.

Versuche die Kleidungsstücke der abgebildeten Personen zu benennen.

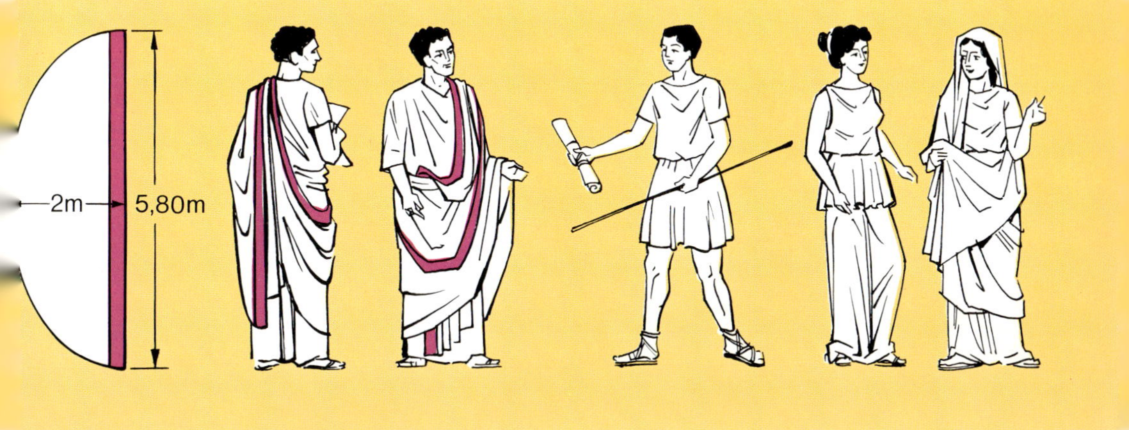

28 Der Konjunktiv Präsens der ā- und ē-Konjugation

E 1. Amīcus nōs videt et appellat.
(Utinam) amīcus nōs vide-**a**-t et appell-**e**-t!
Ride-**ā**-mus et cant-**ē**-mus!

2. Festīnāmus, **ut** amīcum vide**a**mus et appell**e**mus.

3. Festīnāmus, **nē** amīcus nōs diū exspect**e**t.

L Eine Hochzeit auf dem Lande

Tullius ist inzwischen wieder auf sein Gut zurückgekehrt. Die Hochzeit seiner Tochter Antonia mit einem gewissen Gajus steht bevor. Auch Claudia, Markus und deren Eltern werden eingeladen.

Quia auspicia bona sunt, Tullius Tito filio imperat, ut propinquos et amicos vocet. „Cras filiam viro dabimus. Vos oramus, ut nobiscum nuptias[1] Antoniae celebretis et apud nos cenetis.“
Tum servis mandat, ut ianuas[2] ornent et mensas parent. Mater servis: „Hodie Antoniam corona et flammeo[3] ornemus! Magnus numerus convivarum Antoniam exspectat. Utinam dei inter convivas concordiam creent!“

Tullius servos monet, ut diligentiam adhibeant. Iam convivae Antoniam salutant: „Semper animum firmum et laetum habeas! Numquam te inopia et morbi vexent!“ Interea etiam Gaius cum aliis propinquis appropinquat. Tum mater dextram Antoniae cum dextra Gai[4] ligat[5]. Gaius Antoniam rogat: „Esne parata mater familiae esse?“ Antonia: „Ubi tu Gaius, ibi ego Gaia[6].“ Nunc cuncti bonam fortunam optant: „Votum vestrum memoria tenete! Concordia sit apud vos, ne animos vestros discordia turbet! Multos annos bonos videatis! Semper valeatis! Deis pro fortuna vestra sacrificemus! Placeat deis, ut beati sitis!“

Ü a) *Konjugiere:* 1. (Utinam) Romam spectem! In villa nova habitem! (Utinam) amicum donis delectem! 2. (Utinam) valeam! Videam amicam! Verba tua memoria teneam!

b) *Verwandle in Wunschsätze:* 1. Amicitiam servatis. Oras et laboras. Mox feriae nos delectabunt. 2. Magnum praemium operae habes. Semper rideo, numquam fleo. Pueri tacent.

c) *Bilde den Konjunktiv Präsens zu folgenden Indikativen:*
1. deliberatis, occultat, orno, explicamus, sum, creant, paras.
2. pares, complemus, teneo, estis, student, placet, docetis.

---

[1] *nuptiae* die Hochzeitsfeierlichkeiten, die Hochzeit [2] *iānua* die Türe, der Zugang
[3] *flammeum* der Brautschleier [4] *Gaī = Gaiī* [5] *ligāre* binden, verbinden
[6] Mit dieser Formel wurde die Eheschließung vollzogen.

Hochzeit eines vornehmen Römers. Relief von einem Feldherrnsarkophag (170 n. Chr.). In der Mitte steht Concordia (Göttin der Eintracht), die das Brautpaar durch Handauflegen vereinigt. Zwischen dem Brautpaar läuft der Gott Amor mit der Hochzeitsfackel.

Betrachte die Kopfhaltung der Braut! Was trägt der Bräutigam in seiner linken Hand?

d) *Übersetze:*

1. Avum industria delectas.
2. Nobis viam monstratis. Liberi diligentiam adhibent.
3. Te ad cenam voco. Verbis tuis pareo.

Mache Satz 1 abhängig von opto, ut *Satz 2 von* postulamus, ut *Satz 3 von* me oras. *Welche Sätze braucht man im Deutschen nicht mit ‚dass' zu übersetzen?*

e) *Verwende bei der Übersetzung ‚damit', dann auch ‚um zu':* Romani saepe circum visitant, ut ludos spectent. Properemus, ut bestias feras videamus! Magister fabulam recitat, ut puellas et pueros delectet et doceat.

f) *Übersetze:* 1. Der Vater trägt den Kindern auf, die Verwandten einzuladen (dass (!) sie ... einladen). 2. Sie sollen (herbei°)eilen, um die Hochzeit *(nuptiae)* Antonias zu feiern (damit (!) sie ... feiern)! 3. „Lasst uns speisen, erzählen, fröhlich sein!" 4. Viele eilen in die Villa, um Antonia zu sehen (damit (!) sie ... sehen).
5. „Möge das Glück euch günstig sein! Sorgt dafür°, dass (!) Gefahren euch nicht erschrecken! 6. Wir wünschen, dass (!) ihr mit den Fröhlichen fröhlich und mit den Glücklichen glücklich seid!" 7. Nun fordert die Mutter von Titus, dass (!) er den Gästen die Geschenke zeigt.

S Die Römer waren große Juristen (Rechtskundige) und Politiker (Staatsmänner). Überlege, warum sie bei Verträgen häufig nach folgendem Grundsatz handelten:

DO, UT DES.

Eine römische Ringinschrift: CONCORDIA NOSTRA SIT PERPETUA[1].

Wenn man sich für einen Ausdruck gleich vorher entschuldigen will, sagt man:

SIT VENIA VERBO!

---

[1] *perpetuus* dauerhaft

HODIE SATVRNALIA SVNT

Handel und Wandel im alten Rom

Fasching gab es nicht im alten Rom, dafür aber das Saturnalienfest mit einem sonderbaren Brauch, nämlich die sozialen Rollen zu tauschen: Schüler spielen Lehrer, Sklaven spielen Herren und umgekehrt. Wäre das nichts für euch?

Ihr seid jetzt schon etwas heimisch geworden in der Großstadt am Tiber. Kaum zu glauben, dass sie zu der Zeit, da unsere Geschichte spielt, etwa 1,2 Millionen Einwohner hatte, soviel wie heute München. Da war es nötig die Verwaltung gut zu organisieren – das haben die Römer vorbildlich gekonnt. Da musste auch die Versorgung einwandfrei funktionieren – viele Waren und Lebensmittel kamen im Hafen von Ostia, 20 km von Rom entfernt, an. Und vor allem mussten die Götter gnädig gestimmt werden, denn ihnen verdankten die Stadt und das Reich ihren Aufstieg und ihre Sicherheit.

Im dritten Abschnitt von ROMA (L. 29–39) erleben wir all dies und noch viel mehr als Begleiter des Titus. Er ist der Sohn des Tullius, also der Vetter von Claudia und Markus. Auf Einladung unserer Familie darf er erstmals Rom besuchen, die „Hauptstadt des Erdkreises" (lat. caput orbis terrarum).

29 Der Konjunktiv Imperfekt

E

1. Nisi aegra es-**se**-m, vīta molesta nōn es-**se**-t.
2. Morbum superā-**re**-s, sī cōnsiliō meō pārē-**rē**-s.
3. Vōs accūsā-**rē**-mus, sī nōbis nocē-**rē**-tis.

L

Ein eigenartiges Fest – die Saturnalien

Publius lädt seinen Neffen Titus nach Rom ein, damit er endlich die Hauptstadt sieht.

Publius: Iam diu optamus, ut Romam visites, Tite. Imprimis Marco placeret, si tu apud nos maneres; nam saepe solus est. Tibi forum, Capitolium, Palatium monstraremus.

Titus: Vobis maximam gratiam deberem, si mihi liceret Romam videre.

Tullius: Licet. Vitium esset, nisi Romam visitares.

Marcus: Gaudium est mihi magnum. Tum Saturnalia[1] celebrabimus.

Titus: Io[2] Saturnalia! Saturnalia mihi valde placent.

Publius: Mox Saturnalia erunt, nam mensis[3] December est. Tum Saturnum propter beneficia laudabimus. Saturnus enim per multa saecula terram nostram conservabat et inopiam levabat.

Marcus: Utinam iam hodie Saturnalia essent! Tum vacui a negotiis essemus. Officia nostra negaremus, tamen magister severus verba acerba vitaret.

Publius: Neque poenam factorum[4] timeretis; nam Saturnalia vitam urbanam mutarent: Servi essent domini, domini servi. Non liceret servos accusare, etiam si vos increparent[5].

Tullius: Vespere convivia publica erunt, ubique gaudium. Sed memoria tenete: Non semper Saturnalia erunt.

Ü

a) *Vergleiche die Form des Konjunktivs Imperfekt von* sum *und* laudo *mit der Infinitivform des gleichen Verbs.*
Warum gilt der Konjunktiv Imperfekt als leicht zu bildende Form?

b) *Bilde zu folgenden Indikativen den entsprechenden Konjunktiv:*

1. eratis, eram, erant, eras, errabatis, appellabant, explicabat, ignorabam, nominabatis, parabamus.
2. parebamus, placebat, terrebamus, timebant, studebam, prohibebatis, eramus, delebat, erat, monebat.

---

[1] *Sāturnālia, -ōrum* das Saturnalienfest [2] *iō Sāturnālia!* hurra, Saturnalien!
[3] *mēnsis December* der Monat Dezember [4] *poena factōrum* Strafe für Streiche (Taten)
[5] *increpāre* schimpfen

c) *Setze alle Verben ins Imperfekt und übersetze:*

Opto, ut verba mea probetis. Te monemus, ne ignavus sis. Romani deos deasque orant, ut Romam servent et pericula arceant. Dominus ministris imperat, ut murum altum aedificent. Magister fabulam narrat, ut puellas puerosque delectet.

d) *Vergleiche die Bedeutung der Konjunktive:*

Utinam mox feriae sint! Si futura nobis nota essent, beati non essemus. Si feriae essent, diu ambularemus. Pater villam compararet, si pecuniam haberet. Pecuniam habeatis!

Überlege, welche Konjunktive einen Wunsch bezeichnen und welche eine Aussage von vorneherein als nicht wirklich hinstellen.

Forme diese so um, dass die Aussage als übereinstimmend mit der Wirklichkeit hingestellt wird. Wähle zuerst Präsens, dann Futur.

---

e) *Übersetze:* 1. Amicus tuus ero, este socii, beatus sis, aegra essem, vacui a negotiis eritis, dignus sim, Saturnalia celebraretis, convivium habetis, tibi dona darem, veniam vobis det, vitia mutabas, vitam mutabis, facta mira essent, villa finitima erat. 2. Argentum teneremus, inimicos terremus, magistri liberos moneant, dolum adhibebis, libri docebunt, copias arceatis, non semper tacebo, pater et mater valeant, liberi per vias volant.

f) *Übersetze:* 1. Titus wäre glücklich, wenn es ihm° erlaubt wäre Rom zu besichtigen. 2. Dort würde er nicht arbeiten, sondern von allen Verpflichtungen (Pflichten) frei sein. 3. Wenn die Mutter gesund wäre, würden auch deine Eltern (dein Vater und deine Mutter) nach° Rom (Akk.) eilen. 4. Markus und Claudia wären froh, wenn sie neue Freunde hätten; dann wären sie nicht allein (Plur.).
5. Sie werden auch die Saturnalien *(Saturnālia)* feiern. Dann werden sie durch die Straßen Roms eilen, sie werden den Lehrern nicht mehr gehorchen. 6. Mit frechen (rauen) Worten werden Schüler *(discipulus)* und Sklaven ihre Herren schimpfen *(increpāre)*. 7. Dann werden sie von verschiedenen Streichen (Taten) erzählen und oft lachen.

S Auch im Mittelalter waren die Römer stolz auf ihre Stadt. Spürst du etwas von diesem Stolz in folgendem Satz?

DUM[1] COLOSSEUM STABIT, ROMA STABIT.
DUM ROMA STABIT, MUNDUS STABIT.

Als das römische Reich immer größer wurde und eine gemeinsame Sprache und Kultur viele Völker umschloss, bildete sich ein neues Heimatgefühl heraus. Das Vaterland war dort, wo man sich wohl fühlte:

UBI BENE[2], IBI PATRIA.

► **Wiederholungsstück W 4, S. 141**

---

[1] *dum* solange [2] *bene* gut

30 Die ē-Deklination

E 1. Di**ēs** fēstus iūcundus est.
Di**em** fēstum exspectāmus.
Iam prīma hōra di**ēī** est.
Di**ē** fēstō convīvās vidēmus.

2. Di**ēs** fēstī iūcundī sunt.
Quis di**ēs** fēstōs nōn amat?
Hōrae di**ērum** fēstōrum volant.
Di**ēbus** fēstīs nōn labōrāmus.

3. Fidem tuam amīcī laudābunt.

4. Rēs pūblica Rōmānīs rēs cāra erat. Concordia est fundāmentum[1] reī pūblicae.

L Anrufung Jupiters

An einem Festtag spazieren Publius, seine Kinder und Titus auf das Kapitol.

Die festo multi viri et feminae ante meridiem Capitolium visitant. In Capitolium meare[2] liberis molestum est, quia via ardua[3] est et meridies iam instat. Romani templo summi dei appropinquant et pro imperio orant: „Tu, Iuppiter Optime Maxime, dominus imperii nostri es. Saepe perniciem et fortunam adversam a familiis nostris arcebas. Tua fide semper tuti erimus. Numquam spes nostra falsa sit!"

In rebus secundis et in rebus adversis Romani summo deo sacrificant, ut rei publicae propitius[4] sit. Orant, ut rem publicam servet et rebus adversis obstet. Nam res futuras non ignorat. Multa saecula res Romanae sub imperio summi dei erunt. Itaque Romani saepe dies festos celebrant. Circum templum liberi copiam rerum bonarum vident. Quam pulchra est Roma diebus festis!

Ü a) *Dekliniere:* dies ater; pernicies mala; fides certa *(nur Sing.)*; spes incerta.

b) *Bestimme:* fida, fide, vide, fidi, fido, fidum, fidem, fidam; videam, dei, die, dies, deis, diei, diem, deum, dem, de, da, dares; fles, spes, des.

c) *Setze die Ausgänge ein:* In re_ secund_ et advers_ concordia fundamentum[1] re_ public_ Roman_ erat. Saepe re_ public_ Roman_ pernici_ instabat. Viri boni re_ public_ fid_ etiam die_ atr_ servant.

d) *Versuche zu erkennen, warum bei Zeitangaben in bestimmten Fällen der bloße Ablativ oder* in *mit Ablativ steht:* In rebus adversis sine amicis esse miserum est. In bello multa pericula nos terrent. Novo anno vos visitabimus. Utinam diebus festis liberi negotiis sitis! Si in inopia essetis, non rideretis. Feriis ad parvam insulam navigabimus. Quando me vocabis? Meridie te vocabo.

---

[1] *fundāmentum, -ī* die Grundlage, das Fundament [2] *meāre* gehen
[3] *arduus, a, um* steil, beschwerlich [4] *propitius, a, um* gnädig

e) *Übersetze:* 1. Am Neujahrstag (am Tag des neuen Jahres) erfreuten die Römer Freunde und Verwandte durch kleine Geschenke. 2. Auf dem Kapitol beteten fromme Männer: „Auf dir (in dir), Bester Größter Jupiter, ruht (ist) die Hoffnung unseres Volkes. 3. Durch deine Treue werden wir immer geschützt sein.
4. Sei dem römischen Staat gnädig *(propitius)*! Halte von unserem Staat böses Verderben ab! 5. Denn du bist der Herr der Erde (der menschlichen Dinge). 6. Deshalb werden wir dir die Treue im Glück und Unglück bewahren.“

f) *Versuche zu erklären:* Meridian, Republik, liberal, Mensa, Realität, zelebrieren, populär, Kantor, Solist, Disziplin, Rarität, exemplarisch.

g) *Welche lateinischen Adjektive erkennst du in folgenden englischen Adjektiven:*
rare, negro, alien, honest, sacred, false, pure, future, urban, prime.
Erkennst du auch die lateinischen Verben in den englischen:
(to) implore, compare, ignore, celebrate, create, sacrify.

S Die Römer fühlten sich von der Glücksgöttin Fortuna abhängig. Sie sagten:
FORTUNA EST DOMINA RERUM HUMANARUM.

Wovor warnt der römische Philosoph Seneca mit den Worten:
VERUM[1] GAUDIUM EST RES SEVERA.

Auf manchen Häusern siehst du die Buchstaben A. D. vor einer Jahreszahl. Der Besitzer will damit sagen, dass sein Haus „im Jahre des Herrn ...“ erbaut worden ist. Wie lautet also A. D. auf lateinisch?

---

[1] *vērus, a, um* wahr

Woran erkennst du, dass es sich bei dieser Statue um Jupiter handelt?

31 Die u-Deklination (Maskulina)

E

1. Senāt**us** in cūriā[1] dē rēbus Rōmānīs disputābat.
2. Magna erat glōria senāt**ūs**.
3. Senat**uī** populus pārēbat.
4. Pater līberīs dē senāt**ū** saepe nārrābat.

5. Exercit**ūs** Rōmānī in multīs terrīs pūgnābant.
6. Disciplīna exercit**uum** Rōmānōrum sevēra erat.
7. Virī sevērī exercit**ibus** imperābant.
8. Multī populī exercit**ūs** Rōmān**ōs** timēbant.

L

Ist Rom bedroht?

Titus genießt vom Kapitol aus die Aussicht auf Rom.

Publius: Conspectus Romae tibi placet, Tite, ut video. Nam vultus tuus animum monstrat.
Titus: Quam praeclara aedificia! Undique viri in forum festinant.
Publius: Multi curiam[1] intrant. Ibi senatus cum magistratibus de re publica disputat. Sed olim magistratus rem publicam administrabant. Populus Romanus magistratus creabat. Magistratus autem sententiis senatus parebant. Poetae egregios viros senatus versibus celebrabant. Sed nunc unus[2] vir principatum tenet.

Titus: Ego interdum in metu sum propter Germanos. Nam heri pater de tumultu Germanorum narrabat. Nonne nobis instat periculum?
Publius: Exercitus nostri cunctos impetus ab Italia arcebunt. Nam non casu multi populi imperium nostrum timent. Praeterea[3] discordia Germanorum rei publicae nostrae secunda erit.
Titus: Sed equitatus Germanorum copias nostras plerumque terret.
Publius: Neque usu armorum neque audacia exercitus aliorum populorum copias nostras superabunt.

Ü

a) *Dekliniere:* vultus pulcher; animus et vultus.

b) *Warum ist in einem Lexikon jedes lateinische Hauptwort mit dem Nominativ und dem Genitiv Singular angegeben?*
Versuche eine Antwort, indem du die Deklination folgender Wörter bestimmst: modus, conspectus, morbus, ventus, vultus, versus, gladius.

---

[1] *cūria, -ae* die Kurie, Versammlungsort des Senats [2] *ūnus, a, um* ein einziger
[3] *praetereā* außerdem

c) *Welchen Kasus und welche Deklination können folgende Ausgänge bezeichnen:*
-a, -us, -er, -ei, -i, -ui, -um, -o.
Bilde Beispiele mit via, vinum, murus, casus, fides, liber.

d) *Suche im Lesestück alle Substantive der u-Deklination, bestimme jeweils den Fall und bilde den Singular bzw. den Plural dazu.*

e) *Übersetze:* 1. Die tüchtigsten (besten) Beamten verwalteten den Staat und gehorchten den Befehlen (der Meinung) des Senates. 2. Das römische Volk wählte die Beamten, damit nicht (!) ein einziger *(ūnus)* Mann die Vorherrschaft habe (Konj. Imperf.). 3. Der Senat kontrollierte (beobachtete) die Treue der Beamten.
4. Dem Senat gehorchten viele Völker; denn sie fürchteten den Ansturm des römischen Heeres. 5. Durch ihre Kriegserfahrung (Übung des Krieges) besiegten die Römer viele Gegner *(adversārius)*. 6. Anfangs gab es (war) im Heer der Römer keine (nicht) Reiterei. Daher befahlen sie meistens den Bundesgenossen, die Reiterei zu° stellen°.

f) *Wiederhole:* Hodie, heri, cras, mox, hic, undique, unde, nihil, valde, vel, tam, tum, tantum, ita, itaque, magis – quam, tam – quam, numquam, non iam, nam, interea, antea.

S Eine alte Wahrheit: USUS EST MAGISTER OPTIMUS.
Welches entsprechende Sprichwort kennen wir im Deutschen?

Viele römische Inschriften beginnen mit den Worten:
SENATUS POPULUSQUE ROMANUS
Oft ist diese Formel abgekürzt: SPQR.
Heute noch bezeichnet diese Formel die Stadtverwaltung Roms, die ihr Eigentum damit kennzeichnet, beispielsweise die Kanaldeckel in Rom.

Der Titusbogen in Rom

Die Inschrift lautet:

SENATVS
POPVLVSQVE ROMANVS
DIVO TITO DIVI VESPASIANI F(ilio)
VESPASIANO AVGVSTO

Überlege, welchem Zweck solche Bögen gedient haben. Welche figürlichen Darstellungen, die auf der Zeichnung nur angedeutet sind, könnten auf ihnen zu sehen sein? Warum ist die Schrift auf dem Bogen für uns schwer zu lesen?

32 Die u-Deklination (Feminina und Neutra)

E 1. Nostra **domus** est parv**a**, vestr**a** est magn**a**.
2. In dom**ō** nov**ā** habitāmus.
3. Numerus dom**ōrum** novārum magnus est. Dom**ōs** novās vōbīs mōnstrāmus.
4. Servī dom**ō** ad agrōs festinant, vespere dom**um** frūmentum portant; aliī servī dom**ī** labōrant.

5. Tibi man**um** dextr**am** dō, ut tē salūtem.
6. Etiam parv**a** man**us** līberōrum interdum valdē clāmat.
7. Cornu**a** taurī firm**a** sunt. – Exercitus Rōmānus duo[1] cornua habēbat.

L Bauleistungen in Rom

Titus bestaunt mit seinen Gastgebern das Privathaus des Lucius, eines Freundes von Publius, und eine Wasserleitung.

Publius: Ut vides, Tite, Romani non solum egregia aedificia publica, sed etiam pulchras domos privatas aedificant. Lucius, amicus meus, nobis domum suam novam monstrabit. Si domi erit, nos rogabit, ut domum intremus. Parvum lacum, magnum atrium, porticum umbrosam[2] in horto spectabimus. Tum servae nobis cenam parabunt; nam multos servos ad manum habet. Primo autem paucis passibus longo aquaeductui appropinquemus!
Titus: Quam mirus est conspectus magnorum arcuum!

Publius: Aquaeductus sunt operti[3], ut aqua semper pura maneat. Nam non solum in domibus privatis magna copia aquae purae ad victum, ad hortos, ad fructus necessaria est, sed etiam in thermis publicis aqua pura esse debet. Post meridiem multi in thermas festinant: alii, ut amicos videant, alii, quia aestu molesto laborant.
Titus: Forum, templa, thermae, porticus sunt ornamenta magnifica[4] Romae.
Publius: Roma non esset tam pulchra, nisi multi servi manibus suis cuncta fabricarent[5]. Nisi nos Romani magnas manus servorum compararemus, tanta aedificia non videres. Utinam cunctis servis nostris lingua Latina nota esset!

---
[1] *duo* zwei [2] *umbrōsus, a, um* schattig [3] *opertus, a, um* bedeckt
[4] *magnificus, a, um* großartig [5] *fabricāre* herstellen

Ü a) *Bilde von den Ausdrücken in 1. den Dativ und Ablativ Singular, in 2. den Genitiv und Akkusativ Plural:*

1. vultus laeti, morbis malis, manibus puris, domus pulchrae, cornua firma.
2. impetus primus, campus angustus, aquaeductus necessarius, magistratus certus, arcus altus.

b) *Setze das eingeklammerte Wort anstelle des jeweils voranstehenden und achte auf das Adjektiv, das sich ändern muss:*

Quam pulchra sunt fora (aquaeductus) Romae! Magno gaudio Titus aedificia (arcus) praeclara spectat. Pater Tito atrium (domus) novum et hortum (porticus) amplum monstrat.

c) *Bilde zu folgenden Wörtern den Nominativ Singular und stelle Deklination und Geschlecht fest:* dominorum, domorum, donorum, in muro, in lacu, arcui, vultui, fidei, linguis, metum, modum, portas, portis, in porticibus, die.

---

d) *Übersetze:* 1. Am Morgen *(māne)* eilen die Handwerker (Männer) von zu Hause zu ihren Arbeitsstätten *(officīnae)*. 2. Mit starken Händen bauen sie schöne Häuser und große Gebäude. 3. Mit größter Sorgfalt errichten *(collocāre)* sie hohe Bögen und lange Wasserleitungen.
4. In den Gärten der Häuser oder in den Säulenhallen sind die Handwerker (Männer) geschützt vor *(ab)* der Mittagshitze. 5. Am Abend kommen sie nach Hause zurück *(remeāre)*. 6. Die Frauen erwarten die Männer daheim und tischen (bringen) ihnen° Speisen und Früchte auf°.

S Was bedeuten folgende Behauptungen?
DOMUS PROPRIA[1], DOMUS OPTIMA.
DOMUS PARVA, CURA PARVA.

Ist folgender Spruch nur wörtlich zu verstehen?
MANUS MANUM LAVAT[2].

Was mag es bedeuten, wenn jemand PRO DOMO spricht?

---

[1] *proprius, a, um* eigen
[2] *lavāre* waschen

Reste eines Aquädukts. Eine Reihe großer Pfeiler und Bogen trug den abgedeckten Wasserkanal. Solche Wasserleitungen versorgten Rom mit Wasser aus den Albaner Bergen.

33 Das v-Perfekt der ā- und ē-Konjugation

E

1. *Marcus:* Herī cum Titō ambulā-**v-ī**.
2. *Claudia:* Cūr mē nōn vocā-**v-ístī**?
3. *Marcus:* Quia Titus mē subitō vīsitā-**v-it**.
4. *Titus:* In forō ambulā-**v-imus**.
5. *Claudia:* Quid spectā-**v-ístis**?
6. *Marcus:* Nova aedificia nōs dēlectā-**v-ērunt**.
7. *Titus:* Servī domum antīquam dēlē-**v-ērunt**.

L

Die Römer in den Provinzen

Der Vater erzählt dem Titus:

Publius: Multi Romani usque ad extremum[1] spiritum Romam amant, quia tam praeclara est. Sed etiam in provinciis templa sacra, theatra ampla, portas pulchras, aquaeductus longos, arcus altos, portus tutos aedificavimus.
Titus: Tune spectavisti Galliam et Germaniam?
Publius: Nonnullos annos in provinciis militavi[2] et caelum asperum toleravi. Olim exercitus noster multa oppida Gallorum expugnavit. Postea ibi nostri magna oppida aedificaverunt.

Titus: Cur non totam Germaniam occupavistis? Cur manus Germanorum non delevistis?
Publius: Germani aciem vitabant, ex insidiis nos oppugnabant. Neque copiae Drusi neque copiae Germanici Germanos pacaverunt[3]. Postremo Tiberius imperavit, ne bella impetusque contra Germanos renovaremus. Itaque postea ab ripa[4] sinistra Danuvii usque ad Rhenum multa castra firma collocavimus et castella[5] copiis complevimus. Post paucos annos ibi non iam castra, sed oppida pulchra videbitis.

Ü

a) *Konjugiere lateinisch und deutsch:* oneravi et complevi.

b) *Du findest im Lesestück Imperfekt- und Perfektformen. Versuche, die Zeitwahl jeweils zu begründen.*

c) *Übersetze:* erras, erres, errabas, errares, errabis, erravisti. *Die Bildung derselben Person beim gleichen Verbum in den jeweils bekannten Zeiten und Aussageweisen nennen wir eine Tempusreihe. Bilde nach dem angegebenen Beispiel Tempusreihen von* deleo, oppugnant, complemus, nuntiatis, fles, volat.

---

[1] *extrēmus, a, um* der letzte [2] *mīlitāre* Kriegsdienst leisten [3] *pācāre* befrieden, unterwerfen [4] *rīpa, -ae* das Ufer [5] *castellum, -ī* die Befestigung, das Kastell

d) *Überlege, warum du in der folgenden Geschichte bei den gesperrt gedruckten Verben Perfekt verwenden sollst, sonst aber Imperfekt. Übersetze dann die Geschichte:* Poeni in Africa (habitare). Sed Hispaniam (occupare) et divitiis Hispaniae magnas copias (parare). Tum exercitu suo Italiam (oppugnare). Agros et tecta (delere). Subito Poeni portis Romae (appropinquare). Feminae iam casum Romae (flere). Romani autem cuncta pericula animo firmo diu (tolerare). Postremo Poenos ex Italia in Africam (fugare[1]).

e) *Übersetze:* 1. In den Ferien sind wir nach Griechenland gefahren und haben alte Städte betrachtet . 2. Unser Kapitän (Leiter) kannte (Perf.) den Weg gut°; daher vermieden (Perf.) wir zahlreiche Gefahren. 3. Die Freunde erwarteten uns nicht ohne Sorgen. 4. Sie haben uns von den Kunstwerken der Griechen erzählt. Die Jahrhunderte und viele Kriege haben schöne Kunstwerke und Gebäude zerstört. 5. Nach der Hitze des Tages gaben wir uns der Ruhe hin° und füllten die Becher *(pōculum)* mit Wein. 6. Aber bald riefen (*re-vocāre* Perf.) uns die Pflichten zurück°.

S Provinzstädte

Aus römischen Militärlagern in den Provinzen entwickelte sich eine Reihe bedeutender und blühender Städte. In solchen Kastellen, die durch feste Straßen miteinander verbunden waren und dem Schutz der Grenzen oder der Sicherung des Hinterlandes dienten, hatten die Truppen ihre Quartiere, ihre Waffenkammern und Vorratslager. Mit der Zeit ließen die Soldaten ihre Familien nachkommen und hatten das Recht zu ihren Frauen außerhalb des Lagers zu ziehen. Viele siedelten sich nach dem Ausscheiden aus dem aktiven Militärdienst im Umkreis eines Kastells an. So entstanden allmählich Lagerstädte, in denen es freilich an keiner Bequemlichkeit fehlte. Es gab Geschäfte, Wirtshäuser, Marktplätze, Bäder, ja sogar Theaterbauten und Amphitheater. Römischen Ursprungs sind z. B. die Städte Xanten *(Castra Vetera* – der Name Xanten ist aus der christlichen Bezeichnung *Ad Sanctōs* entstanden*)*, Köln *(Colōnia Agrippīna)*, Bonn *(Bonna)*, Koblenz *(Cōnfluentēs)*, Mainz *(Mogontiācum)*, Trier *(Augusta Treverōrum)*, Regensburg *(Castra Rēgina)*, Passau *(Castra Bātava)*, Augsburg *(Augusta Vindelicōrum)*, Kempten *(Cambodūnum)*.

Auch kleinere Orte sind römischen Ursprungs. Kannst du den folgenden lateinischen Ortsnamen die modernen Ortsbezeichnungen zuordnen: *Foetēs, Guntia, Parthanum, Quīntāna, Boiodūrum;* Beiderwies (Stadtteil von Passau), Füssen, (Garmisch-)Partenkirchen, Günzburg, Künzing?

[1] *fugāre* vertreiben

Die Saalburg im Taunus. Modell eines Kastells am Limes.

34 Das u-Perfekt der ē-Konjugation und das Perfekt von *esse* Der Infinitiv Perfekt

E 1. Pater in portū Rōmānō negōtia cūrāre dēb-**u**-it.

2. Cum pater nōbis dē portū narrāret, tac-**ú**-imus.

3. Fēriīs in vīllā nostrā **fú**-imus. Ubi vōs **fu**-ístis?

4. Errāre hūmānum est. Labōrā**visse** iūcundum est.

L ### Im Hafen von Ostia

Der Vater besucht mit den Kindern und Titus den Hafen.

Publius liberos docuit: „Ante multa saecula Romani parvum portum aedificaverunt. Sed natura loci magna navigia a portu arcuit. Fluvius[1] portum multa arena complevit et navigia prohibuit; itaque Romanis portum renovare placuit. Sed cum in portu multis et magnis navigiis locus non iam esset, Romani magnum portum novum aedificaverunt. Spectemus oram prope portum novum!“ Ibi servi navigia oleo[2] et vino onerant; magno studio laborant.

Subito pater nautam salutat: „Heus[3], Quinte, ubi fuisti?“ „In Sicilia fuimus.“ „Multos dies te exspectabam. Quid vos prohibuit?“ „Cum in Italiam navigaremus, venti adversi erant et aquam agitabant. Nos cursum vix[4] tenuimus.“ „Fuistisne in magno periculo? Nonne timuistis undas?“ „Undae altae nos terruerunt. Sed pericula timuisse ignavum non est. Magister[5] navigii nos monuit, ut quieti[6] essemus et spem haberemus. Quia peritus est et diligentiam adhibuit, pericula vitavimus. Magistro perito paruisse bonum erat; in portum tutum navigare optimum est.“

Ü a) *Konjugiere:* 1. Amicum monui, non laudavi. 2. Heri misera fui, hodie beata sum.

b)

Präsensstamm	Perfektstamm (-v)	Perfektstamm (-u)
clama-	clamav-	terru-

Setze folgende Infinitive in das Perfekt, indem du jeweils zunächst den Präsensstamm, dann den Perfektstamm bildest: mandare, observare, complere, sperare, flere, nuntiare, delere, placere, collocare, nocere, arcere, incitare, habere.

c) *Ersetze die Formen von* deliberare, vexare *und* laborare *durch die gleichen Formen von* docere, delere *und* studere:

deliberavit, deliberabit, deliberaverunt; vexabas, vexavisti, vexavimus; laborabitis, laboravistis, laboravi.

---

[1] *fluvius, -ī* der Fluss, gemeint ist der Tiber in Rom. [2] *oleum, -ī* das Öl [3] *heus!* hallo
[4] *vix* kaum [5] *magister* hier: der Kapitän [6] *quiētus, a, um* ruhig, gefasst

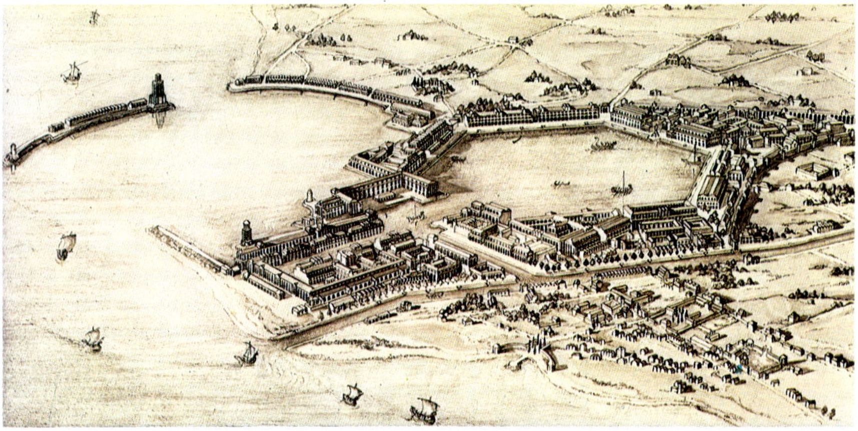

Rekonstruktion des antiken Hafens von Ostia

d) laudat – laudavit; monent – monuerunt.

Bilde nach diesem Beispiel die Perfektformen folgender Wörter:
agitamus, creatis, turbo, exercemus, tenes, fles, terrere, debent, estis, sum.

e) *Übersetze:* 1. Das Leben auf dem Lande (das ländliche Leben) hielt (Perf.) uns nicht mehr fest. 2. Deshalb hat es uns gefallen den Hafen zu besichtigen (sehen). 3. Im Hafen haben uns auf Schiffen viele wilde Tiere erschreckt. 4. Erfahrene Seeleute bemühten (Perf.) sich nämlich wilde Tiere aus Afrika in den Zirkus zu bringen. Sie haben die Tiere mit Stricken (Fesseln) festgehalten.
5. Deshalb waren (Perf.) wir nicht mehr furchtsam (feige); es war (Perf.) schön, im Hafen gewesen zu sein. 6. Wo seid ihr gewesen? Wir mussten (Perf.) den Garten pflegen, denn der Großvater war krank. 7. Heute wirbelte (trieb, Perf.) der Wind den Sand so herum°, dass (!) wir zu Hause blieben."

f) *Vergleiche:* voco, advoco. *Erkläre:* administrare, adhibere, admonere, adorare, advolare.

Oft ist ein Konsonant an den folgenden angeglichen (Assimilation), z. B. apportare aus adportare. *Erkläre:* appropinquare, apparatus, accusare (*zu* causa).

S Handel und Seefahrt

Ostia ist der Meereshafen von Rom. Dort wurde die Ladung der Schiffe, die aus allen Teilen des Mittelmeeres kamen, gelöscht, auf Kähne umgeladen und den Tiber hinauf zu den Lagerhäusern der Stadt befördert. Denn die Großstadt Rom benötigte viele Güter, die auf Schiffen schneller herbeigeschafft werden konnten als mit Ochsenfuhrwerken. So wurde Weizen aus Gallien, Sizilien oder Ägypten herbeigebracht, aus Ostafrika, Persien und Indien holte man Luxusgüter, wie etwa Elfenbein, Palmöl, Purpur, Felle, Gold, Gewürze und Sklaven.

Die schweren Lastschiffe wurden nicht nur für den Transport von Nahrungsmitteln und Waren verwendet, sondern auch zum Transport von schweren Steinen für die wachsende Hauptstadt. So konnte das Schiff, das Kaiser Caligula bauen ließ, sogar einen 500 Tonnen schweren Obelisken tragen. Es fuhren aber auch Passagiere mit. Das Schiff, auf dem der Apostel Paulus im Jahr 61 n. Chr. nach Rom gebracht wurde, hatte 276 Menschen an Bord.

Die Schiffe wurden mit Hilfe von Rudern und Segeln angetrieben. Sie waren in der Regel 24 bis 28 Meter lang und 6 bis 7 Meter breit. Da der Kompass unbekannt war, musste der Steuermann am Tage nach dem Sonnenstand, nachts nach den Sternbildern den Kurs bestimmen; man benutzte auch schon Karten und Segelhandbücher, in denen die Küsten und ihre Gefahren sowie Anker- und Hafenplätze verzeichnet und beschrieben waren.

35 3. Deklination: l-Stämme

E 1. *Vergleiche:* dominā-rum, dominō-rum, rē-rum, passu-um, cōnsŭl-um

2. Cōnsul in forō perōrat[1]. Populus cōnsul**is** verba probat. Cūnctī cōnsul**em** laudant et clāmant: „Properēmus cum cōnsul**e** in Capitōlium, ut deōs implōrēmus!“ Cōnsul**ī** cōnsilium placet.
Cōnsul**ēs** rem pūblicam administrābant. In bellō exercitus imperiō cōnsul**um** pārēbat. Senātus cōnsul**ibus** imperium mandābat. Cōnsul**ēs** bonōs Rōmānī celebrābant. Nunc taceo dē cōnsul**ibus**.

L Das Salz – eine wichtige Ware

Markus geht mit Titus am Tiber spazieren. Dort kommen sie an den großen Lagern vorbei, auch an den Salzlagern.

Marcus: Dei nobis salem dederunt. Sal ad vitam necessarius est. Itaque consules populum non solum frumento, sed etiam sale donant. Iussu consulum navigia copiam salis ap-portant.
Titus: Unde navigia salem ap-portant?
Marcus: Ex oppido Ostia. In ora Ostiae servi aquam marinam[2] in fossas derivant[3], ut sol et ventus aquam in salem mutent. Nunc magistratus etiam ex Hispania satis magnam copiam salis im-portant.

Titus: Sal est res valde necessaria.
Marcus: Itaque populi finitimi interdum agros Romanorum oppugnaverunt, ut salinas[4] occuparent. Livius, scriptor[5] rerum Romanarum, de impetu Etruscorum narrat: Etrusci agrum circa salinas[4] vastaverunt, viros necaverunt, feminas raptaverunt. Romani multos mortuos flebant. Itaque consules exercitui imperaverunt, ut Etruscos superaret; nam consulum est rem publicam e periculo et pernicie servare. Post victoriam Romani et templum aedificaverunt et dies festos celebraverunt.

Ü a) *Dekliniere:* sol clarus (nur Sing.); consul noster.

b) *Bestimme:* sōli (2), sŏli, sōlem, sōlum, sŏlum; salem, salve, sale.

c) Magna copia salis eine große Menge Salz
Ergänze und übersetze in gutes Deutsch:
magna copia aur_, parva manus pirat_, magnus numerus mortu_, magna turba femin_, magna copia frument_, magno cum numero vir_, magnus numerus magistrat_.

---

[1] *per-ōrāre* eine Rede halten [2] *aqua marīna* das Meerwasser [3] *dērīvāre* ableiten
[4] *salīna, -ae* die Saline, das Salzwerk [5] *scriptor, -ōris* der (Geschichts-)Schreiber

Schiffe im Hafen von Ostia, Mosaik aus Ostia.

d) *Übersetze:* 1. Die Römer haben mit Hilfe der Sonne aus dem Meerwasser *(aqua marīna)* Salz gewonnen (bereitet). 2. Die Sonne ist sowohl für° die Tiere (Dat.) als auch für° die Pflanzen (*planta* Dat.) zum Leben notwendig. 3. Die Dichter haben die strahlende (helle) Sonne oft verherrlicht (gefeiert).
4. Viele Beamte verwalteten den römischen Staat; aber die Konsuln hatten die höchste Befehlsgewalt (Befehl). 5. Das römische Volk wählte die Konsuln. Alle Römer gehorchten den Worten der Konsuln. 6. Den Konsuln war es erlaubt Verbrecher *(scelestus)* in Fesseln zu legen (geben).

e) *Beachte die kürzere lateinische Ausdrucksweise:*

consulum est — es ist (die) Aufgabe der Konsuln,
es ist (die) Pflicht der Konsuln,
es ist (die) Sache der Konsuln.

Übersetze demgemäß:

Es ist Aufgabe der Lehrer, es war die Pflicht einer Sklavin, es wird die Aufgabe der Männer sein, es wäre Sache der Frauen, es ist die Pflicht der Kinder, es war Sache der Beamten.

f) *Konjugiere:* paravi – monui – dedi.

S

QUID NOVI SUB SOLE.
(Was gibt es Neues unter der Sonne?)

So begannen die Römer gern ihr Gespräch, wenn sie sich auf dem Forum oder in der Subura trafen. Denn Neuigkeiten und Klatsch waren auch in Rom beliebt. Wer mit keiner Neuigkeit aufwarten konnte, gab zur Antwort:

NIHIL NOVI SUB SOLE.

Und wie sie in ihren Gesprächen manchmal übertrieben haben! Vieles durfte nicht wörtlich genommen werden. Nicht selten musste man eine Aussage einschränken oder abändern, wenigstens ein klein wenig oder – witzig gesprochen – um „ein Körnchen *(grānum)* Salz"; man musste also solche Gespräche verstehen:

CUM GRANO SALIS.

► **Wiederholungsstück W 5, S. 142**

36 r-Stämme

E 1. *Vergleiche:* cōnsŭl, *Gen:* cōnsŭl - is
ōrātor, *Gen:* ōrātō**r** - is

2. In forō multōs virōs vidēmus; magistrātūs, ōrātōrēs, mercātōrēs aliique per vīcōs properant.

L Römische Beamte

Markus und Titus haben ihren Weg fortgesetzt und sind auf dem Forum Romanum angelangt. Dort herrscht geschäftiges Treiben.

Titus: Ecce[1] turba virorum!
Marcus: Praetorem circum-stant. Nam praetoris est iudicare. Ante praetorem orator clarus perorat[2], ut reum ex iudicio servet. Oratoris verba viros adeo[3] incitant, ut inter se certent.
Titus: Utinam orator essem!
Marcus: Etiam maiores nostri erant boni oratores, boni praetores, boni senatores. Pueros oratori claro mandabant. Oratores enim erant praeceptores[4] eloquentiae[5].

Titus: Vide! Pompa[6] mira appropinquat.
Marcus: Consul cum lictoribus curiae[7] appropinquat. Lictores, ministri consulis, cunctos monent et appellant, ut consulem salutent; nam consul summum imperium habet.
Titus: Cur consul curiam[7] intrat?
Marcus: Post victoriam praeclaram exercitus consulem salutat imperatorem. Nunc senatores facta egregia imperatoris laudabunt, victoriam celebrabunt, triumphum[8] dabunt. Olim autem scriptores de victoria narrabunt. Scriptores sunt gloriae auctores.

Ü a) *Dekliniere:* praetor iustus; maiores nostri.

b) *Betrachte die folgenden Substantive:*
ora-tor (Redner) *zu* orare „reden"
impera-tor (Feldherr) *zu* imperare
Bilde demgemäß Substantive und versuche eine Übersetzung:
narrare, liberare, habitare, creare, spectare, conservare.

---

[1] *ecce!* siehe da! [2] *perōrāre* eine Rede halten [3] *adeō* so sehr [4] *praeceptor, -ōris* der Lehrer [5] *ēloquentia, -ae* die Redekunst [6] *pompa, -ae* der Festzug, die Prozession [7] *cūria, -ae* die Kurie, Versammlungsort des Senats [8] *triumphus, -ī* der Triumphzug

c) *Übersetze:* 1. Oft besuchten römische Kaufleute die Dörfer der Germanen, um Wein und Salz herbeizubringen (damit (!) sie ... brachten). 2. Manchmal fragten römische Beamte die Kaufleute, was die Germanen im Sinn hätten (Konj. Impf.). 3. Viele Konsuln haben mit den Scharen der Germanen gekämpft. Denn schon die Vorfahren haben den Ansturm der Germanen gefürchtet.

4. Arminius besiegte (Perf.) den Feldherrn Varus und vertrieb (*fugāre,* Perf.) die Truppen der Römer aus Germanien. 5. Kaiser Augustus beweinte (Perf.) den Untergang der Truppen. 6. Viele Schriftsteller haben von der Lebensweise der Germanen erzählt. Bis jetzt noch *(adhūc)* sind die Bücher römischer Schriftsteller vielen bekannt.

---

d) *Achte auf die lateinische Wortstellung und die jeweilige deutsche Übersetzung:*

imperator Augustus	der Kaiser Augustus
Varus imperator	der Feldherr Varus

Handelt es sich bei den folgenden Persönlichkeiten um Kaiser oder Feldherrn?

Pompeius imperator, imperator Nero, imperator Titus, Sulla imperator, imperator Tiberius, Marius imperator.

e) *Ergänze:* 1. Graeci erant auctor_ litterarum. 2. Pauc_ scriptor_ Graec_ forma terrae nota erat. 3. Nonnull_ scriptor_ Graec_ etiam de imperator_ Romanorum narraverunt.

f) *Achte bei jedem Satz auf die Übersetzung der beiden Akkusative:*

1. Populus Romanus viros bonos consules creabat. 2. Etiam Caesarem consulem creavit. 3. Copiae Caesarem post victoriam imperatorem salutaverunt. 4. Caesar multos senatores amicos nominavit.

Wie wird im Deutschen der zweite Akkusativ in den Satz eingebaut?

S Römische Beamte

Unter Beamten verstanden die Römer etwas anderes als wir. Ein Beamter *(magistrātus)* wurde vom Volk gewählt, hatte eine bestimmte Amtszeit und war ehrenamtlich (d. h. ohne Besoldung) tätig.

Die höchsten Beamten waren die Konsuln, die eigentlichen Staatsoberhäupter. Alljährlich wurden zwei Konsuln gewählt. Ihre Aufgaben waren:
- Leitung der Volksversammlung,
- Verhandlung mit fremden Völkern,
- Oberbefehl im Krieg.

Rangmäßig unter den Konsuln standen die Prätoren. Sie waren die ständigen Vertreter der Konsuln und beaufsichtigten die Gerichte. Es gab anfangs zwei, dann sechs, schließlich zehn Prätoren.

Die Liktoren waren keine Beamten; am besten bezeichnen wir sie als deren Hilfskräfte. Ihre Aufgaben waren:
- Sie bahnten den Beamten den Weg durch die Menge und achteten darauf, dass die Leute grüßten. Um allen die Gewalt der Beamten zu zeigen, trugen sie ihnen Rutenbündel voraus, in denen Beile steckten.
- Sie vollstreckten in alter Zeit die von den Beamten angeordneten Strafen: Auspeitschen (Rutenbündel!), Hinrichtung (Beile im Bündel!).

Liktor

37 Weitere r-Stämme Konjunktiv Perfekt

E
1. Labōrēs mercātōris dūrī sunt.
2. Per aequ**or** ātr**um** nāvigat.
3. Magnum habet am**ōrem** ergā suōs.
4. Itaque ux**ōrem** fīd**am** et sor**ōrēs** cār**ās** valde dēsīderat.
5. Mox in hortō suō sub árb**ŏre** alt**ā** sedēbit.
6. Tum līberī rogant, ubi pater **fuerit**, quid compar**āverit**, cūr undās tim**uerit**.

L

Das Forum hat auch schlimme Zeiten gesehen

Markus und Titus sind weitergegangen; sie stehen an der Via Sacra.

Marcus: Nunc forum ante oculos est. Videsne, quanto studio Romani negotia sua curent? Undique clamor: Mercatores servis imperant, ut res varias clamitent[1]. Multas res nautae per aequora vasta ap-portaverunt, multas Romani magno labore fabricaverunt[2].

Titus: Quanta est copia rerum! Quantae divitiae, quam pulchrae statuae! Quis forum tantis aedificiis ornavit?

Marcus: Viri clari sunt auctores aedificiorum. Gaius Iulius Caesar populo basilicam[3] Iuliam dedit, Augustus templum Caesaris aedificavit.

Titus: O Roma magna, o Roma aeterna ...

Marcus (statim): Romam sine modo celebrare et superbia et error est. Saepe enim viri seditiosi[4] forum tumultu et terrore compleverunt. Scriptores narrant, quanto impetu Romani inter se pugnaverint, quantos labores et dolores toleraverint, quantus terror animos occupaverit. Tum etiam uxores, filiae, sorores in magno timore erant. Profecto, forum interdum erat plenum timoris et terroris, cum Romani non verbis, sed armis inter se certabant.

Ridere licet:

Dento: Cur imperatorem clarum sub arbore humaverunt[5]?
Rufus: Ignoro, cur virum clarum sub arbore humaverint.
Naso: Non mirum: quod mortuus est!

---

[1] *clāmitāre* anpreisen [2] *fabrĭcāre* herstellen [3] *basílica, -ae* die Halle
[4] *sēditiōsus, a, um* aufständisch [5] *humāre* bestatten

Ü a) *Bestimme und übersetze:* amarem, amorem, armorum, armarem, amare, amore, amori, amem; labora, labore, labori, laboro, labores (3), laborem (2), laboris, laborarem.

b) *Setze zu den folgenden Substantiven die passenden Adjektive:*

Substantive: arbor, soror, labor, aequor, uxor;
Adjektive: carus, molestus, vastus, fidus, altus.

Bilde von diesen fünf Wortverbindungen jeweils den Akkusativ Singular und den Nominativ Plural.

---

c) Wohin eilst du jetzt? — Quo nunc properas?
Ich frage dich, wohin du jetzt eilst. — Rogo te, quo nunc properes.

1. *Was ist mit dem Fragesatz geschehen?*
2. *Vergleiche die Stellung des deutschen Prädikats „eilst".*
3. *Wodurch wird im Lateinischen die Abhängigkeit des Fragesatzes ausgedrückt?*

d) Ubi es (fuisti)? Ignoro, ubi sis (fueris).

Mache ebenso von ignoro *abhängig:*

1. Quis nobis forum monstrat? 2. Cur Marcus de tumultibus narrat? 3. Quantos dolores toleravit? 4. Quando uxores in timore fuerunt?

e) *Übersetze:* 1. Ein Freund: „Erzähle uns, wo ihr gestern viele Stunden lang° gewesen seid (Konj.)! 2. Dann werde ich genau° wissen, warum du erst° am Abend nach Hause geeilt bist (Konj.)." 3. Markus: „Ein großer Aufruhr hat ganz Rom erschreckt. Ich werde dir erzählen, warum Männer mit großem Geschrei auf das Forum geeilt sind (Konj.).
4. Du weißt nämlich nicht, wer gestern das Forum mit Furcht und Schrecken erfüllt hat (Konj.). 5. Boten berichten (erzählen), auf welche Weise *(quōmodo)* die Konsuln den Ansturm aufständischer *(sēditiōsus)* Männer in der Kurie *(cūria)* abgewehrt haben (Konj.)." 6. Der Freund überlegt, warum Verbrecher *(scelestus)* den Staat zerstören wollen (im Sinn haben, Konj.).

S Forum Romanum

In frühester Zeit war das Forum eine sumpfige Ebene. Doch bald legten die Römer das Tal zwischen Palatin und Kapitol trocken und bauten die ersten Häuser. Mit der Zeit ließen sich immer mehr Kaufleute dort nieder, so dass das Tal tatsächlich ein großer Marktplatz wurde, wo man alle möglichen Waren anbot. Doch auch Volksversammlungen und Gerichtssitzungen wurden hier abgehalten. Wichtige Tempel standen auf dem Forum, z. B. der Tempel der Vesta und des Saturn.

Im Laufe der Jahrhunderte wuchs die Macht der Römer; ihr Reich wurde immer größer. Das bedeutete aber auch, dass nun mehr Platz für die politischen Geschäfte notwendig war. Außerdem sollte ja die Hauptstadt eines mächtigen Reiches auch durch prächtige Bauten hervorstechen. Daher verschwanden die Läden mehr und mehr in die Nebengassen und glanzvolle Gebäude entstanden: Aus älterer Zeit stammte die *cūria*, in der der Senat tagte. Caesar ließ die *basilica Iūlia* errichten, in der Gerichtssitzungen stattfanden. Standbilder wurden überall aufgestellt. Triumphbögen, z. B. der Titusbogen, erinnerten an große Siege.

Auf dem Forum befand sich auch der goldene Meilenstein *(mīliārium aureum)*, auf welchem die Namen der wichtigsten Städte des Reiches und ihre Entfernung von Rom verzeichnet waren.

Das Forum Romanum

Versuche auf der rechten Bildseite, die den heutigen Zustand des Forums zeigt, die Gebäude zu erkennen und zu bestimmen, die auf obiger Rekonstruktion angegeben sind.

1 Jupitertempel auf der südlichen Kuppe des Kapitolinischen Hügels.

2 Burg *(arx)* auf der nördlichen Kuppe des Kapitolinischen Hügels.

3 Saturntempel, der Aufbewahrungsort des Staatsschatzes; dahinter der Tempel des Vespasian sowie der Tempel der Eintracht *(Concordia)*. Hinter diesen beiden Tempeln erhebt sich das große Gebäude des Tabulariums, des römischen Staatsarchivs.

4 Rednerbühne *(rōstra)*, daneben der Triumphbogen des Kaisers Severus.

5 *Cūria*. Von dem zweiflügeligen Senatsgebäude blieb nur ein Teil erhalten.

6 *Basilica Iūlia*. Von Caesar erbaut, wurde sie vornehmlich für Gerichtsverhandlungen verwendet. Davor standen Siegessäulen.

7 *Basilica Aemilia*. Der ältere Bau gegenüber der Basilica Iulia stand ebenfalls für öffentliche Geschäfte zur Verfügung.

8 Tempel der Vesta. Hier hüteten die Vestalinnen das heilige Feuer.

38 Weitere r-Stämme Sekundäre r-Stämme

E 1. Undae ággĕ**rem** firmum superāvērunt.
2. Itaque mulí**erēs** miser**ae** in magnō timōre erant.
3. Virī in aggere labōrābant; etiam pa**trem** et frā**trem** spectāvī.
4. Nūntiā mā**trī** cār**ae**, ubi labōrāverint!
5. Properāmus per angusta itin**era**.

6. Anteā m**ōrēs** senātōrum pūrī erant.
7. Posteā apud senātōrēs m**ōs** erat imperātōrēs in **ōs** laudāre.

L Ist die Erde eine Göttin?

Markus und Titus biegen in eine Seitenstraße ein, die ‚Argiletum' heißt. Dort befinden sich vor allem die Läden der Handwerker und Buchhändler.

Multae mulieres cum liberis in via sunt. Etiam Marcus et Titus per iter angustum ambulant.

Marcus: Quam angusta sunt itinera, quam angustae insulae!

Titus: Ecce[1] templum inter tabernas!

Marcus: Terrae matris templum est.

Titus: Saepe mihi et fratribus pater de Terra matre narrabat.

Marcus: Narra, Tite, mihi quoque!

Titus: Bene! Apud agricolas integros mos erat imprimis deos rusticos implorare. Iuppiter et Tellus, ut Terram matrem appellabant, in summis honoribus erant. Nam Tellus herbas[2], flores, arbores creat, Iuppiter autem caelo bono fructus agrorum servat. Ad honorem Telluris maiores nostri ludos dederunt. Hodie quoque mulieres templa deae floribus ornant.

Marcus: Suntne alii dei rustici?

Titus: Etiam Solem et Lunam[3] celebramus. Cererem et Liberum imploramus, quod eorum[4] dona necessaria ad victum sunt; nobis frumentum et vinum dant.

Ü a) *Vervollständige das Adjektiv und dekliniere:* frater tu_; mulier car_; iter long_.

b) *Ergänze:* Pater pi_, mater car_, agger firm_, mulier miser_, iter molest_.
Setze diese Wortverbindungen auch in den Nominativ Plural.

---

c) *Bestimme:* 1. Aggeris, agris, aggeri, agri 2. oris (3), ores, oras (2), ori, ore, ora (4).

---

[1] *Ecce!* Siehe da! [2] *herba, -ae* das Gras, Kraut
[3] *lūna, -ae* der Mond [4] *eōrum* (Gen. Pl.) deren

d) *Übersetze:* 1. Aufgabe der Mutter war es die Kinder zu erziehen *(ēducāre)* und den Haushalt (das Haus) zu versorgen. 2. Die Frau, die Söhne und° Töchter gehorchten dem strengen Vater. 3. Einst war es den Vätern erlaubt ihre Familienangehörigen (die Ihrigen) zu strafen *(multāre)*, ja sogar *(quīn etiam)* zu töten.
4. Nach° der Sitte (Abl.) der Vorfahren stand (war) der Familienvater in hohen (großen) Ehren. 5. Livius lobt die Sitten der alten Römer; denn später waren die Sitten nicht mehr streng. 6. Deshalb erzählt Tacitus von den Sitten der rauen Germanen, um die Römer zu einem untadeligen Leben anzuspornen (damit (!) er ... antreibe).

e) *Übersetze und beachte jeweils, wie viele Akkusative jeder Satz bringt:*

1. Romani Caesarem consulem creaverunt. 2. Multi os humanum speculum (speculum *der Spiegel*) animi nominant. 3. Romani Germanos feros appellabant.

Übersetze nun ins Lateinische:

4. Die Römer nannten die Tellus Mutter. 5. Das römische Volk nannte die Senatoren Väter. 6. Die Römer wählten tüchtige Männer zu (!) Beamten.

S Römische Götter (II)

In der frühesten Zeit waren die Römer Bauern. Das zeigt sich auch in ihrer Religion.

Tellūs (Erde) spendete Fruchtbarkeit. *Iuppiter*, der höchste Gott, war für das Wetter zuständig; davon hingen ja Wachstum und Gedeihen ab. Daneben gab es aber für das Wachsen, Blühen und Reifen des Getreides eigene Götter, ebenso für Blumen, Obst und Herden. So schützte *Flōra* das Blühen der Pflanzen, besonders das Blühen des Getreides, *Pōmōna* war die Göttin der Früchte, *Faunus* wurde als Beschützer der Herden angerufen. Der Bauernhof stand unter dem Schutz eines besonderen Hausgottes, des *Lar* (Lar).

Hohes Ansehen genoss *Sāturnus*, den man als Gott der Aussaat verehrte. Damit verbunden war das Saturnalienfest, ein Umzug mit Festtreiben, das man mit unserem Fasching vergleichen könnte (vgl. Lektion 29). Später verloren diese „Bauerngötter" mehr und mehr an Bedeutung. An ihre Stelle traten die Götter, von denen in Lektion 13 berichtet wurde.

Woran erkennst du, dass auf dem Relief die Göttin Tellus dargestellt ist? Darstellung auf dem Friedensaltar des Augustus *(āra pācis)*.

39 n-Stämme

(Substantive auf -ō, -ōnis)

E 1. Rēcta rati**ō** vōs ab errōribus prohibeat!

2. Vir bonus semper rati**ōnī** pārēbit.

3. Deus nōbīs rati**ōnem** et ōrāti**ōnem** dedit.

4. Sit vōbīs iūcundus serm**ō** Latīn**us**!

L Das harte Los von Sklaven

Markus erfährt von seinem Vater Genaueres über die verschiedenen Schichten des römischen Volkes. Zunächst schildert der Vater das Leben der Sklaven. Auch Titus hört zu.

Publius: Legiones Romanae saepe oppida extera[1] expugnant et bellis asperis nationes alias superant. Tum viros, mulieres, liberos in servitium[2] raptant.
Titus: Nonne necessarium est servos comparare? Nam quis in agris laborabit? Nonne iustum est inimicos imperii Romani e cunctis regionibus raptare?
Publius: Iustum est. Mercatores captivos in foris collocant; cuncti miseros spectant et probant. Titulus[3] in collo captivorum est: Nationem et bona malaque monstrat.

Servorum condicio incerta est. Multi deos summa religione implorant; nonnulli longos sermones habent de dominatione iniusta; pauci etiam ad coniurationem[4] parati sunt. Non mirum, si poenae durae sunt. Servos seditiosos[5] in vincula dare aut verberare[6] licet; auctores coniurationis[4] ad bestias feras dare mos est.
Marcus: Condicio misera, ut est opinio mea.

Plinius, ein römischer Schriftsteller, schreibt in einem Brief etwa Folgendes über einen Sklavenaufruhr:

Larcio Macedoni, superbo domino et severo; subito servi appropinquant: Alii os, alii tergum verberant[6]. Sed servi fidi cum domino steterunt[7]: Magno clamore ad-volaverunt et dominum e periculo servaverunt.

Ü a) *Dekliniere:* Germania, regio aspera *(nur Sing.!)*; consilium et ratio.

b) *Setze zu den Substantiven die passenden Adjektive und beachte dabei Kasus und Genus des Substantivs:*

in regionibus, legionis, ratio, nationes, oratione – longus, finitimus, asper, Romanus, rectus.

Bilde jeweils den Singular oder Plural.

---

[1] *exterus, a, um* auswärtig [2] *servitium, -ī* die Sklaverei [3] *titulus, -ī* die Aufschrift (Titel)
[4] *coniūrātiō, -ōnis* die Verschwörung [5] *sēditiōsus, a, um* rebellisch [6] *verberāre* schlagen
[7] *stāre cum* auf jemands Seite stehen

c) *Übersetze:* abgehalten zu haben, sie haben erwartet, er hat gegeben, du hast zerstört, ihr habt angewendet, wir haben abgehalten, ich habe erobert, sie haben gestritten, gegeben zu haben, gestanden zu sein.

---

d) *Übersetze:* 1. In vielen Gegenden Europas standen (waren) die (Feld)lager der römischen Legionen. 2. Denn in langen Kriegen haben die römischen Legionen die Festungen fremder Völker erobert. 3. Deshalb standen (waren) viele Völker unter dem Befehl der Römer.

4. Aber einige Völker haben die Herrschaft der Römer nicht ertragen. 5. Daher griffen *(incursāre)* sie manchmal die römischen Legionen aus dem Hinterhalt an° und vertrieben *(fugāre)* sie°. 6. Später kämpften in den Legionen vor allem Männer fremder Völker.

e) *Bemühe dich um eine gute Übersetzung des Verbs* habere:

1. Caesar magnas divitias habuit. 2. Saepe sententias Graecas in ore habuit. 3. Multas orationes in senatu habuit. 4. Saepe senatum habuit.

f) *Beachte:*

oppugnare	(belagern)	oppugna-tio	die Belagerung
narrare	(erzählen)	narra-tio	die Erzählung

Bilde in gleicher Weise Substantive mit dem Suffix -tio *von folgenden Verben:*
navigare, salutare, exspectare, disputare, observare, laudare.
Suche jeweils eine treffende deutsche Übersetzung.

g) *Folgende englische Substantive kannst du leicht den lateinischen zuordnen:*
opinion, course, error, terror, honor, region, nation, condition, religion.

S Sklaven in Rom

Es ist fast unvorstellbar, dass einige reiche Römer bis zu 20 000 Sklaven besaßen. Selbstverständlich gingen die vielen Sklaven nicht alle der gleichen Beschäftigung nach.

Drei Gruppen müssen wir unterscheiden:
- Sklaven in der Landwirtschaft: Bei härtester Arbeit auf den großen Gütern herrschte strengste Disziplin.
- Die Sklaven im Handwerk: In den Betrieben (Töpfereien, Waffenschmieden usw.) hatte mancher Sklave Aufstiegsmöglichkeiten. Außerdem konnte er selbst einen Handwerksbetrieb innehaben, musste allerdings seinem Herrn einen Teil vom Gewinn abtreten.
- Die Sklaven im Haus des Herrn: Sie waren z. B. Sänftenträger, Köche, Sekretäre, Musiker, Lehrer, Dichter, Ärzte, Architekten. Sklaven aus dieser Gruppe wurden oft die Vertrauten und Berater ihrer Herren; ihnen ging es recht gut. Kaiserliche Sklaven stiegen oft bis zu „Ministerämtern“ auf.

Freilich betrachteten die Römer alle Sklaven als Sache *(rēs)*, mit der man beliebig umgehen konnte. Daher durfte der Herr auch strafen: Versetzung aufs Land, Arbeitshaus (Fußfesseln!), Auspeitschen, Folter, Todesstrafe.

Nicht selten wurden Sklaven von ihren Herren freigelassen und konnten dadurch römische Bürger werden.

Sklave mit Lampe.
Er wartet auf seinen Herrn,
um ihn nach Hause zu begleiten.

Rom hat eine große Geschichte

Im vierten Abschnitt von ROMA (L. 40–49) erleben wir – nochmals zusammen mit Titus, der seinen Romaufenthalt genießt – das bunte Treiben in der großen Stadt. Da – eine Menge Neugieriger schart sich um eine sonderbare Gestalt, die sich Philosoph nennt und eine komische Geschichte über eine Art Gammler erzählt. Es stellt sich heraus, dass dieser der berühmte Diogenes im Gespräch mit dem noch berühmteren Alexander dem Großen ist. Und dann lachen unsere Freunde im Theater über ein komisches Stück des Plautus, dessen Held ein grässlicher Aufschneider ist.

Aber in diesem Abschnitt wird uns immer mehr klar, dass Rom eine ganz besondere Geschichte hat – wie keine andere Stadt Europas. In harter Auseinandersetzung mit vielen Feinden erweitern die Römer ihr Reich von Jahrhundert zu Jahrhundert. Dabei zerstören sie fremde Kulturen, bringen aber in die eroberten Gebiete ihre eigene Ordnung und damit lange Friedenszeiten ein.

Ohne die Römer würde Europa ganz anders aussehen. Wir Europäer sind die Erben Roms.

40 **n-Stämme** (Substantive auf -ō, -inis) **Indikativ Plusquamperfekt**

E
1. Ōs hūmānum est imāg**ō** animī.
2. Spectāte imāg**inem** antīquam!
3. Imāgō vultum hom**inis** bonī mōnstrat.
4. Senātōrēs imperātōrem laudāvērunt, quod Germānōs aciē super**āverat**, perīcula prohib**úerat** semperque bonus **fúerat**.
5. Cōpiae in aciē **steterant**, verbīs imperātōris pār**úerant**, sine timōre pūgnā**verant**.

L Die Mächtigen in Rom (1. Teil)

Publius erzählt von der römischen Oberschicht:

Publius: Romani sunt aut patricii aut plebei. Cuncti patricii ex familia antiqua et honesta orti sunt[1]. Nonnullae familiae originem etiam a deis habent, velut Gaius Iulius Caesar a Venere. Itaque non mirum est, si olim patriciis cum ceteris hominibus consuetudo non erat, si rem publicam soli administrabant. Postea autem multitudo plebeiorum impetrabat, ut etiam plebeis esset aditus[2] ad rem publicam.

Marcus: Iustum est! Nam per multa saecula plebei pericula belli toleraverant et barbaros a Roma arcuerant.

Publius: Tamen patricii diu studebant homines novos, ut aiebant[3], a magistratibus prohibere.

Claudia: Etiam Cicero homo novus erat; hominem novum patricii etiam virum nullius[4] imaginis vocabant.

Titus: Cur Ciceronem oratorem ita appellabant?

Publius: Apud patricios mos est imagines maiorum in atriis amplis collocare, ut pueri et virgines cottidie longum ordinem imaginum velut signa magnitudinis maiorum ante oculos habeant.
Ciceroni autem, quia ex familia ignota ortus[1] erat, neque maiores clari neque maiorum clarorum imagines erant.

Claudia: Homo novus vel vir nullius[4] imaginis erat.

---

[1] *ortī sunt* sie stammen [2] *aditus, -ūs* der Zugang [3] *āiēbant* (Impf.) sie sagten
[4] *nūllīus* Gen. von *nūllus*

Portraitkopf eines Römers (sog. Brutus).
Bronzebüste aus dem 3. Jh. v. Chr.

Ü a) *Dekliniere:* homo novus; consuetudo bona.

b) *Beachte:*
Patriciis consuetudo cum plebeis non erat.
(Den Patriziern war nicht Umgang mit Plebejern.)
Die Patrizier hatten keinen Umgang mit den Plebejern.

Übersetze demgemäß:
1. Patriciis multi servi erant.
2. Multis servis res necessariae non erant.
3. Etiam multis plebeis pecunia non erat.

Was gibt der Dativ in diesen Sätzen an?

c) *Vergleiche:* magn-us magn-i-tudo (Größe)
Bilde dementsprechend Substantive zu
beatus, latus, longus, solus, aeger *und gib eine Übersetzung.*

---

d) *Ergänze:* 1. Legiones Roman_ in castris erant. 2. Mult_ homin_ legiones Romanas timebant. 3. Nam legiones post victoriam magnum numerum homin_ miser_ deportabant (dēportāre *wegführen*). 4. Puer_, virgin_, uxor_ deportare consuetudo erat.

e) *Übersetze:* sie hatten lange gearbeitet, sie waren ins Lager geeilt, ich hatte geweint, du hattest dem Freund Bücher gegeben, er hatte geschwiegen, wir hatten das Mädchen gerettet, ihr wart in Italien gewesen, ich hatte die Schwester gemahnt, sie waren in engen Straßen gestanden.

f) Legio castra collocaverat; subito Germani castra oppugnaverunt.
Übersetze diesen Satz und überlege, welche Handlung (Lagerbau oder Angriff) früher liegt. Verfahre ebenso bei folgenden Sätzen:
1. Legiones per totum diem pugnaverant; vespere in castra properaverunt. 2. Romani somno (somnus *der Schlaf*) se dederant, subito Germani signum pugnae dederunt. 3. Quod equitatus impetum summo studio prohibuerat, imperator viros laudavit.

g) *Übersetze:* 1. Der Dichter Vergilius erzählt vom Ursprung des römischen Volkes. 2. Die Ursprünge des römischen Staates waren klein. 3. Oft mussten die Römer die Angriffe benachbarter Volksstämme abwehren. 4. Nach° (Abl.) Gewohnheit der Vorfahren verwalteten die Patrizier lange den Staat allein *(sōlī)*.
5. Viele Schriftsteller haben von der Größe des römischen Reiches erzählt. 6. Manchmal hatte eine große Menge von Truppen Rom angegriffen. 7. Da waren die Römer nicht feig, sondern besiegten mit einer kleinen Schar auch eine große Menge von Gegnern *(adversārius)*. 8. So lehrten sie die übrigen Völker: Durch Eintracht sind wir stark. 9. Livius lobte (Perf.) die Seelengröße der alten Römer; auch den Charakter der römischen Mädchen (3. Dekl.) hat er gepriesen (gefeiert).

S Was ist mit folgenden Sätzen gemeint:
HOMO HOMINI DEUS oder HOMO HOMINI LUPUS *(Wolf)*.
Der Philosoph Seneca meint: HOMO HOMINI RES SACRA ESSE DEBET.

41 t-Stämme
(Substantive auf -ās, -ātis)

E 1. Aest**ās** propter aestum interdum molesta est.
2. Aest**āte** multī hominēs Rōmam vītābant.

L Die Mächtigen in Rom (2. Teil)

Der Vater erzählt weiter:

Ut antea narravi, aetate antiqua senatores primum locum in societate tenebant. Auctoritate, non potestate civitatem administrabant; potestas enim non senatoribus, sed magistratibus erat. Tamen auctoritas senatorum tanta erat, ut magistratus plerumque consultis[1] senatus parerent.

Marcus (subito)*:* Demonstra exemplo dignitatem et nobilitatem senatorum, pater! Narra de impetu Gallorum!

Pater: Narrabo. Post perniciem exercitus nostri mulieres et liberi in Capitolium properaverunt, ut impetum Gallorum vitarent et libertatem servarent; senatores autem domi manebant soli; ante domos suas sedebant. Iam Galli appropinquaverunt. Primo viros praetextatos[2] propter gravitatem et dignitatem summa religione velut simulacra spectaverunt. Cum autem unus ex Gallis os Papirii senatoris permulceret[3], Papirius Gallum scipione[4] verberavit[5]. Sed nunc Galli cunctos senatores summa crudelitate necaverunt.

Titus: Quanta erat dignitas senatorum!

Pater: Itaque Sallustius scriptor maiores nostros laudavit: „Templa deorum pietate, rem publicam iustitia, domos suas gloria ornabant."

Ü a) *Füge die eingeklammerten Wörter sinnvoll in den Satz ein und übersetze:*
1. Imperator Augustus post longa bella (civitas) otium dedit. 2. (Dignitas et auctoritas) civitatem administravit. 3. Multi (dignitas) Augusti laudaverunt. 4. (Aetas) Augusti Vergilius poeta (pietas) Aeneae[6] versibus claris celebravit.

b) *Dekliniere:* aestas pulchra; aetas antiqua.

c) *Bilde die Tempusreihe:* docent et laudant.

d) *Antworte lateinisch:* 1. Quomodo senatores rem publicam administrabant? 2. Cur pater de impetu Gallorum narrat? 3. Ubi senatores Gallos exspectaverunt? 4. Cur Galli senatores velut simulacra spectaverunt? 5. Cur Galli senatores necaverunt?

e) *Erläutere anhand des Lesestücks, was die Römer sich vorgestellt haben, wenn sie die Substantive* dignitas, potestas, auctoritas, gravitas *gebraucht haben.*

---

[1] *cōnsultum, -ī* der Beschluss [2] *praetextātus, a, um* mit der Amtstoga bekleidet
[3] *permulcēre* hier: betasten [4] *scīpiō, -ōnis* m. der Stab [5] *verberāre* schlagen
[6] *Aenēās, -ae* Äneas (der Sage nach trojanischer Held und Stammvater der Römer)

f) Senatores soli domi manebant. Die Senatoren blieben als° einzige zu Hause.

Du durftest hier **nicht** übersetzen: ‚die einzigen Senatoren'. Das Adjektiv *solus* gehört hier zum Prädikat, es steht prädikativ.

Übersetze in gleicher Weise: 1. Amici nostri puerum solum servaverunt. 2. Amicus diu aeger domi erat. 3. Laeti pueri e ludo domum properant.

g) *Übersetze:* 1. Kaiser Augustus hatte nach langen Kriegen die Ordnung wiederhergestellt (erneuert) und der Bürgerschaft die Ruhe (wieder)gegeben. 2. Durch seine Würde und sein Ansehen hat er den Staat verwaltet. 3. Er berichtet (erzählt): „An (durch) Ansehen habe ich alle übertroffen." 4. Er hatte im Sinn, die Würde des römischen Volkes wiederherzustellen (zu erneuern).
5. Groß war das Pflichtbewusstsein des Augustus. 6. Einige Schriftsteller loben die Taten des Kaisers Augustus nicht, weil er die Freiheit des Senats nicht wiederhergestellt (erneuert) hat. 7. Zur° Zeit (Abl.) des Augustus feierte (Perf.) der Dichter Vergil die Frömmigkeit der alten Römer. 8. Ohne Gerechtigkeit und Freiheit gibt es keine (ist nicht) Gemeinschaft der Menschen.

h) Von lateinischen Substantiven auf *-ās, -ātis* sind die folgenden italienischen und französischen Wörter abgeleitet.

Italienisch:	dignità	libertà	società	città
Französisch:	dignité	liberté	société	cité

1. *Nenne die entsprechenden lateinischen Substantive.*
2. *Auf welches lateinische Substantiv geht wohl das italienische Wort* estate *und das französische Wort* été *zurück?*

S Der römische Senat

„Senat" heißt eigentlich Versammlung der Alten. Doch darf man nicht glauben, dass im Senat nur alte Männer saßen. Entscheidend für die Aufnahme waren in der Frühzeit zwei Voraussetzungen:
- Der Senator musste aus einer vornehmen Familie stammen (d. h. Patrizier sein).
- Der Senator musste bereits ein hohes Amt *(magistrātus)* verwaltet haben.

Die Senatoren besaßen meist riesige Güter, die sie Verwaltern anvertraut hatten. Handel zu treiben, größere Schiffe zu besitzen und Bankgeschäfte zu betreiben war ihnen verboten, damit sie nicht durch Gewinnstreben von der Politik abgelenkt würden. Später konnten auch Männer in den Senat aufgenommen werden, die zwar nicht aus einer vornehmen Familie stammten, aber sehr reich waren (Bankleute, Kaufleute, Besitzer größerer Betriebe).

Äußere Kennzeichen eines Senators waren die *tunica* (Untergewand) mit doppelt breitem Purpurstreifen, rote Schuhe und ein Goldring.

Der Senat hatte unter anderem folgende Aufgaben: Er gab den Beamten Ratschläge, empfing Gesandtschaften fremder Völker, besetzte Statthalterposten in den Provinzen, führte Aufsicht über die Staatskasse.

Und so lief eine Senatsversammlung ab: Einberufung und Leitung erfolgten durch einen *magistrātus*. Meist fand die Sitzung in der *cūria* statt. Wer unentschuldigt fehlte, musste eine Geldstrafe zahlen. Jeder Senator durfte zu jedem Punkt seine Meinung *(sententia)* sagen. Die Abstimmung erfolgte dadurch, dass die Anhänger der verschiedenen Meinungen sich an dafür bestimmte Stellen begaben.

Die Mitgliederzahl des Senats wechselte: In der Frühzeit gab es 300, unter Caesar 900 Senatoren; Kaiser Augustus verringerte die Zahl auf 600 Mitglieder.

42 Weitere t (d)-Stämme (Substantive auf -ūs, -ūtis und -ōs, -ōtis)
Konjunktiv Plusquamperfekt

E
1. Sérvit**ūs** cūnctīs hominibus molesta est.
2. Itaque servit**ūtem** nōn probāmus. Multī magnā virtūte prō lībertāte pūgnant.
3. Rōmānī dominī multōrum populōrum nōn **fuíssent**, nisi cēterās nātiōnēs virtūte super**āvíssent**.
4. Cum mōrēs mūt**āvíssent**, imperium nōn iam iūstum erat.
5. Nisi imperium iūstum **fuísset**, nātiōnēs Rōmānīs nōn pār**uíssent**.

L

Römische Priester

Markus' Vater berichtet den Kindern vom Priesteramt bei den Römern:

Populus Romanus viros integros sacerdotes creat; usque ad senectutem religiones[1] curant. Sacerdotum est diebus festis deos cruore[2] pecudum delectare. Pro populi salute sacerdos sic orat: „Dei, custodes conservatoresque[3] Romae, satis bonum et magnum imperium est. Itaque vos rogo, ut imperium semper servetis." Praeterea sacerdotis est deis templa dedicare[4].

Titus: Nonne sacerdotes viri infirmi et ignavi sunt?

Pater: Ita non est. Exemplo tibi virtutem sacerdotum demonstrabo.

Marcus: Narra, pater, de Horatii sacerdotis virtute!

Pater: Narrabo. Cum Romani aetate antiqua Etruscos superavissent, populus in Capitolio Iovi templum aedificaverat. Templum dedicabat[4] Horatius sacerdos; subito nuntius intravit et ait[5]: „Filius tuus mortuus est." Sacerdos neque vultum neque colorem oris mutavit: Tanta virtute inter religiones dolorem privatum toleravit. Ita iuventuti Romanae exemplum magnae virtutis dedit.

Titus: Virtus Horatii sacerdotis etiam meam admirationem excitat. Tantos viros summis laudibus celebrare licet.

Ü

a) *Dekliniere:* Sacerdos, custos bonus religionis.

b) *Übersetze und begründe, warum die Zeitangabe im Ablativ oder im Akkusativ erfolgt:*
1. Aestate in Graeciam navigabimus. Multas horas in aequore erimus. 2. Die festo amicos exspecto. Nonnullos dies cum amicis ero. 3. Aestate rustici in agris multum[6] laborare debent. Multos dies frumentum in horrea (horreum *die Scheune*) portant.

c) *Ergänze die richtigen Endungen (jeweils im Singular) und übersetze:*
cum sacerdot_ pi_, pro salut_ public_, in servitutem miser_, de senectut_ futur_, cum custod_ perit_, magn_ cum virtut_.

d) *Bestimme:* salutem (2), saluti, saluto, salute, saluta, salutes; laudes (4), laudis, laudas; aetate, aestate, aestu; liberate, libertate, liberatis, libertatis, liberis, libris.

---

[1] *religiō* hier: die religiöse Handlung [2] *cruor, -ōris* Blut [3] leite ab von *(cōn)servāre*
[4] *dēdicāre* weihen [5] *āit* (Perf.) er sagte [6] *multum* viel

Römische Senatoren und Priester auf dem Weg zum Opfer.
Szene vom Friedensaltar *(āra pācis)* in Rom.

e) *Übersetze:* Te visitarem, si me vocares.
Te heri visitavissem, si me vocavisses.

1. *Findet bzw. fand der Besuch statt?*
2. *Wodurch unterscheidet sich der Sinn der beiden Sätze?*
3. *Was gibt in den beiden Sätzen der Konjunktiv an?*

f) *Setze das Verb jeweils in den Konjunktiv Plusquamperfekt und übersetze:*

1. Romani Gallos (timere), nisi imperator copias (monere) et de ignavia[1] Gallorum (docere). 2. Romani vicos (delere), nisi imperator copias (retinere). 3. Cum legiones barbaros acie (superare), imperator deis sacrificavit. 4. Homines imperatorem non (laudare), nisi iustus (esse).

g) *Übersetze:* 1. Die Völker streben danach (bemühen sich) der Knechtschaft zu entgehen (die Knechtschaft zu meiden). 2. Die Griechen fürchteten stets die Knechtschaft; sie liebten die Freiheit. Daher wehrten sie die Angriffe der Perser *(Persae, -ārum)* mit höchster Tapferkeit ab. 3. Wer weiß nicht, mit welch (wie) großer Tapferkeit sie die Übermacht (Menge) der Barbaren besiegt (Konj.) und aus Griechenland vertrieben *(fugāre)* haben?
4. Auch die Römer lebten (waren) lange in der Knechtschaft der Etrusker. 5. Als (!) sie viele Jahre die Knechtschaft ertragen und den Etruskern gehorcht hatten, verschaffte (bereitete, Perf.) Brutus dem römischen Volk die Freiheit. 6. Als (!) er die Etrusker mit Hilfe° der römischen Jugend vertrieben *(fugāre)* hatte, schützte (bewahrte, Perf.) er das öffentliche Wohl mit großer Tüchtigkeit. 7. Ohne die Tapferkeit des Brutus hätten die Römer die Etrusker nicht besiegt.

h) *Stelle alle bisher gelernten unveränderlichen Wörter zusammen, z. B.* nam, subito.

► **Wiederholungsstück W 6, S. 142**

S Stolz verkündet der Dichter Ennius:

MORIBUS ANTIQUIS RES[2] STAT ROMANA VIRISQUE[3].

Versuche das Sprichwort zu erklären:

HONORES MUTANT MORES.

---

[1] *ignāvia, -ae* die Feigheit [2] *rēs* hier: *rēs pūblica*
[3] Beachte bei Versen die Betonung. Sie ist jeweils durch Punkte gekennzeichnet.

43 t (d)-Stämme
(Substantive auf -es, -ĭtis; -ēs, -ētis; -is, -idis)

E 1. Hosp**es** cār**us** mē vīsitāvit. Hosp**ĭtem** in port**ū** salūtāvī.

2. Mox hospes qui**ētī** sē dedit. Qui**ēs** hospitī iūcunda erat.

3. In forō hospitī lap**idem** nigr**um**[1] mōnstrāvī: „Ante p**edēs** tu**ōs** lap**is** niger est.“

L ## So ein Angeber!

Der Vater sitzt mit den Kindern in den vorderen Reihen des Pompejus-Theaters. Auf dem Programm steht der *Mīles glōriōsus* von Plautus. Bevor das Stück beginnt, erklärt der Vater:

Militum vita varia est. Per multos annos equites et pedites procul[2] ab Italia pugnant. Disciplina sua milites custodes boni imperii sunt.
Sed alia Plautus poeta in fabula de virtute militum Graecorum narrat. Nunc autem spectemus fabulam!

Miles (ad ministros): Curate, ut splendor[3] armorum tam clarus sit quam solis radii[4]. Ubi comes meus est?

Comes: Stat iuxta[5] militem clarum. Mars dubitat suas virtutes cum tuis comparare. Nam legiones spiritu difflavisti[6] velut ventus folia.

Miles: Hoc[7] nihil est.

Comes: Nihil, hercle, est. Alia narrabo: Elephanto[8] in India magno lapide pedem dextrum perfregisti[9].

Miles: Non bene iactavi.

Comes: Quis virtutem tuam ignorat? Si operam dedisses, totam bestiam perfregisses[9].

Miles: Hoc[7] nihil est.

Comes: Nihil, hercle, est. Iterum alia narrabo: Tantam multitudinem militum necavisti uno die, ut campus mortuorum plenus esset.

Miles *(zu den Zuschauern):* Memoria comitis mei laude digna est.
(zum Begleiter gewandt): Donec tantas fabulas narrabis, dabo tibi magna praemia.

Ü a) *Dekliniere:* 1. hospes carus 2. eques optimus.

b) *Verbinde die Adjektive jeweils sinnvoll mit den Substantiven:*
bonus, certus, firmus, ignavus, Latinus, longus, magnus, pius;
in aggere, comes, custodes, itineribus, milites, ordinis, cum sacerdote, sermonem.

---

[1] *lapis niger:* ein schwarzer Stein, der nach Meinung der Römer das Grab des Königs Romulus bedeckt [2] *procul ab* fern von [3] *splendor, -ōris* der Glanz [4] *radius, -ī* der Strahl [5] *iuxtā* (Präp. m. Akk.) neben [6] *dif-flāre* auseinander blasen [7] *hoc* dies [8] *elephantus, -ī* der Elefant [9] *perfrēgī* ich habe zerschmettert

c) *Übersetze die folgenden Sätze und überlege, warum jeweils der Konjunktiv steht:*

1. Milites periculum vitavissent, si verba nuntii deliberavissent. 2. Cum copias Gallorum spectarent, clamaverunt: „Utinam dei nos servent! Imploremus deos, ut nos ex pernicie servent!" 3. Cum imperator milites e periculo servavisset, deis sacrificaverunt. 4. Postea imperator milites rogat, cur ignavi fuerint.

d) *Bestimme:* pedes (3), pedites, peditibus, peditis, pedibus; equi, equiti, equitatui, equite, equitatus, equitibus, equis (2).

---

e) *Stelle folgende Wörter zu Wortfamilien zusammen:*

laudare, pes, dignus, virtus, dominatio, incertus, servitus, spes, oratio, equus, pius, laus, servus, dignitas, vir, certare, serva, dominus, orator, domus, eques, pietas, certus, sperare, domina, pedes, orare.

f) *Übersetze:* 1. Der Kriegsdienst der römischen Soldaten war lang, die Mühen hart. 2. Viele Jahre kämpften die Soldaten in entfernten *(remōtus)* Gegenden. 3. Oft kämpften die römischen Reiter und Fußsoldaten mit Galliern. 4. Es ist erstaunlich (sonderbar), mit welch (wie) großem Eifer die Soldaten Caesar gehorchten (Konj. Perf.).

5. Oft stand (war) Caesar vor den Fußsoldaten und Reitern in der ersten Kampflinie. 6. Durch seine Umsicht hat er die Soldaten aus vielen Gefahren gerettet. 7. Caesar bemühte sich (Perf.), Britannien zu erobern, nachdem (!) er viele Gegenden Galliens besetzt hatte. Er schaffte (Perf.) Reiter und Fußsoldaten hinüber *(trānsportāre)*. 8. Auf langen Märschen entbehrten (vermissten) die Soldaten die angenehme Ruhe.

S Römisches Militär

In der Frühzeit Roms waren alle freien Bürger, Patrizier wie Plebejer, vom 17. bis zum 60. Lebensjahr wehrpflichtig. Ihre Ausrüstung mussten sie selbst stellen; deshalb wurden Besitzlose zum Kriegsdienst nicht herangezogen. Als das römische Reich größer wurde, mussten viele Legionen aufgestellt werden. Nun konnte man auf die Besitzlosen nicht mehr verzichten. Vom Staat erhielten sie Ausrüstung und Sold und mussten sich für 20 Jahre verpflichten. So verwandelte sich das alte römische Bürgerheer in ein Söldnerheer. Bei Caesars Tod standen etwa 40 Legionen unter Waffen.

Und was die Soldaten alles mitschleppen mussten! Zur Bewaffnung gehörten: Helm, Panzer, Schild, kurzes Schwert und schwerer Speer; daneben musste jeder Soldat Werkzeug zum Lagerbau und Verpflegung für mehrere Tage tragen. Das Gesamtgewicht des Gepäcks, das ein einziger Soldat zu schleppen hatte, belief sich auf ca. 30 kg.

Später waren die Legionen in festen Lagern stationiert; so befand sich z. B. in Regensburg *(Castra Rēgīna)* die dritte italische Legion.

Mīles glōriōsus mit Schmarotzer. Nachzeichnung eines pompejanischen Wandgemäldes.

44 Das Demonstrativpronomen: *hic, haec, hoc*

E

hic campus	**haec** domus	**hoc** templum
hī hortī	**hae** statuae	**haec** simulācra

L

Ein Philosoph in Rom

Der Vater geht mit den Kindern nach dem Theater heimwärts. Auf dem Forum sehen sie eine Menschenansammlung. Etwas erhöht steht ein bärtiger Mann und spricht zur Menge.

Titus: „Quis est hic vir? Cur haec turba hunc virum tanto studio spectat?" *Publius:* „Hic est philosophus Graecus. His hominibus rerum naturam virtutesque hominum explicat. Videte, quanta industria hos viros et has feminas appellet!"

Philosophus multitudinem his verbis monet: „Curate, ut exempla egregia vos ad bona facta incitent prohibeantque a malis! Hominem bonum timor numquam turbabit! O vitae philosophia dux[1]! Quid esset horum vita sine te?" Hoc multitudinem delectat.

Publius de alio philosopho Graeco hanc fabulam narrat. Huic erat nomen[2] Diogenes. Hic non multum sibi postulabat: Non in domo habitabat, sed in dolio[3], aquam non poculo[4], sed manu potabat[5]. In sole sedere et disputare amabat. Olim huic viro Alexander Magnus appropinquavit: „Te, optime, quia tam egregius es, maximis donis donabo. Quid tibi optas?" Sed hic: „Utinam paulum a sole recedas[6]!" Alexander plenus admirationis erat et sapientiam huius viri ita laudavit: „Nisi Alexander essem, Diogenes esse desiderarem."

·Ü·

a) *Dekliniere:* hic lapis, haec domus, hoc aequor.

b) *Suche aus der folgenden Reihe die eindeutigen Formen heraus:*
haec, hanc, hoc, hic, hac, his, huius, hunc, horum, huic, harum, hos, hae.

c) *Ergänze das Demonstrativpronomen* hic, haec, hoc: 1. ... philosophus de exemplis egregiis narrat. 2. ... homines ... philosophum amant. 3. ... viro homines parent. 4. ... verba ... philosophi ... turbam delectant.

d) *Übersetze:* 1. An diesem Tag wird ein Philosoph diese Stadt, dieses Haus und diese Menschen besuchen. 2. Lasst uns diesen Philosophen einladen *(invītāre)*, damit (!) er uns belehrt und erfreut! 3. Seine (dessen) Worte werden uns zu hervorragenden Taten antreiben.

---

[1] *dux* Führer(in) [2] *nōmen* der Name [3] *dōlium, -ī* das (Wein)fass [4] *pōculum, -ī* der Becher, das Trinkgefäß [5] *potāre* trinken [6] *recēdās* (Konj. Präs.) du mögest zurückgehen

4. Mit folgenden (diesen) Worten wird dieser Mann uns ermahnen: „Furcht kann (wird) gute Menschen nicht verwirren! 5. Diese werden sich° nicht fürchten, wenn sie gute Freunde lieben und schlechte meiden (Fut.).“ 6. Die Menschen dieser Stadt wird er durch seine Lehre und Weisheit erfreuen. Lasst uns ihm (diesem) dankbar sein!

e) *Setze sinngemäß* nullus, solus, totus *ein:*

1. Ex ... imperio homines Athenas[1] properant, ut philosophum clarum videant.
2. ... alia natio Graecos sapientia superat.
3. Sed tamen populi ... imperii magistratibus Romanis parent.
4. Urbs[2] Roma enim ... imperio leges[3] dedit.
5. Huic urbi[2] ... dei dederunt nationibus imperare.

S Was ist Philosophie?

Philosophie, zu Deutsch „Liebe zur Weisheit“, ist ein griechisches Wort; die Griechen hatten nämlich mit dem Philosophieren begonnen. Sie begnügten sich nicht mehr mit dem, was die alten Sagen über die Entstehung der Welt zu berichten wussten; mit Hilfe der Vernunft sollten Ursprung und Wesen der Welt ergründet werden. Auch die Frage, wie die Menschen leben sollen, wollten die Griechen genau beantworten.

Als die Römer mit der griechischen Kultur in Berührung kamen, erkannten sie allmählich die Wichtigkeit solcher Fragen. Deshalb begaben sich viele Römer zum Studium der Philosophie nach Griechenland. Viele griechische Philosophen lehrten allerdings auch in Rom. Für den gebildeten Römer war es dabei selbstverständlich, dass er fließend Griechisch sprach, verstand man doch diese Sprache im ganzen römischen Weltreich.

---

[1] *Athēnās* nach Athen
[2] *urbs, urbis* f. die Hauptstadt
[3] *lēx, lēgis* das Gesetz

Ein Philosoph. Ausschnitt aus dem Wandgemälde einer Villa bei Pompeji. (1. Jh. v. Chr.)
Woran erkennst du den dargestellten Mann als bedürfnislosen Philosophen?

45 c (g)-Stämme

E 1. Nūntius condiciōnēs pā**cis** recitat.
2. Pā**x** aeterna sit!
3. Rē**gēs** bonī semper pācem dēsīderant.
4. Rē**gis** bonī est lē**gēs** iūstās dare.

L Prometheus (I)

Der Vater geht mit den Kindern heim. Sie unterhalten sich. Dabei taucht die Frage auf, warum es Kriege, Not und Krankheiten gibt. Publius erzählt den Kindern eine griechische Sage von den Anfängen der Zeit.

Principio Cronos, rex deorum, magna crudelitate in caelo imperabat. Itaque inter deos pax non erat. Optabant, ut rex caeli legibus, non dolo et insidiis regnaret[1]. Cronos autem operam dabat, ne ceteri dei duci alieno parerent. Profecto Iuppiter, filius Croni, patri iniusto necem parare temptavit. Fortuna belli diu dubia erat. Postremo Iuppiter pugna aspera Cronum Titanesque[2], amicos Croni, superavit et in Tartarum[3] iactavit. Iuppiter magna voce: „Parete mihi! Nunc ego summus deus, iudex iustus ero. Pro crudelitate et dominatione iustitia in caelo erit.“

Solus Prometheus deliberavit, quomodo auctoritati Iovis noceret. Prometheus enim homines creaverat, virtutes varias docuerat, flammam et cuncta necessaria dederat. Sed Iuppiter imperaverat, ut homines sibi[4] fruges vel bestias sacrificarent. Prometheus autem animos hominum incitavit, ut vota sacra negarent. „Quam molestum est sacrificare et Iovem multis precibus implorare!“ homines impii clamabant. Sed poena dura erat: Iussu Iovis nunc morbi, inopia, bella homines vexant.

Ü a) *Antworte lateinisch:* 1. Cur non erat pax inter deos? 2. Quid Cronos timebat? Recita ex memoria orationem Iovis! 3. Quid Iuppiter ab hominibus postulavit? 4. Quanta erat poena?

b) *Dekliniere:* lex bona; iudex iustus; magna vox.

c) *Bestimme:* lacu, loci, ludi; regem, regum, rerum, reum; iudicem (2), iudicum, iudicium; necem (2), neci, nece, noce, neque, neca; voces (3), vocis, vocas.

d) *Ergänze:* 1. Romam a principio reg_ habuerunt. 2. Primo populus reges bon_ amavit. 3. Tellus mater hominibus mult_ frug_ donabat. 4. Reges erant duc_ firm_ et iudic_ iust_. 5. Sine dubio unus ex reg_ malus erat.

---

[1] *rēgnāre* herrschen [2] *Tītānes, -um* die Titanen, die Urweltgötter
[3] *Tartarus, -ī* die Unterwelt, der Tartarus [4] *sibi* ihm (dem Jupiter)

e) 1. Weil der König Tarquinius Superbus weder ein guter (Heer)führer noch ein gerechter Richter war, sondern das Volk quälte, vertrieb (*fugāre,* Perf.) das Volk diesen König. 2. Da beschloss (Perf.) der König, die Römer anzugreifen *(incursāre)* und das Kapitol zu erobern. 3. Aber die Konsuln waren so tüchtige (Heer)führer, dass (!) sie diese Gefahr abwehrten und den Frieden erneuerten.
4. Deshalb gehorchte das Volk diesen Konsuln, die Konsuln aber den Gesetzen. 5. Diese Gesetze hatte sich das römische Volk gegeben. 6. So war in alten Zeiten die Stimme des Volkes das höchste *(suprēmus)* Gesetz. 7. Später aber war der Hochmut der Beamten und Senatoren so groß, dass (!) sie nicht mehr den alten Sitten und Gesetzen gehorchten.

f) *Bilde die Tempusreihe:* stas – taces – armas.

g) *Erkläre mit Hilfe des lateinischen Wortschatzes:* Hospital, Militär, militant, Pedal, ein lapidarer Satz, Autorität, liberal, Moral, Flora, Laboratorium, Vokalmusik, Pazifist.

S Was bedeutet: VOX POPULI VOX DEI.

Darauf sollten alle Staatsmänner bedacht sein:

SALUS POPULI SUPREMA[1] LEX ESTO.

Was meinen wohl die folgenden Sentenzen:

NECESSITAS[2] DAT LEGEM.

INTER ARMA SILENT[3] LEGES.

---

[1] *suprēmus, a, um* letzte, höchste [2] *necessitās, -ātis* die Notwendigkeit [3] *silēre* schweigen

Prometheus erschafft den ersten Menschen. Götter sehen zu.
Nachzeichnung eines Reliefs an einem römischen Sarkophag in Neapel.

46 Substantive auf *-us, -oris* und *-ur, -oris*

E 1. Nāvigia līt**orī** appropinquant.
2. Līt**us** asperum nōn est.
3. Līt**ora** aspera nautae vītant.
4. Rōb**ur** corporis nihil valet sine cōnsiliō.

L **Prometheus (II)**

Publius und die Kinder kommen bei Lucius vorbei. Er bittet sie ins Haus. Dort werden die Kinder auf ein Wandgemälde aufmerksam.

Tabula[1] admirationem liberorum excitat.
Marcus: Summo studio hanc tabulam specto, amici: Aquila[2] corpus huius viri miseri rostro[3] vulnerat. Solum sanguine rubrum est; nam sanguis ater e pectore nudo manat[4]. Quia vincula firma virum tenent, robora corporis nihil valent. Narra mihi, pater, quis hic captivus sit, cur poenas[5] det! Cui erat invisus? Quis hunc damnavit?

Publius: Prometheum videmus, de quo[6] vobis antea narravi. Hic temporibus antiquis corpora hominum creavit. Quia contra leges Iovis peccaverat[7], in regione obscura magnos dolores corporis tolerare debebat. Tanta enim fuerat superbia huius viri, ut Iovem fraudaret[8]. Itaque Iuppiter eum[9] damnavit: Aquila[2] Iovis ad-volabat, ut pectus iterum atque iterum violaret. Tandem Hercules Prometheum vinculis liberavit.
Haec fabula nos docet: Iuppiter custos iustitiae est atque concordiam firmat. Romanis imperium aeternum dabit, si superbiam vitabunt et legibus bonis rem publicam administrabunt.

Ü a) *Dekliniere:* corpus firmum; magnum robur; litus asperum.

b) *Wie lautet der Nominativ Singular folgender Wortformen:*
itineribus, ore, spe, robora, arbori, tempore, tellurem, corporum, litoris, lictoris, litteris, pectoris, nece, sale, usu.

c) *Übersetze:* iniustos damnavisse, fabulas narravisti, dona apta dedistis, timuerunt, pia fueris, dolos adhiberet, monebunt, orationem habuisse, compleveramus, te metu liberabo, integri eritis, stetisset, oppida deleverant, veniam impetrabis.

---

[1] *tabula* hier: Gemälde [2] *aquila, -ae* der Adler [3] *rōstrum, -ī* der Schnabel
[4] *mānāre* fließen [5] *poenās dare* Strafe erleiden, bestraft werden [6] *dē quō* über den
[7] *peccāre* sündigen [8] *fraudāre* betrügen [9] *eum* ihn

d) *Übersetze die folgenden Sätze und überlege, was der Ablativ jeweils angibt:*

1. Prima luce in domum amplam Lucii properamus. 2. Prometheus tanta superbia erat, ut summum deum fraudare[1] temptaret. 3. Cronos crudelitate sua ceteris deis invisus erat. 4. Homines infirmi morbis laborant. 5. Hercules aquilam[2] sagitta[3] necare paravit. 6. Ita Hercules Prometheum doloribus liberavit.

e) *Übersetze:* 1. Die Germanen übertrafen die Römer an (durch) Körpergröße und Kraft. 2. In (durch) harten (rauen) Kämpfen stärkten sie ihre Körper. 3. In alten Zeiten kämpften sie oft mit ungepanzerter (nackter) Brust.
4. Wenn *(cum)* sie Dörfer erobert hatten, schleppten sie das Vieh weg und zerstörten die Häuser. 5. Aufgabe der Frauen im Frieden war es sich um das Vieh (Pl.) und um die Äcker zu kümmern (Vieh und Äcker zu besorgen). 6. Die Götter flehten sie in heiligen Hainen *(nemus, -oris)* an; denn es war nicht Sitte den Göttern Tempel zu bauen.

S Prometheus

Prometheus gehörte dem Göttergeschlecht der Titanen an, das vor Zeus (Jupiter) und den olympischen Göttern die Welt regierte. Prometheus („der Vorausdenkende") zeichnete sich durch große Klugheit aus. Den Menschen, die er erschaffen hatte, war er ein gütiger Vater. Er lehrte sie die Schrift, die Heilkunde, die Baukunst, den Bergbau, kurzum alle Künste, durch die sie sich das mühevolle Leben erleichtern sollten. Daher galt er den Griechen als ein Helfer und Retter der Menschen. Weil Prometheus den Göttervater betrogen hatte, verweigerte Jupiter den Menschen das Feuer, das sie zum Leben nötig hatten. Aber auch hier wusste sich Prometheus zu helfen. Heimlich brachte er seinen Geschöpfen das Feuer vom Himmel. Freilich mussten die Menschen dafür Leid und Tod in Kauf nehmen; Prometheus wurde, weil er den Willen des Zeus missachtet hatte, ebenfalls bestraft, wie wir im Lesestück hören.

---

[1] *fraudāre* betrügen
[2] *aquila, -ae* der Adler
[3] *sagitta, ae* der Pfeil

Innenbild einer schwarzfigurigen Trinkschale.
Ein Adler frisst von der Leber des gefesselten Prometheus. Links von ihm steht sein Bruder Atlas, der das Himmelsgewölbe trägt.

47 Substantive auf *-us, -eris*

E 1. Nautae sī**dera** clāra observant.

2. Sōl sī**dus** clārum est.

L Ein Bündnis wird geschlossen

Ein paar Tage später erlebt Titus die Größe des römischen Reiches: Rom hat Staatsbesuch. Aus den Gebieten nördlich der Donau sind Gesandte vom Stamm der Quaden nach Rom gekommen. Bevor alle zum Kapitol eilen, erklärt der Vater:

„Germani exercitui nostro ita instabant, ut nostri onere pugnarum valde laborarent. Itaque nostri Quados magnis muneribus sibi conciliaverunt. Heri senatus consilium habuit: De foederis legibus disputavit et Quadorum regi foedus et amicitiam dedit. Nunc sacerdotis officium munusque est foedus sacrificio firmare. – Festinemus in Capitolium!“

In Capitolio:

Undique clamor. Tandem magistratus et Quadi templo Iovis appropinquant. Praeclara opera publica admirationem regis Quadorum excitant. Nunc sacerdos condiciones foederis recitat et orat: „Audi[1], Iuppiter! Audi tu, populus[2] Quadorum! Si populus Romanus foedus violabit, tum tu, Iuppiter, populum Romanum sic necato, ut ego hunc porcum[3] hic hodie neco.“ Tum porcum necat. Item rex Quadorum orat.

Postremo pater: „Foedera violare summum scelus est. Nam Iuppiter, pater generis humani, custos foederum est.“

Ü a) *Dekliniere:* sol, sidus clarum *(nur Sing.!)*; foedus iustum.

b) *Bilde die Tempusreihe:* est – dat – docet.

c) *Das Wörterbuch führt die Nomina im Nominativ Singular auf. Wie lautet er bei* folia, pectoris, robora, lege, onere, spiritum, lapidem, siderum, puerum, foedera, cornua, luce, laude, spei, muneri, muri, mori, passibus, nece, usu, precum *(Nom. Pl.)*?

---

d) *Antworte lateinisch:* 1. Cur Romani Quadis foedus et amicitiam dederunt? 2. Quid rex Quadorum in Capitolio spectat? 3. Quomodo sacerdos foedus firmat? 4. Recita verba sacerdotis!

---

[1] *audī* höre [2] in feierlicher Anrede Nominativ statt Vokativ [3] *porcus, -ī* das Schwein

e) *Setze jeweils eine passende Satzverbindung* (et – et, non solum – sed etiam, nam, sed, autem, tum, itaque) *ein:* 1. Saepe Romani Germanos superaverunt, ... numquam totam Germaniam occupaverunt. 2. ... vicos vastaverunt ... homines in servitutem raptaverunt. 3. Postea ... Germani ... impetus arcebant ... provinciis Romanis instabant. 4. Legiones impetum barbarorum non iam prohibebant; ... Romani Quados sibi conciliare temptabant. 5. Nunc senatores et barbari Capitolio appropinquant, ... foedus firmare parant. 6. Sacerdos orat; ... porcum[1] necat. 7. ... opera praeclara ... mores alieni admirationem Germanorum excitant.

Was leisten die eingesetzten Wörter für den Zusammenhang?

f) *Übersetze:* 1. Aufgabe der römischen Legionen war es die Angriffe fremder *(exterus)* Völker abzuwehren. 2. Oft litten die Soldaten sehr unter° (Abl.) der Last der Kämpfe und Märsche. 3. Besonders (sehr) groß war die Last der Kämpfe in Germanien. 4. Denn manchmal griffen die Germanen mit List die römischen Legionen an; sie scheuten sich (zögerten) nicht auch Verträge zu brechen (verletzen).
5. Bei den Römern war es ein großes Verbrechen zu fliehen (die Rücken zu geben).
6. Die Strafen für° (Gen.) feige Soldaten waren hart; so hielten die Feldherren die übrigen von Verbrechen ab. 7. Bündnisse zu verletzen wird immer ein Verbrechen sein. 8. Denn durch Bündnisse schützen (bewahren) die Führer der Völker den Frieden. 9. Es war die Aufgabe von Priestern Verträge mit Opfern zu (be)kräftigen.

g) Der Priester spricht in seinem Gebet folgendermaßen:

1. Audi, Iuppiter! Audi tu, populus Quadorum!
2. Tum tu, Iuppiter, populum Romanum sic necato, ut ego hunc porcum hic hodie neco.

Was fällt dir bei diesen Sätzen auf? Beachte den Satzanfang bzw. die Wortanfänge. Warum gebraucht der Priester diese Stilmittel im Gebet?

S Was bedeuten die Sinnsprüche:
HONOS HABET ONUS.
TEMPORA MUTANT MORES.

Enttäuscht über seine Zeit ruft Cicero, der größte Redner Roms und Zeitgenosse Caesars, aus:
O TEMPORA, O MORES!

Vertragsabschluss zwischen den Römern und Germanen, dargestellt auf der Marc-Aurel-Säule in Rom. Suche auf dem Bild die beiden Personen, die den Vertrag schließen.

[1] *porcus, -ī* das Schwein

48 Substantive auf *-men, -minis*

E 1. Plīnius scrīptor mātrem lū**men** familiae nōminat.
2. Autumnō lū**mina** caelī clāra sunt.

L Im Triumphzug zum Kapitol

Bald nach dem Abschluss des Bündnisses erlebt Rom einen Triumphzug. Römische Truppen haben in Britannien gesiegt. Natürlich wollen die Kinder das seltene Ereignis miterleben.

Magna multitudo hominum in itineribus est. Subito unus ex turba: „Agmen appropinquat!“ Lictores, ministri magistratuum, agmini viam parant. Servi praedam portant: aurum et argentum, non pecora, non arma, ut temporibus antiquis. In magnis tabulis Romani regiones, vicos, flumina Britanniae victae[1] spectant. Statim nomina adhuc ignota in cunctorum ore sunt. Tum longum agmen captivorum appropinquat: Alii flent, alii tacent. Nunc populus imperatoris nomen vocat et triumphatorem[2] salutat. Cuncti clamant: „Io triumphe[3]!“

Post currum autem triumphatoris[2] exercitus incedit[4]. Triumphi die militibus licet carmina obscoena[5] in[6] imperatorem cantare. Agmen longum per forum ad Capitolium incedit[4], ubi triumphator Iovi Optimo Maximo taurum sacrificabit. Nunc pater explicat: „Misera est condicio ducum captivorum. Neque enim mos est victos[1] in crimen vocare[7], sed post triumphum imperator ministris imperabit, ut duces captivos sine iudicio necent. Populum autem triumphator[2] certaminibus et ludis delectabit.“

Ü a) *Bilde zu folgenden Substantiven den Nominativ Plural:*
dux, genus, fructus, nuntius, litus, robur, lumen, foedus, casus, iudex, os, ora, iter, flos, flumen, pecus (2), tectum.

b) *Konjugiere im Konjunktiv Perfekt:* servo, prohibeo, sum.

c) *Übersetze:* 1. Amicum saepe monui; sed verbis meis non paruit.
2. Ego vos moneo; vos autem ridetis.

Überlege, welche Aufgabe die Wörter sed *und* autem *erfüllen.*

d) *Dekliniere:* carmen pulchrum; nex foeda; crimen malum *(nur Singular).*

e) *Antworte lateinisch:* 1. Quis agmini viam parat? 2. Quid servi in manibus habent? 3. Quid Romani in tabulis spectant? 4. In[6] quem milites carmina cantant?

f) Italienisch: corpo, petto, lido, tempo; fiume, nome, lume.
Von welchen lateinischen Wörtern sind diese Substantive abgeleitet?

[1] *victus, a, um* besiegt [2] *triumphātor, -ōris* der Triumphator [3] *iō triumphe!* hurra! Triumph!
[4] *incēdit* er schreitet, marschiert [5] *obscoenus, a, um* derb, anstößig [6] *in* hier: gegen, auf
[7] *in crīmen vocāre* vor Gericht stellen

Kaiser Marc Aurel auf dem Triumphwagen. Relief. Kapitolinische Museen, Rom.

Woran erkennt man, dass ein Triumphator dargestellt ist? Welche Gottheit ist hinter dem Kaiser zu sehen?

g) *Erkläre:* Föderalismus, Oper, Kriminalfall, Illumination, legal, Nominativ, Tempo, Firmung, Argentinien.

h) *Übersetze:* 1. Im Herbst feierten die Römer den Gott Saturn. 2. Da beleuchteten *(illūstrāre)* viele Lichter den Tempel des Gottes. 3. In° langen Zügen (Abl.) eilten Herren und Sklaven durch die Straßen. 4. Weder die Würde des Adels noch die meist schlimme Lage der Sklaven standen der (Festes°-)Freude im Wege.
5. In (mit) rauen Liedern tadelten *(vituperāre)* die Sklaven die Fehler ihrer Herren. 6. Da war es nicht erlaubt die Sklaven anzuklagen (in die Anklage zu rufen). 7. Das Zeitalter des Augustus haben viele Dichter in (mit) herrlichen Gedichten gefeiert. 8. Die Gedichte (Lieder) der römischen Dichter sind heute immer° noch bekannt. 9. Bei den Römern veranstalteten (bereiteten) Beamte zur *(ad)* Ehre der Götter Wettkämpfe.

S Triumphzug

Nach einem Sieg über auswärtige Feinde konnte der Senat den siegreichen Feldherren mit einem Triumph ehren. In der Kaiserzeit wurde diese Ehre nur dem Kaiser zuteil; er triumphierte, wenn seine Feldherren einen Feind niedergerungen hatten, auch wenn er den Kriegsschauplatz nie betreten hatte.

Beim Triumphzug trat der Triumphator in purpurroter Toga auf, den Lorbeerkranz auf dem Haupt und in der Hand das Szepter mit einer Adlerfigur an der Spitze; das Gesicht war mit Mennige (roter Farbe) bestrichen. Der Triumphwagen wurde von vier Pferden – seit Caesars Triumph von vier Schimmeln – gezogen. In dieser Aufmachung stellte der Triumphator Jupiter dar, dem man ja den Sieg verdankte; mit dem Zug wollte man den höchsten Gott des Staates ehren.

49 Sondergruppe der Neutra
Futur II

E 1. Rōmānī barbarīs **iūra** dedērunt.

2. Sī negōtia in forō cūr**āverō**,	domum properābō.
Wenn ich die Geschäfte auf dem Forum erledigt habe, (*eigtl.:* erledigt haben werde)	werde ich nach Hause eilen.
3. Sī in rēbus secundīs piī fueritis,	in rēbus adversīs nōn dēsperābitis.
Wenn ihr im Glück redlich gewesen seid, redlich seid, (*eigtl.:* fromm gewesen sein werdet)	werdet ihr im Unglück nicht verzweifeln.

L Flurumgang – ein Brauch aus früher Zeit

Nach anstrengenden Tagen in der Stadt fährt die Familie aufs Land zu Tullius. Für Titus bedeutet dies das Ende seines Romaufenthalts.

Tullius: Urbani semper vitam rusticam desiderant.
Publius: Optimo iure! Interdum mihi molestum est in foro orationes habere vel homines malos in ius vocare. Itaque negotia fori saepe vitare studeo.
Tullius: Nunc intrate! Liberis cibus et lac parata sunt. Ceterum cras diem festum celebrabimus; nam vere iucundo Cereri sacrificare mos est.

Der Morgen des Festtages ist da.

Prima luce Afra serva cum puellis in agris aram floribus ornavit. Tandem ministri porcam[1] per agros agitant. Tota familia agmen comitat[2]. Iam agmen cum porca arae appropinquat; in capite pecudis infulae[3] sunt. Nunc pueri vasa ap-portant. Tullius pater autem ex vasis Cereri lac et vinum libat[4] et magna voce deam implorat: „Te, Ceres, oro, ut fruges, frumenta vinetaque[5] conserves desque bonam salutem mihi, domui familiaeque nostrae.“ Deinde pater capiti pecudis molam[6] salsam dat. Statim ministri pecudem necant; pater autem ossa, cor aliaque exta[7] in ara inflammat.
Tullius: Si Ceres fruges et frumenta servaverit, inopiam prohibuerit, salutem familiae nostrae dederit, proximo anno iterum sacrificabo.

Ü a) *Dekliniere:* collum et caput; cor et ōs; lex et ius; vas et vinum.

b) *Übersetze und versuche die jeweilige Bedeutung des Wortes* caput *zu erklären:*
1. Roma est caput Italiae. 2. Convivae caput cenae exspectant. 3. Res „nec caput nec pedes“ habet.

---

[1] *porca, -ae* das Schwein [2] *comitāre* begleiten [3] *īnfula, -ae* die Binde
[4] *lībāre* ausgießen, opfern [5] *vīnētum, -ī* der Weinberg [6] *mola salsa* gesalzenes Mehl
[7] *exta, -ōrum* die Eingeweide

c) *Stelle alle dir bekannten Wörter aus dem Wortfeld „Rechtswesen" zusammen.*

d) *Setze jeweils in den Konjunktiv Perfekt und in das Futur II:* do, damus, habeo, habetis, flent, laudo, demonstrat, es, sunt, prohibetis, delent, moneo.

e) Nun sind dir alle Zeiten der lateinischen Sprache bekannt.

   1. *Wieviele Formen kannst du jetzt von einem einzigen Verbum bilden?*
   2. *Bilde die Tempusreihe:* sto – delibero – taceo.

f) *Übersetze die beiden Sätze und bestimme die kursiv (schräg) gedruckten Formen:*

   – Rogo te, cur deos *implorav-eris.*
   – Si deos *implorav-eris*, te servabunt.

g) *Übersetze:* 1. In alter Zeit war die Frömmigkeit der Römer groß. 2. Im Frühling baten sie die Götter reiche Ernte (Fülle) zu geben (*ut* mit Konj. Impf.). 3. Im Sommer und Herbst verherrlichten (feierten) sie die Größe der Götter mit zahlreichen Opfern. 4. Es war Sitte Eingeweide *(exta, -ōrum)* und Knochen auf dem Altar zu verbrennen (entflammen).
   5. Die Matrosen haben die Schiffe mit Gefäßen beladen. 6. Die Gefäße sind voll (!) Wein. 7. Wenn *(cum)* die Seeleute ihre Ladung (Last) nach Britannien gebracht haben (Fut. II), werden sie wieder° aus den rauen Gegenden zurückkehren *(remeāre)*.
   8. Wenn Neptun die widrigen Winde abhält (Fut. II), werden die Männer dem Gott opfern.

S Das Opfer bei den Römern

Unser Text und die Abbildung zeigen, wie die Römer geopfert haben. Dazu noch einige Ergänzungen. Meist haben die Römer Rinder, Schafe und Schweine geopfert. Selten brachte man Pferde, Fische und Hunde dar. Wichtig war es, den Göttern männliche Tiere zu schlachten, den Göttinnen weibliche. Natürlich musste das Tier gesund und fehlerlos sein. Wer wollte schon den Göttern eine schlechte Gabe anbieten? Nur die Eingeweide und die Knochen wurden auf dem Altar verbrannt. Was geschah aber mit dem guten Fleisch? An das Opfer schloss sich ein Mahl an, bei dem die Priester und Opferteilnehmer das Fleisch verspeisten. Man fühlte sich dabei in Gemeinschaft mit den Göttern.

► **Wiederholungsstück W 7, S. 143**

Was alles in Rom passiert

Titus ist auf das Landgut seines Vaters Tullius zurückgekehrt, unsere Familie ist wieder unter sich. Die Kinder hören von allerlei aufregenden Ereignissen, die außerhalb und innerhalb der Stadt Rom passiert sind: Furchtbar wütet ein Erdbeben in der Provinz Asien, noch furchtbarer ein Brand in den engen Gassen der Hauptstadt. Schlimme Gerüchte gibt es, dass Kaiser Nero selbst den Befehl zur Brandstiftung gegeben habe ...
Und wie er die Christen behandelt!

Aber Markus und Claudia sind nicht nur auf Gerüchte und Berichte angewiesen. Sie erleben selbst etwas, was ganz unmöglich erscheint: eine Seeschlacht mitten in der Stadt. Auf dem Tiber etwa? Weit gefehlt, auf einem großen Platz!

So, weil wir es gleich geschafft haben, noch ein Ausblick auf den zweiten Band von ROMA. Er beginnt mit einer echten Kriminalstory. In 15 Lektionen wird nach einem heiligen Buch der alten Etrusker gefahndet, das ein übler Verbrecher gestohlen hat.

Ihr sucht doch mit?

50 Mischklasse: Gleichsilbige Substantive auf *-ēs* und *-is* (Feminina)

E *Vergleiche die Silbenzahl im Nominativ und Genitiv Singular:*

Nom.:	mī - les		*Gen.:*	mī - li - tis
	pēs			pĕ - dis
Nom.:	nū - bēs	die Wolke	*Gen.:*	nū - bis
	val - lis	das Tal		val - lis

1. Nūb**ēs** atrae in caelō sunt.
2. Multae nātiōnēs adhūc fam**e** labōrant.
3. Magnus numerus nāv**ium** portuī appropinquat.

L Eine Seeschlacht mitten in der Stadt

Die Kinder gehen mit dem Vater zum Tiber.

Pater: Properemus ad naumachiam[1] et spectemus, quanto impetu naves pugnent!
Marcus: Quid? Estne bellum?
Pater: Non est. Ludos spectabimus: Nonnullae naves classis Siculae et Rhodiae – gladiatorum[2] plenae – inter se certabunt.
Marcus: Ubi nam naves pugnabunt?
Pater: In naumachia[1]. Res ita se habet: Augustus populum ludis delectare studebat. Itaque imperavit, ut servi ad flumen in valle parva solum cavarent[3] et magnum numerum sedum collocarent. Huic lacui nomen est ‚naumachia'.
Claudia: Non mirum, si multi homines ad flumen properant.

In der Naumachie erwartet man ungeduldig den Kaiser.

Subito clamor: Imperator nave praeclara appropinquat magnusque numerus navium imperatorem comitat[4]. Primo imperator populo res varias donat: aves, vestem, aurum, argentum. His donis amorem populi sibi conciliare temptat. Tum ex sede sua signum pugnae dat. Statim naves Siculae Rhodias oppugnant. Milites summo studio in navibus pugnant. Quamquam gladiatores[2] Rhodii impetum Siculorum summa virtute arcere temptant, navis eorum[5] mox praeda Siculorum est. Haec victoria animos ita incitat, ut cuncti magna voce clament: „Superate Rhodios! Inflammate naves!" Tantus est clamor, tantus est tumultus, ut aures doleant[6]. Postremo classis Rhodia Siculos non sustinet.
Pater: Ludi et convivia me negotiis prohibent. Hodie ludos spectavi, sed cras in aedibus meis laborabo.

---

[1] *naumáchia, -ae* die Seeschlacht; künstlich angelegter See in Rom
[2] *gladiātor, -ōris* der Gladiator [3] *cavāre* aushöhlen, ausheben [4] *comitāre* begleiten
[5] *eōrum* von diesen [6] *dolēre* schmerzen

Naumachia.
Ausschnitt aus einem
Stadtplan von Rom.

Ü a) *Setze folgende Substantive in den Nominativ und Genitiv Plural:* mos, pes, pecus, rex, res, reus, sedes, soror, casus, cibus, corpus, currus, nubes, sacerdos, comes, vallis.

b) *Bestimme:*

1. sedes (4), sedi, sede (2); famem, tamen; valḷi, valle, vale, valles, vales, vallis.
2. aure, auro, auri (2); avium, avorum, arborum, avis (4), agris, aedis, aegris.

c) *Bilde die Tempusreihe:* moneo – negas – est.

d) *Übersetze:* 1. Oft sind Germanen aus Wäldern und Tälern Germaniens an die Donau gezogen *(penetrāre)*, um die Ansiedlungen der Römer zu erobern (*ut* mit Konj. Impf.). 2. Später forderten die Germanen, die Römer sollten ihnen *(sibi)* Wohnsitze geben (*ut* mit Konj. Impf.). 3. Wenn die Römer den Bitten der Anführer nicht gehorchten (die Ohren gaben), griffen die Germanen die Provinzen an. 4. Mit kleinen Schiffen überschritten (überwanden) sie die Donau und verwüsteten die Wohnsitze der Römer.
5. Überall gibt es (sind) viele Arten herrlicher Vögel. 6. Oft nisten *(nīdificāre)* die Vögel auf hohen Bäumen. 7. Die Stimmen der Vögel klingen (sind) für° unsere Ohren (Dat.) angenehm. 8. Auch die Farbe ihres Gefieders *(pennae* die Federn) erregt unsere Bewunderung. 9. Die Römer scheuten sich (zögerten) nicht, Vögel zu essen.

e) *Wörter, die zum Sachfeld ‚Haus' gehören:* villa – tectum – aedificium – domus – aedes – insula. *Versuche die einzelnen Wörter gegeneinander abzugrenzen.*

f) Mitten in der Weltstadt Rom wurden zum Vergnügen der Römer grausame Kämpfe veranstaltet. *Suche aus dem Lesestück die Wörter, die mit Kampf zu tun haben.*

S Was meinten die Römer mit folgenden Sentenzen:
CIBI CONDIMENTUM[1] FAMES.
INVIDIA[2] GLORIAE COMES.

Versuche folgenden Vers zu erklären:
GAỤDIA PRỊNCIPIỤM NOSTRỊ SUNT SẠEPE DOLỌRIS.

[1] *condīmentum, -ī* das Gewürz [2] *invidia, -ae* der Neid

51 Mischklasse: Gleichsilbige Substantive auf *-is* (Maskulina)

Fußbodenmosaik aus Pompeji mit der Inschrift CAVE CANEM (Warnung vor dem Hund)

E 1. Sit concordia inter cīv**ēs**!
2. Aetāte antīquā virtūs cīv**ium** Rōmānōrum ēgregia erat.
3. Haec aetās tumultūs hostium et victōriās clārās **vīdit**.

L Besuch im Haus eines Neureichen

Der Vater schreibt an seinen Schwager Tullius einen Brief.

Publius Tullio salutem[1].

Mense Augusto aedes amplas et praeclaras Trimalchionis visitavimus. In colle supra Anionem flumen sitae sunt. Optimo iure Trimalchio narrat: „Ex toto orbe terrarum artificia ap-portavi.“ Supra portam cavea[2] erat aurea; avis varia convivas magna voce salutabat: „Salvete!“ Ceterum, dum[3] cuncta specto, imago canis feri me terruit; supra imaginem bestiae erant haec verba: CAVE[4] CANEM!

Cum Lares aureos in atrio spectavissemus, triclinio[5] appropinquavimus. Cum autem pararemus intrare, servus nos oravit: „Servate me, cives boni! Heri in thermis paulum quieti me dedi; interea viri mali vestem domini mei raptaverunt. Poena dura erit: Usque ad vitae finem in agris sub igne solis laborare debebo.“ Statim dominum oravimus, ut iuveni veniam daret. Et dominus: „Mores mali iuvenum me excitant. Sed vobis hoc non nego. Itaque veniam do.“ Nunc satis. Hoc unum sine dubio certum est: Numquam aedes tam praeclaras vidi. Vale!

Ü a) *Bilde aus folgenden vier Wortreihen vier Sätze:*

Jupiter hat den Römern versprochen: imperium, sine, finis, dare.

Drei Leistungen des Augustus:
Augustus, fines (Pl.), imperium, prolatare[6].
Augustus, totus, orbis, terrae (Pl.), pacare[7].
Augustus, magnus, multitudo, civis, Romanus, ager, dare.

---

[1] zu *salūtem* ergänze *dat*: entbietet seinen Gruß [2] *cavea, -ae* der Käfig
[3] *dum* (mit Ind. Präs.) während [4] *cavēre* (mit Akk.) sich hüten vor
[5] *triclīnium, -ī* das Speisezimmer [6] *prōlātāre* erweitern [7] *pācāre* unterwerfen

b) *Welche Wörter gehören zu den gleichsilbigen Substantiven auf* -ēs *und* -is? *Ordne die „Gleichsilbigen" und die anderen Substantive jeweils zu einer Gruppe. Gib die Substantive im Nominativ Singular, Mehrzahlwörter im Nominativ Plural an.*

aggeribus, acie, aedium, arbore, aures, avium, avorum, canum, certamina, classem, collum, collium, errore, fame, fidem, flores, foliis, frugum, lacuum, mense, mensae, metu, pecora, precibus, sedum, senectute.

c) *laudemus* ist 1. Person Plural Konjunktiv Präsens Aktiv.

Bestimme ebenso: demonstrabit, disputaretis, damnavisti, iactaveram, comparaverit, terruisses, dubitaverat, impetret, sustinuit, steterant, firmavisti.

d) *Übersetze:* wir hätten das Feuer gesehen, sie haben uns Milch gegeben, den Feind gesehen zu haben, er hatte eine List angewendet, sie haben den Hügel gesehen; er fragte, wo er den jungen Mann gesehen habe; du bist auf dem Forum gestanden, ihr hättet den Hund abgehalten, ihr habt die Flotte gesehen, sie haben Schiffe zerstört, wir haben bei uns (mit uns) überlegt, wir haben die Hitze gemieden.

e) *Bilde die Tempusreihe (nur im Perfektstamm):*
timemus – oramus – videmus – damus.

f) *Übersetze:* 1. Augustus bemühte sich (Perf.) die Grenzen des Reiches zu erweitern *(prōlātāre)*, damit (!) die Legionen an den Ufern großer Flüsse die Feinde abwehrten; denn oft eilten die Barbaren herbei *(ad-volāre)*, um die Ansiedlungen der Römer niederzubrennen (mit Feuer zu verwüsten, *ut* mit Konj. Impf.). 2. Als (!) die Truppen der Feinde den Feldherrn Varus in° (mit) der Schlacht (ē-Dekl.) besiegt hatten, war der Rhein die Grenze des Reiches. 3. Damals hatten die Germanen eine große Anzahl von° (Gen.) römischen Bürgern und jungen Männern getötet.
4. Nach der Schlacht raubten (Perf.) die Barbaren die Waffen der Toten; die Leichen (Körper) der römischen Soldaten bestatteten (*humāre*, Perf.) die stolzen Feinde nicht.
5. Viele Bürger beklagten (beweinten, Perf.) den Sieg der Feinde: „Die Götter haben es° uns nicht gegönnt (gegeben) die Gebiete der Germanen zu unterwerfen *(pācāre)*."
6. Obwohl Germanicus nach wenigen Jahren die Barbaren besiegte (Perf.), war es ihm *(eī)* nicht möglich (erlaubt) das Gebiet des römischen Reiches zu erweitern *(prōlātāre)*.

g) *Antworte lateinisch:* 1. Quem Publius pater visitavit? 2. Narra paucis verbis, ubi villa sita sit! 3. Narra de aedibus Trimalchionis! 4. Cur servus poenam timuit?

S Die Römer waren die Herren eines gewaltigen Reiches. Das römische Bürgerrecht zu besitzen war eine Auszeichnung. Daher sagte man mit Stolz:

CIVIS ROMANUS SUM.

Welches deutsche Sprichwort entspricht der lateinischen Sentenz:

FINIS CORONAT[1] OPUS.

Versuche zu erklären:

MALI PRINCIPII MALUS FINIS.

---

[1] *corōnāre* krönen

52 Mischklasse: Substantive mit zwei Konsonanten am Ende des Wortstammes

E 1. Coho**rtēs** nostrae a**rcem** mūrō et fossā firmāvērunt. Nunc mīlitēs cohort**ium** quiētī sē dant.
2. Anteā ad fo**ntem** clār**um** properāverant. Aqua fontis mīlitibus iūcunda fuit.

L Ein Streik in Rom

Der Großvater erzählt den Kindern eine Geschichte aus längst vergangener Zeit.

Olim discordia in populo Romano erat: Patres optabant, ut soli rem publicam administrarent; plebei autem consiliis patrum parere recusabant. Magnum erat odium plebis in[1] patres. Postremo plebi placuit ex urbe Roma in montem Sacrum secedere[2]. Ad fontem clarum castra collocaverunt. Sed in urbe timor erat; curae senatores vexabant: „Quam diu plebei in monte Sacro tranquilli[3] erunt? Quomodo gentes alienas ab urbe arcebimus?“ Itaque imperabant, ut Menenius Agrippa ad plebeios festinaret.

Ibi magna arte et diligentia hanc fabulam narravit: Olim partes corporis sorte sua contentae non erant; itaque clamabant: „Nostra cura, nostro labore ventri cuncta paramus; venter autem otio se dat. Negemus ventri victum!“ Statim manus recusabant cibum ad os ap-portare, dentes autem cibum manducare[4]. Sed mox cunctae corporis partes infirmae et morti vicinae erant. Itaque viderunt: „Quantus error mentes nostras occupavit! Ventris opera nobis robur est.“ His verbis Menenius duras mentes plebeiorum mutavit: Plebs in urbem remeavit[5]. Fabula docet: Concordia fundamentum[6] societatis est.

Ü a) *Dekliniere:* urbs pulchra; fons sacer.

b) *Setze die in Klammern angegebenen Adjektive in die entsprechende Form:*
in monte (Sacer), aqua fontium (clarus), numerus cohortium (firmus), in arce (altus), urbes (magnus), impetus gentium (barbarus).

c) *Übersetze:* 1. Die Ursprünge der Stadt Rom liegen im Dunkeln (sind dunkel). 2. Wie die Römer glauben, hat Romulus die Stadt am Ufer eines Flusses erbaut; dieser Ort war für° eine Stadt (Dat.) günstig. 3. Cicero nennt Rom das Licht der Völker, die Burg der Nationen. 4. Auf dem Kapitol, der Burg der Stadt Rom, hatten die Römer dem Jupiter einen herrlichen Tempel erbaut.

---

[1] *in* hier: gegen [2] *sēcēdere* weggehen [3] *tranquillus, a, um* ruhig [4] *mandūcāre* kauen
[5] *remeāre* zurückkehren [6] *fundāmentum, -ī* die Grundlage

5. In alten Zeiten verschmähten die Römer die Künste der Griechen; Freunde der griechischen Wissenschaften waren selten. 6. Aber nachdem (!) die Römer den größten Teil Griechenlands erobert hatten, erregten die Künste und Wissenschaften der Griechen die Bewunderung der jungen Leute. 7. Obwohl die Römer die Griechen in° (mit) vielen Schlachten besiegt hatten, waren dennoch die Griechen die Lehrmeister aller schönen (guten) Künste. 8. Die Römer waren viele Jahrhunderte die Herren des Erdkreises.

d) *Bestimme:* artium, atrium, atrum, atris, artis, artes, arti, arci, arce (2), arcu, arcui (2), arcem, arcum, arcium, aurium; mentis, mensis (4), mensas; morti, mortui; veris, ventris, ventis, vestis (2), vestris.

e) *Antworte lateinisch:* 1. Cur plebs in montem Sacrum secessit[1]? 2. Cur patres Menenio imperaverunt, ut ad plebem properaret? 3. Quomodo mentes plebeiorum mutavit? 4. Recita verba Menenii!

f) Nostra cura, nostro labore ventri cuncta paramus.
Welche Wirkung hat die Wortwiederholung?

g) *Überlege, warum Menenius mit dieser Fabel die Plebejer überzeugt hat.*

h) Italienisch: dente, monte, arte, parte, morte.
Französisch: dent, mont, art, part, mort.
Während im Italienischen die Akkusativ-Endung *-m* weggefallen ist, hat sich im Französischen nur der Wortstamm erhalten.

S Die Plebs

Seit frühester Zeit gab es in Rom zwei Schichten:
- die wenigen adeligen Familien, deren Angehörige *patriciī* (Patrizier) oder *optimātēs* (die Besten) genannt wurden;
- die große Masse der Handwerker, Händler und Kleinbauern, *plēbēī* oder kurz *plēbs* genannt.

Beide Schichten lebten nicht friedlich zusammen. Die Plebejer durften in der Politik nicht mitreden und waren überhaupt wenig angesehen. Viele Jahrhunderte tobten deswegen heftige Kämpfe, bis die Plebejer schließlich folgende Ziele erreicht hatten:
- Sie hatten eigene Beamte, die Volkstribunen, deren Aufgabe der Schutz der *plēbs* war;
- sie wurden zu Ämtern zugelassen;
- sie durften Senatoren und Priester werden;
- Ehen zwischen Patriziern und Plebejern waren nicht mehr verboten.

Man darf freilich nicht glauben, dass mit der Erkämpfung dieser Rechte die Gleichheit der Bürger hergestellt war. Nur wenigen r e i c h e n plebejischen Familien gelang der Aufstieg. Die große Masse konnte es sich gar nicht leisten Ämter zu übernehmen, da es sich ja um unbezahlte Ehrenämter handelte.

Im Laufe der Zeit wuchs die *plēbs* immer mehr. Außerdem änderte sich die Zusammensetzung dieser Bevölkerungsschicht: Verarmte Bürger und Bauern aus dem ganzen Reich zogen nach Rom, um von Gelegenheitsarbeiten, staatlichen Brotspenden, vom Verkauf der Stimme bei Wahlen zu leben und die Vergnügungen der Großstadt zu genießen. Augustus musste die Zahl derer, die kostenlos in der Millionenstadt Rom Getreide erhielten, auf 200 000 beschränken. Daraus lässt sich die große Zahl der in Rom lebenden Plebejer erschließen.

---

[1] *sēcessit* (Perf.) er (sie, es) ging weg

53 Reine i-Stämme

E 1. Multa sunt genera animāl**ium**. Etiam homō anim**al** est. In animāl**ī** anima[1] est. Etiam in mar**ī** animāl**ia** sunt.

2. In urbe nostrā turr**is** alta est. Vīsitēmus turr**im** et spectēmus regiōnem dē turr**ī**! Magnitūdō turr**ium** antīquārum admīrātiōnem nostram excitat.

L Kaum eine Stadt liegt so günstig wie Rom

Der Vater befindet sich mit Markus und Claudia auf dem Kapitol. Bei der Betrachtung der Stadt weist er die Kinder auf Roms günstige Lage hin.

Pater: Videte, quanto consilio Romulus urbem aedificaverit: Urbem non ad mare aedificavit.

Marcus: Estne mare urbibus periculosum?

Pater: Sine dubio. Urbibus maritimis non solum multa pericula instant, sed etiam caeca[2]. Terra impetum hostium multis modis antea nuntiat. Cum autem hostis in mari ad-volat, incertum est, unde ad-volet aut quid in animo habeat.

Claudia: Profecto periculosum est in maris litore habitare. Etiam foedae tempestates hiemis saepe nocent.

Pater: Ceterum cives urbium maritimarum non manent in suis sedibus, sed per maria vasta navigant; commercium[3] amant, agros et arma repudiant. Nulla alia re multae civitates ad perniciem venerunt[4]. Sors urbis Corinthi magnum exemplum est: Quia vires de-erant[5], vim nostrorum non sustinuit; vi et armis nostri urbem expugnaverunt. Romulus autem multa vitia vitavit, quod urbem non ad mare, sed ad Tiberim aedificavit.

Etiam natura loci opportuna est: Undique montes alti sunt. Postea reges urbem moenibus et turribus firmaverunt. Moenium reliquias adhuc spectamus.

Claudia: Prima inter urbes, deorum domus, Roma!

Ü a) *Bilde die Tempusreihe:* arcetis – vitatis – estis.

b) *Übersetze die folgenden Sätze und überlege, was die kursiv (schräg) gedruckten Wortgruppen angeben:*

1. Legiones *post victoriam* magna cum praeda remeaverunt[6].
2. Legiones, *cum hostes superavissent*, magna cum praeda remeaverunt[6].

---

[1] *anima, -ae* der Lebenshauch, das Leben [2] *caecus, a, um* hier: unsichtbar
[3] *commercium, -ī* der Handel [4] *vēnērunt* sie sind gekommen, gelangt
[5] *de-esse* weg sein, fehlen [6] *remeāre* zurückkehren

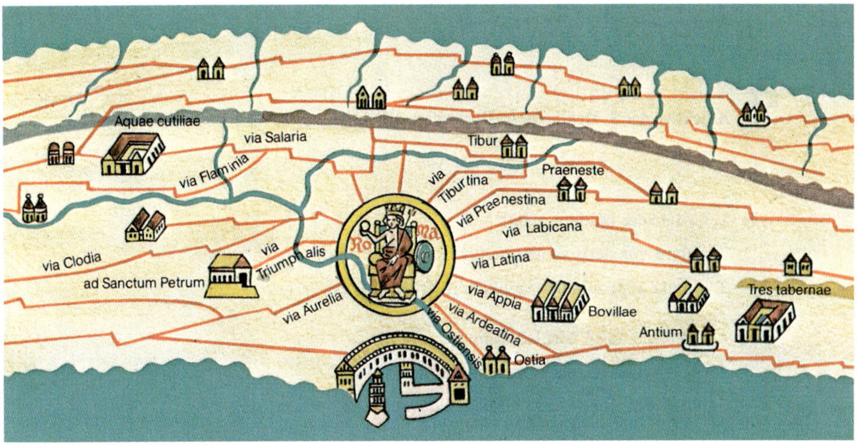

Die Umgebung Roms nach einer römischen Straßenkarte aus dem 4. Jh. n. Chr.
Einst im Besitz des Augsburger Kaufmanns Peutinger, befindet sich die Karte jetzt in Wien.

c) *Verwende statt* aequor *das Wort* mare, *statt* copia *und* impetus *das Wort* vis:
1. Aequora vasta hominibus pericula parant. 2. Naves magno impetu tempestatum molestarum in magno periculo erant. 3. Regibus Asiae magna copia auri erat.

d) *Bilde den Ablativ Singular, Genitiv Plural, Akkusativ Plural von folgenden Substantiven:* flos, ōs, os, cor, vis, pes, rex, res, avis, sedes, litus, frater, mare.

e) *Bestimme:* viri, vires, viris, viros, virum, virium, virorum; satis, sitis (3), sitim, sim, siti (2), situs.

f) *Antworte lateinisch:* 1. Ubi Romulus urbem Romam aedificavit? 2. Cur periculosum est in maris litore habitare? 3. Quid cives urbium maritimarum desiderant? Quid repudiant? 4. Quomodo Claudia urbem Romam laudat?

g) *Übersetze:* 1. Wenn (*cum*) Neptun im Herbst und im Winter die Meere durch Stürme aufwühlte (erregte), mieden die Seeleute das Meer. 2. Das Los der Seeleute war hart; oft litten sie unter (durch) Hunger und Durst. 3. Viele Tage segelten sie durch die weiten Meere, um Waren (Sachen) nach Italien zu bringen (*ut* mit Konj. Impf.). 4. Auch im Sommer waren die Schiffe durch die Gewalt der Stürme in Gefahr. 5. Wenn (*cum*) Stürme den Schiffen zusetzten, beteten die Seeleute, dass (!) Neptun die Gewalt der Stürme abhalte (Impf.) und das Meer beruhige (*plācāre*, Impf.) 6. Da sehnten sie sich (ersehnten sie) die Stadtmauern und die hohen Türme des Hafens zu sehen.

► **Wiederholungsstück W 8, S. 143**

S Aus einem Gesundheitsbuch des Mittelalters:
CONTRA VIM MORTIS NON EST MEDICAMEN[1] IN HORTIS.
Warum kann man wohl auf Sonnenuhren lesen:
MORS CERTA, HORA INCERTA.

[1] *medicāmen, -inis* n. das Heilmittel

54 Adjektive der 3. Deklination: Dreiendige Adjektive

E

1. Canis āc**er** bēstiam agitat.
2. Subitō vōx āc**ris** canem turbat.
3. Magna avis appropinquat: Rōstrum[1] avis āc**re** est.
4. Aestāte interdum aestū āc**rī** labōrāmus.
5. Cūnctī vim tempestātum āc**rium** timent.
6. Hoc certum est: Nihil generī hūmānō tam perīculōsum est quam bella āc**ria**.

L Das Marsfeld, ein Treffpunkt der Römer

Die ganze Familie unternimmt einen Spaziergang zum Marsfeld. Dort erklärt der Vater:

Campus Martius, locus celeber urbis Romae, ante oculos est. Temporibus antiquis duces hic magnam partem copiarum pedestrium et equestrium in armis exercebant. Nunc iuvenes Romani cottidie huc[2] properant, ut animo laeto inter se certent.

Spectate ad sinistram: Cursu celeri pueri per campum cursant[3]. Ad dextram certamina equestria videmus.

Nun erlebt die Familie ein atemberaubendes Rennen.

Iam equi acres et celeres ad-volant. Magna turba hominum campum clamore im-plet; cuncti enim equites incitare student. Mirum est, quanto studio equites de victoria certent. Imprimis equus niger admirationem populi excitat, quia impetu celeri ceteros superare temptat. Subito iuvenis de equo praecipitat[4]. Amici clamant: „Insidiae, insidiae!" Sed eques: „Voluntate deorum alius victoriam habet."

Der Vater fährt fort mit seiner Erklärung:

Re-spectemus ad urbem! Quantus est campus! Prope campum sunt porticus amplae, theatra celebria, templa praeclara. Ceterum Romani monumenta virorum celebrium hic aedificaverunt. Quam celebre est monumentum Augusti! Non mirum, si Martialis poeta voluptates vitae ita enumerat[5]:
campus, porticus, umbra, Virgo[6], thermae.

---

[1] *rōstrum, -ī* der Schnabel [2] *hūc* hierher [3] *cursāre* laufen [4] *praecipitāre* stürzen
[5] *ē-numerāre* aufzählen [6] *Virgō* gemeint ist die *Aqua Virgō,* eine Wasserleitung in Rom

Ü a) *Vergleiche:* equ-ester, ped-ester, silv-ester.
Gib eine Übersetzung.

b) *Vergleiche die unterschiedliche Ausdrucksweise:*

copiae pedestres	die Truppen zu Fuß, Landstreitkräfte
iter pedestre	der Landweg

Übersetze dementsprechend: exercitus pedester, pugna pedestris, ordo equester, statua equestris, via silvestris.

c) *Setze die folgenden Formen des Präsens ins Perfekt, die des Imperfekts in das Plusquamperfekt und die des Futur I in das Futur II:* videbis, videbunt, sustinebant, iactant, dubitabo, violem, habent, dare, concilias, eramus, arcetis, repudiabam, damnes, prohiberent, stat, adhibeat, flebit, videret.

d) *Ergänze:* Canes acr_ bestiam celer_ cursu celer_ agitaverunt et captaverunt. 2. Dentibus acr_ canes bestiam tenent. 3. Venatores[1] animo laeto praedam in vicum celebr_ portaverunt. 4. Magnam turbam canum acr_ venatores[1] habuerunt.

e) *Übersetze:* 1. Neapel *(Neăpolis)* ist am Meer gelegen; schon in alten Zeiten war es eine viel besuchte Stadt. 2. Hier lebte (war) eine große Zahl von Kaufleuten. 3. Mitten in der Stadt gab es (waren) belebte Straßen und belebte Marktplätze. 4. Einst hatten die Griechen die Stadt erbaut.
5. In° schnellem Ansturm (Abl.) hatten sie die Gegend erobert und in° heftigen Kämpfen (Abl.) lange Zeit die Angriffe der Feinde abgewehrt. 6. Wessen Grabmal stand (war) in der berühmten Stadt? Das Grabmal des Dichters Vergil. 7. Nach *(ex)* dem Willen des Augustus hatte der Dichter Vergil die Sitten der Vorfahren gefeiert. 8. Wann war das Zeitalter des Augustus?

f) *Was bedeutet* re-spectare, re-vocare, re-citare, re-creare?
Erkläre die Bedeutung der Vorsilbe re-. *Stelle alle mit* re- *zusammengesetzten Verben zusammen, soweit sie gelernt sind.*

S Versuche die folgende Sentenz zu erklären:
DOLOR VOLUPTATIS COMES.

Was hältst du vom folgenden Vers des Dichters Horaz? Gib eine Begründung deiner Meinung.
ẸST MODUS ỊN REBỤS, SUNT CẸRTI DẸNIQUE[2] FỊNES.

In der Einsamkeit seiner Verbannung klagt der Dichter Ovid:
DỌNEC ERỊS FELỊX, MULTỌS NUMERẠBIS AMỊCOS.
TẸMPORA SỊ FUERỊNT NỤBILA[3], SỌLUS ERỊS.

Bild des Caesar Augustus
auf einer Goldmünze
(Durchmesser 6 cm)

---

[1] *vēnātor, -ōris* der Jäger [2] *dēnique* schließlich
[3] *nūbilus, a, um (nūbēs)* wolkig, trüb

55 Adjektive der 3. Deklination: Zweiendige Adjektive (I)

E 1. Saepe miserōs monēmus: Dolor brev**is** est, gaudium longum.
2. Explicā sententiam: Ars longa, vīta brev**is** est.
3. Vīta est somnium[1] brev**e**.

L Ein Brand in Rom

Der Vater – beeindruckt von den jüngsten Ereignissen in der Stadt – schreibt seinem Schwager Tullius einen Brief.

Publius Tullio salutem.
Litteras tristes ad te do; narro tibi de gravi igne, de maximo omnium incendio. Initium ignis gravis in Circo Maximo erat. Per tabernas ignis per-volavit. Deinde singulari impetu insulis appropinquavit et brevi tempore omnia tecta delevit. Propter angusta itinera facile non erat flammas oppugnare.

In omnibus vicis concursus liberorum, mulierum, senum. Pauci familiares suos ex flammis servare parant, multi in agros festinant, omnes timor turbat. Latrones[2] turpes autem ex tabernis omnia raptant. Non mirum, si vigilibus[3] fortibus difficile est incendium grave arcere.
Sexto[4] die finis incendii erat. Nondum remeaverat[5] levis spes: Iterum ignis miseros terruit et templa antiqua et porticus celebres delevit.
Haec nunc est Roma, caput orbis terrarum: domus semiustae[6], cadavera[7] turpia, ubique vultus tristes. Vale!

Ü a) *Bilde die Tempusreihe:* parent – servant – sunt.

b) Hortus (celeber et singularis)
porticus (celeber et singularis)
artificium (celeber et singularis)
Setze die Wortverbindungen jeweils in den Nominativ und Ablativ Singular sowie in den Nominativ und Genitiv Plural.

c) *Bestimme:* cordis, hortis, mortis, portis; levas, leves (2), leve, levi, levo, leva, levia; gravi, grati; omnibus, oneribus, operibus; turri, turba (4), turpia.

---

[1] *somnium, -ī* der Traum [2] *latrō, -ōnis* m. der Räuber
[3] *vigil, vigilis* der Wächter, der Feuerwehrmann [4] *sextus, a, um* der sechste
[5] *remeāre* zurückkehren [6] *sēmiustus, a, um* halbverbrannt
[7] *cadāver, -eris* n. die Leiche (von Tieren)

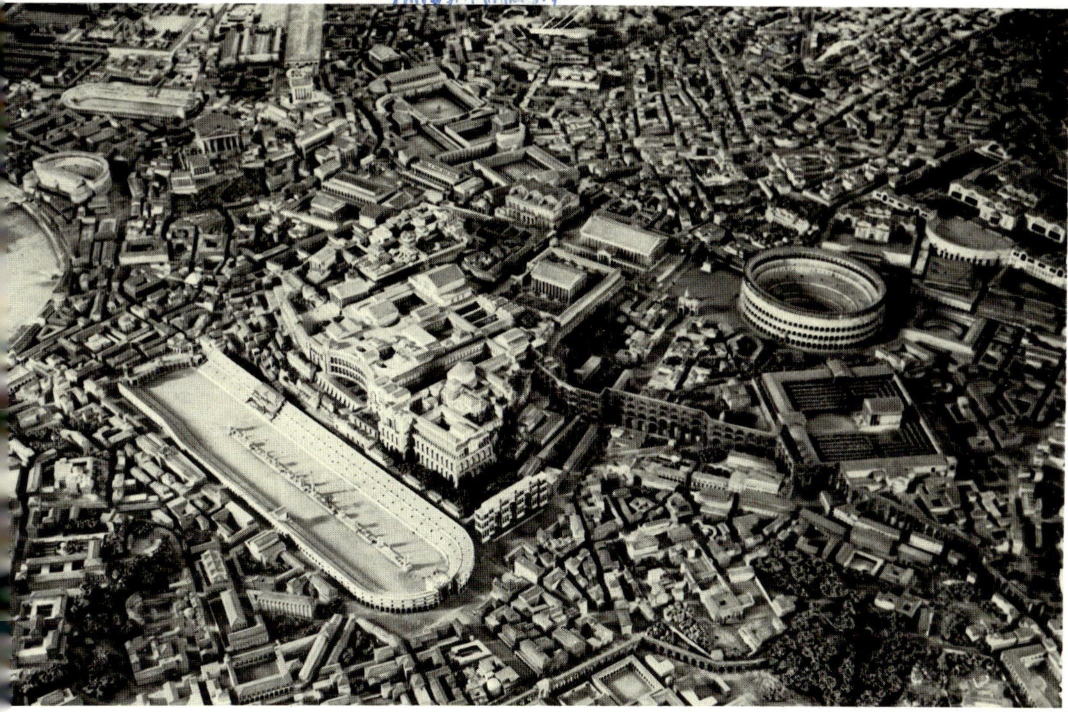

Das eng bebaute Stadtzentrum des antiken Rom. Rekonstruktion.

d) *Übersetze:* 1. Es ist die Aufgabe aller Bürger sich um den Frieden zu kümmern (den Frieden zu besorgen). 2. Jeder Krieg ist voll schwerer Gefahren. 3. Den Krieg zu entfesseln (erregen) ist leicht; den Frieden zu erneuern ist schwer. 4. Es ist eine schwere Last den Staat zu verwalten.
5. Anfangs war es im römischen Staat die Aufgabe der Patrizier sich um° das Wohl (Akk.) aller Bürger zu kümmern (zu besorgen). 6. Sie erfüllten *(explēre)* ihre Pflichten mit einzigartiger Tüchtigkeit; schimpfliche Laster, wie z. B. Habgier und Hochmut, mieden sie. 7. Unter (zwischen) den jungen Männern war der Eifer (Wettstreit) nach° (Gen.) Ehre und Ruhm groß. 8. Berühmte Dichter lobten die Tüchtigkeit der Vorfahren; Pflichtbewusstsein und Treue standen (waren) in Ehren (Sing.). 9. Später aber strebten sie – voll schändlicher Habgier – nach° (Dat.) Reichtum und Vergnügungen.

e) *Suche auf der Abbildung den Circus Maximus, den Palatin, das Colosseum, das Kapitol, das Forum Romanum und den Tiber.*

S Feuerwehr in Rom

Welch verheerende Folgen schon kleinere Brände haben konnten, kann man sich leicht vorstellen, wenn man an die engen Gassen römischer Städte denkt.

Schon in früher Zeit hatten die Konsuln die Pflicht bei größeren Bränden zu erscheinen; damit war aber wenig gedient. Daher nahm sich Augustus der Sache an: Er stellte sieben Feuerwehrmannschaften auf, jede 1000 Mann stark. Die sieben Stationen waren Tag und Nacht besetzt. An der Spitze der sieben Mannschaften stand der Feuerwehrkommandant *(praefectus vigilum)*. Reiche Leute leisteten sich eine Privatfeuerwehr, die aus Sklaven gebildet war.

Auch in jeder Provinzstadt gab es natürlich eine Feuerwehr, *collēgium fabrōrum* genannt.

56 Adjektive der 3. Deklination: Zweiendige Adjektive (II)

L Wer war der Brandstifter?

Einige Tage nach dem Brand hat Markus auf dem Forum folgendes Gespräch gehört:

Senex: O di[1] immortales, magna est vestra vis. Singulari calamitate Romam, caput orbis terrarum, vexavistis. Et insulae turpes et domus nobilium et aedes immortalium deflagraverunt[2]. Quid tantae calamitati simile est?

Iuvenis: Dei immortales incendii auctores non sunt.

Senex: Quid?

Iuvenis: Fama paene in omnium ore est: Non casu, non voluntate immortalium, sed principis iussu incendium grave ortum[3] est.

Mendicus[4]*:* St! Ubique delatores[5]!

Nach längerem Schweigen:

Senex: Estne causa, cur princeps urbem inflammaverit?

Iuvenis: Iam diu Nero optaverat, ut urbem aedificiis singularibus ornaret; sed insulae obstabant. Itaque incendium consilio principis utile erat. Praeterea luxuria[6] Neronis omnibus nota est. Laetus, ut multi narrant, e sede sua ignem gravem spectavit. Nonnulli viderunt, quanto studio inter urbis incendium de incendio Troiae cantaret.

Senex: Quanta est Neronis dementia[6]! Artibus studet, non saluti communi; res civiles et rem militarem ignorat. Dei deleant principem levem, principem turpem!

Ü

a) *Bilde die Tempusreihe:* vident – dant.

b) Die Vorsilbe *in-* bezeichnet bei Adjektiven meist das Gegenteil.
Stelle alle bereits gelernten Adjektive mit dieser Vorsilbe zusammen.

c) *Gib das Gegenteil an zu* facilis, gravis, vivus *(lebend)*, mortalis, similis, omnis, tristis, brevis, falsus.

---

d) *Vergleiche:*

utilis	nützlich	utili-tas	der Nutzen
nobilis	adelig, vornehm	nobili-tas	der Adel, die Vornehmheit

Bilde dementsprechend Substantive zu familiaris, gravis, levis, brevis, mortalis, immortalis.

Übersetze die Substantive.

---

[1] *dī = deī* [2] *dēflagrāre* abbrennen [3] *ortus, a, um* entstanden [4] *mendīcus, -ī* der Bettler
[5] *dēlātor, -ōris* der Spitzel [6] *dēmentia, -ae* Verrücktheit

Nero. Münzbild.

Der Text lautet:
NERO CLAUDIUS CAESAR
AUG(ustus) GERM(manicus)
P(ontifex) M(aximus)
TR(ibunicia) P(otestate)
P(ater) P(atriae)

e) *Ergänze:* 1. Viri bon_ etiam calamitatem grav_ animo firmo tolerabunt. 2. Mors omn_ aetati commun_ est. 3. Deus mortal_ vitam brev_ dedit. 4. Mors somno (somnus *der Schlaf)* simil_ est. 5. Viri grav_ saluti commun_ studeant!

f) *Übersetze:* 1. In alten Zeiten verwalteten nur° vornehme Männer den römischen Staat. 2. Mit hervorragender Tüchtigkeit haben sie das allgemeine Wohl auch im Krieg geschützt (bewahrt). 3. Es war sogar Aufgabe der Beamten den unsterblichen Göttern zu opfern. 4. Die Beamten waren also *(ergō)* strenge Richter, tapfere Feldherren und° fromme Priester der unsterblichen Götter. 5. Viele dienten (gaben sich) dem Staat bis ins hohe (große) Alter.
6. Als (!) sich aber die Beamten mehr um° (Dat.) Reichtum und Luxus bemühten als um° (Dat.) das gemeinsame Wohl und die öffentlichen Belange (Dinge), war der Staat in großer Gefahr. 7. Dies war der Anfang des Verfalls (Falls) des römischen Staates. 8. Schlecht war die Habgier einiger Kaiser. 9. Nero kümmerte sich (besorgte) nicht um° die Politik (den Staat) und das allgemeine Wohl. 10. Auch um° (Dat.) das Kriegswesen bemühte er sich nicht.

g) Natürlich haben sich auch lateinische Adjektive in den „Tochtersprachen" Italienisch, Französisch und Englisch erhalten:

Italienisch:	nobile,	grave,	facile,	difficile,	mortale,	civile,	forte.
Französisch:	noble,	grave,	facile,	difficile,	mortel,	civil,	fort.
Englisch:	noble,	grave,	facil,	difficult,	mortal,	civil,	force *(Kraft)*.

S Erkläre und lerne die folgenden Sätze auswendig.

Der römische Dichter Horaz schreibt:

NIL[1] SINE MAGNO VITA LABORE DEDIT MORTALIBUS.

Von einem griechischen Philosophen stammt der Satz:

OMNIA MEA MECUM PORTO.

Ähnlich denkt der Fabeldichter Phaedrus:

HOMO DOCTUS[2] IN SE SEMPER DIVITIAS HABET.

---

[1] *nīl = nihil* [2] *doctus, a, um* gelehrt

57 Adjektive der 3. Deklination: Einendige Adjektive

E

1. Imperātor Nerō pot**ēns** erat.
2. Etiam cohors praetōria[1] pot**ēns** erat.
3. Pot**ēns** erat rēgnum Persārum.
4. Nerōnis dominātiō fēl**īx** nōn erat; animō ferō**cī** multōs necāvit.

L

Eine Christenverfolgung

Ein Bekannter erzählt der Familie von fürchterlichen Zirkusspielen, bei denen Christen getötet wurden.

Post incendium ingens Nero Christianos accusaverat. Cum iudices ingentem multitudinem damnavissent, princeps imperavit, ut Christiani in circo efflarent[2]. Ingenti clamore turba ferox in circo principem salutavit. Tum manus Christianorum arenam intrat. Subito tauri feroces in arena sunt. Bestiae ferae miseros vi vehementi per arenam iactant.

Ad sinistram vir audax admirationem turbae excitavit: Leoni[3] firmo sine timore appropinquavit. Statim corpus sanguine rubrum est. Vir durus verba atrocia vocat: „In omni nusquam corpore corpus est[4].“ Vespere princeps potentia sua iniusta imperavit, ut ministri ingens agmen Christianorum ad palos[5] ligarent[6] et corpora inflammarent.
Haec spectacula sunt ferocia et turpia. Simus memores verborum Senecae, viri sapientis et prudentis: „Nihil tam periculosum bonis moribus quam in spectaculo sedere.“

Ü

a) *Setze zu den Substantiven* animus, inopia, verbum *jeweils die Adjektive* acer, gravis, vehemens.

b) *Bilde die Tempusreihe:* stant – terrent – delent.

c) *Füge zu den Substantiven jeweils das passende Adjektiv:*
bestiae *(Nom. Pl.)*, bella, famam, sine militibus, munus, cum poeta, regno, tempestate, numerus mercatorum;
atrox, audax, difficilis, ferox, potens, prudens, sapiens, turpis, vehemens.

---

[1] *cohors praetōria* die Praetorianer-Kohorte (die Leibwache des Kaisers)
[2] *efflāre* (die Seele) aushauchen, sterben [3] *leō, -ōnis* m. der Löwe
[4] „Am ganzen Körper ist nirgends mehr (die Spur von einem) Körper (zu sehen).“
[5] *pālus, -ī* der Pfahl [6] *ligāre* anbinden

d) *Übersetze:* 1. Alle Bürgerkriege sind eine Schande (schändlich). 2. Durch viele Jahre hindurch beunruhigten Bürgerkriege die Menschen Italiens. 3. Mächtige Anführer kämpften um *(dē)* die Vorherrschaft. 4. Sie eroberten glückliche Städte und schleppten ungeheure Beute weg. 5. Recht und Gesetze waren diesen Leuten fremd (Neutr. Pl.).

6. Endlich erneuerten (Perf.) weise und kluge Männer den Frieden. 7. Sie besiegten (Perf.) die wilden Horden (Scharen) und brachten (gaben) Italien Ruhe und Frieden. 8. Aufgabe kluger und weiser Männer ist es für° Frieden (Akk.) zu sorgen. 9. An° die Taten (Gen.) weiser Männer werden wir stets denken.

e) *Ergänze:* 1. Persae antiqui erant equites audac_. 2. Ex[1] equis celer_ bestias agitabant. 3. Interdum ingent_ numerum bestiarum feroc_ necabant. 4. Animo audac_ labores grav_ tolerabant.

f) *Was ist an der Wortstellung auffällig:* In omni nusquam corpore corpus est.

S Christenverfolgungen

Innerhalb kurzer Zeit hatten sich überall im römischen Reich christliche Gemeinden gebildet. Ungehindert durften sie ihre Religion ausüben. Kaiser Nero hatte zwar die Christen von Rom verfolgt, aber die anderen Gemeinden waren davon nicht betroffen. Erst später kam es zu schweren Verfolgungen im ganzen Reich, und zwar aus folgendem Grund: Der Kaiser ließ sich als Gott verehren und forderte von seinen Untertanen ihm Weihrauchopfer darzubringen. Dadurch sollten die Bürger ihre Treue zum Staat unter Beweis stellen. Auf Grund ihres Glaubens aber mussten die Christen das Opfer verweigern. Für den römischen Staat galten sie daher als Verräter und Staatsfeinde.

Und so ging es bei einem Prozess gegen Christen in der Provinz Afrika im Jahre 180 zu:

Prokonsul: Kehrt zum rechten römischen Glauben zurück und ihr werdet begnadigt!
Cittinus (ein Christ): Wir fürchten nur unseren Herrn im Himmel.
Donata (eine Christin): Wir ehren den Kaiser, Gott aber fürchten wir.
Vestia (eine Christin): Ich bin eine Christin.
Prokonsul: Gebt eueren Wahnsinn auf! – Wollt ihr Bedenkzeit?
Speratus (ein Christ): Hier gibt es nichts zu bedenken.

Der Prokonsul verliest von einer Tafel das Urteil:
Speratus, Cittinus, Donata und Vestia haben gestanden nach der christlichen Religion zu leben. Sie sollen mit dem Schwerte hingerichtet werden, weil sie bei ihrem Glauben geblieben sind.

---

[1] *ex* hier: von ... aus, auf

Der Fisch war ein Geheimzeichen für die Zugehörigkeit zur christlichen Glaubensgemeinschaft. Das griechische Wort für Fisch heißt ICHTHYS. Hinter diesem Wort verbergen sich die Anfangsbuchstaben des folgenden Glaubensbekenntnisses:

Iēsū́s **Chr**īstós **Th**eū́ (Gottes) **Y**iós (Sohn) **S**ōtḗr (Retter)

58 Das Partizip Präsens

E 1. Mercātor in agrīs errat.
2. Mercātor err**āns** agricolam ōrat, ut sibi *(ihm)* viam mōnstret.
3. Agricola mercātōrī err**antī** viam mōnstrat.
4. Cum mercātōre erran**te** urbī appropinquat.

5. Mercātor agricolae viam mōnstrantī grātus est.
6. Mercātōrem vīcum intrantem mulierēs et līberī salūtant.

L Ein furchtbares Erdbeben

Decimus, ein Bekannter des Vaters, ist Beamter in der Provinz Asia. In einem Brief berichtet er von einem Erdbeben.

Decimus Publio salutem.
Epistula brevi tibi narro, quanta calamitate dei urbem florentem provinciae vexaverint.
Circa meridiem vehemens tremor[1] terrae nos omnes terruit. Statim homines ex domibus nutantibus[2] properant et cursu celeri itinera angusta per-volant. Ubique liberi clamantes, mulieres flentes, viri errantes; omnes periculum instans vitare student. Multi deos implorant, multi mortem exspectant.

Iterum ingens tremor[1] nos terruit. Cum viro forti per vicos festinavi, ut dubitantes monerem: „Servate vos ex periculo vobis instante! Repudiate verba senum de salute desperantium! Civibus autem verba mea repudiantibus mors certa est.“
Tandem maxima pars civium extra[3] moenia erat.
Nocte autem ingens tremor[1] omnes turbavit: Domus, templa, porticus ruerunt[4]. Statim clamor hominum desperantium totam regionem complevit. Prima luce urbem iacentem intravimus.
Nunc tristia narravi. Huius calamitatis semper memor ero. Vale!

Ü a) *Dekliniere:* puer flens et clamans.

b) *Setze ein:* cum viro ... *(mahnend, klug, frei, irrend, weise, hoffend, unglücklich, bittend, lachend).*

c) Feminae orantes aedi Iovis appropinquant.

1. *Von wie vielen Tätigkeiten ist in diesem Satz die Rede?*
2. *Mit welchen Verbformen sind diese Tätigkeiten ausgedrückt?*
3. *Welcher Satzteil ist* orantes?

---

[1] *tremor, -ōris* das Zittern, Beben [2] *nūtāre* schwanken
[3] *extrā* (Präp. mit Akk.) außerhalb [4] *ruērunt* sie sind eingestürzt

Erdbeben. Nachzeichnung eines Reliefs auf einem Altar in Pompeji.

d) *Erkläre folgende Fremdwörter:* Student, Dozent, Ignorant, Demonstrant, Laborant, Mandant, tolerant.

Von welchen lateinischen Formen sind diese Wörter abgeleitet?

e) *Ergänze die richtige Partizipform und übersetze die Ausdrücke:*

servi summa industria dominum (delectare), domina servo (imperare), aves in arborem (volare), dona filium (delectare), vox poetae carmina pulchra (recitare), cum militibus bene acie (pugnare), cum duce milites (monere).

f) *Übersetze die Partizipien mit Relativsatz:*

1. Veniam demus amico erranti. 2. Quis de Ulixe per maria errante narravit? 3. Scriptores Italiam celebrantes imprimis Romam laudant. 4. Viri civibus imperantes iusti sunto. 5. Virum multa de rebus caelestibus[1] disputantem Diogenes rogavit: „Quando de caelo venisti[2]?" 6. Diogenes lucernam[3] manu tenens meridie in foro ambulavit. Civibus rogantibus, quid in animo haberet, nuntiavit: „Quaero[4] hominem."

g) *Übersetze:* 1. Eine große Menge schreiender Menschen eilte aus der Stadt. 2. In° schnellem Lauf (Abl.) rannten (eilten, Perf.) sie aus den schwankenden *(nūtāre)* Gebäuden. 3. In den Gassen der Stadt irrten (Perf.) weinende Frauen und Kinder. 4. Auch betende alte Männer habe ich auf der Straße gesehen. 5. Herbeieilende[5] Schiffe retteten (Perf.) einige Unglückliche aus der nahenden Gefahr. 6. Wer wird die Not der Verzweifelnden lindern?

S Was besagt folgende römische Sentenz:

SUMMUM IUS SUMMA INIURIA.

Grundlage jeglicher Rechtsprechung muss sein:

NULLUM CRIMEN SINE LEGE.

Deute den Vers des Dichters Martial:

FORTUNA MULTIS DAT NIMIS[6], SATIS NULLI.

---

[1] *caelestis, e* himmlisch [2] *vēnī* ich bin gekommen [3] *lucerna, -ae* die Laterne
[4] *quaerō* ich suche [5] *advolāre* herbeieilen [6] *nimis* zu viel

59 Adjektive der 3. Deklination: Konsonantenstämme

E
1. Vīnum **vetus** bonum est.
2. Vīnō veter**e** vīrēs firmāmus.
3. Vīna veter**a** amāmus.
4. Magna cōpia vīnōrum veter**um** in domibus Rōmānōrum dīvit**um** erat.

L Besuch beim Dichter Martial

Markus hat einen Freund der Familie, den Dichter Martial, besucht. Dieser ist vor kurzem erst nach Rom übersiedelt und wohnt in einer ‚insula'. Markus erzählt von seinem Besuch:

Itinera sunt angusta et hominum pauperum plena. Mercatores clamitant[1] res varias: alii vasa, alii vina vetera, alii libros scriptorum et veterum et recentium. Inter domos sunt tabernae nigrae veteresque. Tandem cellam[2] pauperem Martialis intro. Poeta narrat:

„Nos omnes pauperes sumus. Viro pauperi nec toga nec canis est nec lectus[3]. Multi pauperes opes et divitias desiderant. Ego autem contentus essem, si in insulis quies esset; sed undique clamor turbae. Negant[4] vitam ludi magistri mane[5], nocte pistores[6]. Prima luce ludi magistrum vitupero[7]: ‚Invisum pueris virginibusque caput!' "

Subito clamor: Tabernae veteres corruerunt[8]. Pauperes clamant: „Divitibus licet villas in urbium modum aedificare, nos pauperes in cellis[2] veteribus habitamus; nam opes et divitiae nobis non sunt."
Tandem dominus dives appropinquat et magna voce clamat: „Quid fletis? Quid clamatis? Haec est nostra omnium sors. Quis curis liber est?"
Statim mulier: „Ita non est. Pauper ubique iacet, ut Ovidius poeta nos docet."

Ü
a) *Dekliniere:* turris magna et vetus; mercator, vir prudens et dives; moenia vetera *(nur Pl.!)*.

b) *Setze die Adjektive* dives, vetus, pauper *sinnvoll ein:* 1. Romanis ... multi agri erant. 2. Artificia ... domos ... ornabant. 3. ... rem publicam administrabant. 4. Magna multitudo Romanorum ... in insulis ... habitabat. 5. Nonne sors et ... et ... communis est?

---

[1] *clāmitāre* anpreisen [2] *cella, -ae* hier: die Kammer [3] *lectus, -ī* das Bett
[4] *negāre* hier: schlecht machen, verderben [5] *māne* in der Frühe
[6] *pistor, -ōris* der Bäcker [7] *vituperāre* tadeln [8] *corruērunt* sie sind eingestürzt

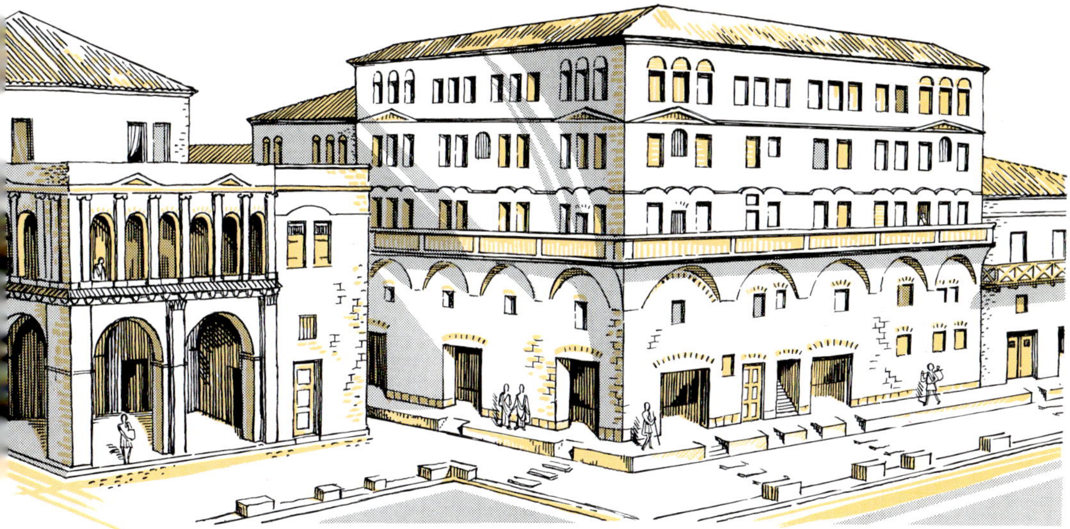

Römische Mietshäuser in Ostia. Rekonstruktion.

c) *Du kennst verschiedene Wörter mit der Bedeutung ‚alt' und ‚arm'. Übersetze und versuche die Bedeutungsunterschiede zu ermitteln:*

1. Hostes consulem senem necaverunt. 2. Cives morem veterem semper servent! 3. In Graecia reliquiae templorum antiquorum adhuc admirationem nostram excitant. 4. Homo dives homini pauperi beneficia non dedit. 5. Levemus dolorem mulieris miserae auxilio nostro!

d) *Übersetze:* 1. Poetam oramus, ut nos visitet. 2. Poeta nobis librum suum donat, ut nos delectet. 3. Tanta est laetitia *(Freude)*, ut statim libro nos demus.

Welcher der ut-Sätze gibt die Absicht, welcher eine Bitte, welcher eine Folge an?

e) *Übersetze:* 1. Die Reichen hatten in der Stadt Rom viele Häuser. 2. Viele Arme wohnten in alten und hässlichen Wohnblöcken. 3. Die Reichen ließen° weder die Mauern noch die Dächer der alten Wohnblöcke erneuern (Perf.). 4. Daher war es manchmal gefährlich in einem alten Haus zu wohnen. 5. Auch Cicero hat alte Häuser vermietet *(locāre)*. Er gehörte nämlich zu den reichen Römern (... war ... in der Zahl der ...). 6. Manchmal erwartet ein armer Mensch von einem reichen Mann vergeblich eine Wohltat.

f) *Bilde die Tempusreihe:* sto – fleo – taceo.

S Mietshäuser im alten Rom

Wie in jeder modernen Stadt, so gab es auch im antiken Rom verschiedenartige Stadtviertel. Von der Pracht des Forums und des Kapitols und von den Villen der Reichen war schon oft die Rede. Aber wo wohnte die große Masse, die *plēbs*?

In der *Subūra*, in der Nähe des *Circus Maximus* sowie jenseits des Tibers (*trans Tiberim;* heute heißt dieses Stadtviertel Roms noch so: *Trastevere*) befanden sich die Viertel der Handwerker, Kleinhändler und Arbeiter. Sie wohnten entweder in mehrstöckigen Mietshäusern oder heruntergekommenen Baracken.

Und so sah es in den Mietshäusern aus: Fenster zur Straße (im Gegensatz zur Villa), keine Wasserleitungen, kleine Wohnräume – düster auch bei Tag, mitunter drohende Einsturzgefahr. Dazu kam der ungeheure Lärm im Haus und von der Straße.

60 Zahlwörter (1 bis 10)

E 1. Apud Rōmānōs veterēs Mārtius erat **prīmus** mēnsis,
Aprīlis erat **secundus**,
Māius erat **tertius**,
Iūnius erat **quartus**.
Posteā **quīntum** mēnsem ā[1] C. Iūliō Caesare, **sextum** ab[1] imperātōre Augustō nōmināvērunt.

2. Nātūra nōn omnia **ūnī** dedit.
3. Nātūra hominem **duābus** virtūtibus[2] ōrnāvit: ratiōne et ōrātiōne.
4. **Trēs** partēs orbis terrārum antīquīs temporibus nōtae erant, posteā **quattuor**, deinde **quīnque**. Hodiē **sex** partēs orbis nōtae sunt.

L Der Tagesablauf eines Schriftstellers

Der Vater hat einen Brief bekommen. Darin schreibt ein befreundeter Schriftsteller über seinen Tagesablauf. Der Vater liest vor:

Evigilo[3] plerumque circa horam primam. Tertia hora notarium[4] voco et dicto. Hora quarta vel quinta in horto vel in porticu ambulo; ibi reliqua cogito et dicto. Etiam in curru sedens litteris studeo.
Circa septimam horam quieti me do. Octava hora iterum paulum ambulo; tum orationem Graecam vel Latinam magna voce recito, ut hac ratione vocem et stomachum[5] firmem. Nona hora corpus exerceo.

Post decimam horam cum uxore vel paucis amicis cenamus; inter cenam servus ex libro recitat. Tum cum servis et libertis ambulo. Ita variis sermonibus usque ad noctem nos delectamus. Hic est ordo unius diei.
Praestat[6], ut videtis, tres vel quattuor horas litteris studere quam per septem vel octo horas in conviviis esse vel in foro orationes habere. Nihil magis desidero quam vitam privatam.

Ü a) *Was fällt dir an folgenden römischen Namen auf?*
Einer der Mörder Caesars: Decimus Brutus
Ein römischer Dichter: Sextus Propertius
Ciceros Bruder: Quintus Tullius Cicero

---

[1] *ā, ab* (Abl.)hier: nach [2] *virtūtēs* hier: die Vorzüge [3] *ēvigilāre* aufwachen
[4] *notārius, -ī* der Schreiber, Stenograph [5] *stómachus, -ī* der Magen (man glaubte, durch lautes Vortragen würden Magenbeschwerden behoben) [6] *praestat* ... *quam* es ist besser ... als

b) *Übersetze:* 1. Der erste der römischen Könige war Romulus, der zweite Numa Pompilius, der siebte Tarquinius Superbus. 2. Der erste König erbaute (Perf.) die Stadt, der zweite gab (Perf.) den Bürgern Gesetze und Gesittung (Bräuche), den siebten vertrieben (*fugāre*, Perf.) die Römer, weil er das Volk mit schlimmen (schweren) Ungerechtigkeiten plagte (quälte). 3. Der erste Konsul des römischen Volkes war, wie die Römer glaubten, Brutus.

4. Die römischen Könige hatten nur° eine Legion. 5. Später gab es (waren) zwei Legionen. 6. Als (!) aber die Gallier in heftigem Ansturm die Stadt angriffen, befehligten (befahlen) die Beamten vier Legionen (Dat.). 7. Als (!) Caesar Gallien besetzte, standen (waren) dort vier Legionen. Zuletzt standen (waren) acht Legionen unter Caesars Befehl. 8. Die Kohorte war der 10. Teil der Legion, die Centurie *(centuria)* der sechste Teil einer Kohorte.

c) Septem et tria sunt decem.

Das haben die Römer rechnerisch so geschrieben: X (= Summa)
III
VII

Schreibe folgende Rechnungen in lateinischen Worten:

VIII	IX	V	VII	II
IV	III	III	I	I
IV	VI	II	VI	I

d) *Unterscheide:*

Quinque horas in convivio fui. – Quinta hora orationem habui.

Was gibt der Akkusativ, was der Ablativ an?

Übersetze unter Beachtung dieses Unterschiedes: 1. Tres dies in urbe negotia curavi. 2. Quarto die, ut vitam urbanam vitarem, in villam rusticam festinavi. 3. Ibi prima hora servus me e somno (somnus, -i *der Schlaf*) excitat. 4. Tum duas horas litteris studeo. 5. Septem dies otio me dabo. 6. Octavo die in foro orationem habebo.

e) Zählen wir bis „zehn" in

Italienisch: uno, due, tre, quattro, cinque, sei, sette, otto, nove, dieci;
Französisch: un, deux, trois, quatre, cinq, six, sept, huit, neuf, dix;
Spanisch: uno, dos, tres, cuatro, cinco, seis, siete, ocho, nueve, diez.

Welche der drei Sprachen steht der lateinischen „Mutter" am nächsten?

S Zeiteinteilung und Uhren in Rom

Die Zeiteinheit Stunde (60 Minuten) kannten die Römer nicht. Als Tag bezeichneten sie die Zeit zwischen Sonnenaufgang und Sonnenuntergang und unterteilten sie in zwölf Stunden *(hōrae)*. Im Sommer waren also die Stunden länger als im Winter. Die *prīma hōra* begann mit dem Sonnenaufgang, die *sexta hōra* war die Mittagszeit.

Zwei Arten von Uhren gab es: die Sonnenuhr und die Wasseruhr. Die Sonnenuhren entsprachen denen, die du gelegentlich auch heute noch an älteren Gebäuden sehen kannst; bei den Wasseruhren lief das Wasser in einer bestimmten Zeit aus einem Behälter in einen anderen (vgl. unsere Sanduhr). Wie wenig genau die Uhren gingen, zeigt der Satz des Philosophen Seneca: „Eher stimmen die Philosophen überein als die Uhren."

Das Jahr war in zwölf Monate unterteilt. In früher Zeit begann das Jahr am 1. März (daher ist der September der 7. Monat), später am 1. Januar. Freilich wurden nach Veränderung des Jahresbeginns die Monatsnamen beibehalten.

W 1 Claudia ist erkrankt *(nach Lektion 8)*

Curae Publium et Tulliam terrent, nam filia non valet[1]. Mater Claudiam curat et filiae cenam parat. Serva Claudiae fabulas narrat, sed fabulae Claudiam non delectant. Tacet et flet. Marcus rogat: „Quid est? Cur fles?" Sed Claudia tacet. Tum pater servo imperat: „Nunc medicum[2] vocas!" Servus medico morbum[3] nuntiat. Medicus puellam statim visitat. Nunc amicae avum vident et rogant: „Ubi est Claudia? Amicam non iam videmus. Claudiam desideramus." Avus amicis explicat: „Frustra[4] puellam exspectatis. Non valet. Iam medicus villae appropinquat."

Pater medicum salutat. Medicus villam intrat et filiam salutat. Tum oculos spectat et puellae medicinam[5] dat. Medicina Claudiam terret, puella aquam desiderat. Medicus puellam monet: „Ego te curo, medicina te sanat[6]." Tum Claudia medico paret. Medicina familiam curis[7] liberat. Mox[8] puella valet et ridet. Fabulae et ludi nunc Claudiam delectant. Non iam flet. Publius et Tullia medicum laudant. Medico gratiam et pecuniam debent.

---

[1] *valeō* ich bin gesund [2] *medicus, -ī* der Arzt [3] *morbus, -ī* die Krankheit
[4] *frūstrā* vergeblich [5] *medicīna, -ae* die Medizin [6] *sānō* ich heile *(Sanitäter)*
[7] *cūrīs* von den Sorgen [8] *mox* bald

W 2 Ein Freund schreibt an Markus *(nach Lektion 16)*

Salve, amice! Valesne? Ego valeo. Iam diu conviva avi boni sum. Villam antiquam avi valde amo. Hic curae malae me non vexant, ludum non video, magistri superbi me non incitant, libros non specto. Natura terrae, campi lati, hortus novus oculos recreant[1]. Liberi vicinorum[2], pueri et puellae, saepe me visitant. Multis ludis nos damus, clamamus, ridemus.

Etiam magnas silvas et agros pererramus[3], operam et vitam agricolarum spectamus. Interdum agricolae (rustici) orant: „Vos oramus, Silvane et Faune, patronos et deos silvarum et camporum, liberate nos periculis, servate agros, equos, vaccas[4]!"

Cum[5] vesper appropinquat, cuncti villam intrant et otio iucundo se dant. Servae cena bona, cibis variis, vino rustico familiam delectant. Tum avus fabulas antiquas narrat. Servi artificia clara et magna templa Graeciae, patriae servorum, laudant. Cur me non visitas? Te desidero et exspecto. Vale!

---

[1] *recreō* ich erfrische [2] *vicīnī* die Nachbarn [3] *pererrō* ich durchstreife
[4] *vacca* die Kuh [5] *cum* hier: wenn

W 3 Vom Leben einst und heute *(nach Lektion 23)*

Magister pueris et puellis de saeculo aureo[1] et de incolis[2] antiquis terrae narrat: „Vita humana quasi[3] vita deorum erat, semper plena erat otii et gaudii. Terra agricolis cuncta bona per se dabat. Viri non laborabant, donis terrae contenti erant. Avaritia auri[4] et divitiarum[4] animos non turbabat[5]. Incolae[2] terrae pericula mala bellorum ignorabant. Orcum[6] non videbant."
Tum pueri non iam tacent: „Desideramus statim cum multis amicis in terram miram properare et incolas[2] contentos videre. Ibi in otio habitabimus, per totum annum non laborabimus, nos semper cibis et vino complebimus. Vitam sine opera desideramus." Cuncti rident et clamant.
Sed magister: „Tacete! Olim[7] dei cuncta sine industria dabant. Nunc autem cuncti laborare debemus."

---

[1] *saeculum aureum* das goldene Zeitalter [2] *incola, -ae* der Bewohner [3] *quasi* ungefähr wie
[4] Übersetze den Genitiv mit „nach"! [5] *turbāre* verwirren, stören
[6] *Orcus, -ī* die Unterwelt, das Totenreich [7] *ōlim* einst

W 4 Ein treuloser Lehrer *(nach Lektion 29)*

Apud Faliscos[1] servus Graecus ludi magister erat. Saepe extra[2] muros ludum habebat liberosque exercebat[3].
Tum Faliscis bellum acerbum cum Romanis erat. Copiae Romanorum iam oppidum oppugnabant[4]. Tamen magister cum liberis ante portas ambulabat; pericula belli non timebant.
Sed subito servus malus castris Romanis appropinquat et liberis imperat, ut intrent. Iam mediis in castris sunt. Magister praefectum[5] Romanorum salutat: „Salve! Vos iam diu cum Faliscis pugnatis. Nunc ego vobis dolo victoriam parabo: nam servus Graecus sum et odium in Faliscos habeo. Hic vobis filios incolarum[6] mando. Sic victoriam certam habebitis. Utinam consilio meo pareatis!"
Sed Camillus praefectus[5] verbis asperis magistrum rogat: „Quid in animo habes, serve? Tu non es vir bonus. Consilium tuum foedum non probo. Nos arma habemus contra viros, non contra liberos. Romani victorias semper gladiis debebant[7]. Etiam nunc Faliscos non dolo, sed armis superabimus. Numquam tecum in amicitia erimus. Poenas[8] duras dabis." Statim ministris firmis imperat, ut magistrum vinculis ligent[9]. Pueris autem virgas[10] dat, ut servum in oppidum agitent[11].

---

[1] *Faliscī, -ōrum* die Falisker, Bewohner der Stadt Falerii in Etrurien
[2] *extrā* (Akk.) außerhalb [3] *exercēre* üben, beschäftigen [4] *oppūgnāre* bestürmen, angreifen
[5] *praefectus, -ī* der Befehlshaber (Präfekt) [6] *incola, -ae* der Bewohner
[7] *dēbēre* hier: verdanken [8] *poenās dare* Strafe erleiden, bestraft werden
[9] *ligāre* binden [10] *virga, -ae* die Rute [11] *agitāre* treiben

W 5 Ein unheimliches Haus *(nach Lektion 35)*

Vir honestus domum antiquam habuit. Ibi larva[1] habitabat. Magno tumultu et vultu foedo cunctos incolas[2] terrebat et fugabat[3]. Philosophus[4] autem quidam[5] larvam fugare studebat et dominum domus oravit: „Utinam mihi die festo lectum[6] in domo tua colloces!“ Dominus autem philosophum[4] monuit, ut domum et conspectum larvae vitaret. Philosophus consilio non paruit, sed vespere sine metu domum intravit.

Post paucas horas larva[1] apparuit[7]. Primo conspectus larvae philosophum terruit. Tum autem verbis firmis larvam a se prohibuit, deinde magnis passibus in angulum[8] domus agitavit. Nunc larva: „Si animam[9] meam liberares, tibi gratiam deberem!“ Subito philosophus larvam non iam spectavit; solus fuit.

Mane[10] ad dominum domus properavit: „Pervestigemus[11] domum! Nam desidero locum videre, ubi larva se occultet[12].“ Magno metu dominus consilium probavit. Tandem[13] sub solo domus membra[14] putida viri ignoti spectaverunt. Deinde philosophus et dominus membra sub terra horti humaverunt[15]. Tum larva non iam apparuit, domus libera fuit.

---

1 *larva, -ae* das Gespenst 2 *incola, -ae* der Bewohner 3 *fugāre* vertreiben
4 *philósophus, -ī* der Philosoph 5 *quīdam* ein (gewisser) 6 *lectus, -ī* das Bett
7 *ap-pārēre* erscheinen 8 *angulus, -ī* der Winkel 9 *anima, -ae* die Seele
10 *māne* morgens 11 *pervestigāre* untersuchen 12 im Deutschen Indikativ
13 *tandem* endlich 14 *membrum pūtidum* das verfaulte Körperglied 15 *humāre* bestatten

W 6 Fast unglaubliche Geschichten von Löwen und Panthern *(nach Lektion 42)*

Nauta quidam[1] in ora Africae ambulabat. Cum leonem[2] firmum spectaret, ad arborem altam properavit, ut se ex pernicie servaret. Cum sine spe in arbore sederet, Iovem patrem imploravit; nam tum imprimis religionis locus est, cum spei locus non est. Condicio nautae misera erat: Sub arbore leo erat.

Subito nauta: „Ecce[3] ossiculum[4] in ore est; magni dolores leonem[2] vexant. Bestia, etiam si antea magno ore me terruit, nunc auxilium a me impetrare studet. Me non necabit, ut puto.“ Statim nauta, quia summa magnitudine animi erat, leonem doloribus liberavit.

Mercator quidam[1] in regione aspera a via recta ab-erraverat. Subito in itinere angusto pantheram[5] spectavit. Cum bestiam videret, cursu a-volavit, ut periculum vitaret. Sed fera ad-volavit et hominem miserum ad foveam[6] altam agitavit, ubi catuli[7] pantherae sine spe salutis erant. Cum mercator catulos servavisset, panthera virum via recta ad viam ductavit[8].

---

1 *quīdam* ein (gewisser) 2 *leō, -ōnis* m. der Löwe 3 *ecce* schau, siehe
4 *ossiculum, -i* kleiner, spitzer Knochen 5 *panthēra, -ae* der Panther
6 *fovea, -ae* die Grube 7 *catulus, -ī* das Junge 8 *ductāre* führen

W 7 Ein beeindruckendes Erlebnis im Zirkus *(nach Lektion 49)*

Res nova in circo cunctos turbavit.

Servus in arena leonem[1] exspectavit. Tandem bestia fera arenam magno clamore intravit et homini misero appropinquavit et manus servi lambit[2]. Res mira cunctorum admirationem ita excitavit, ut servo libertatem postularent. Iussu Caesaris[3] servus rem miram explicavit:

„Vere ex domo domini mei fugeram[4], quia libertatem desiderabam; nam multos annos in servitute molesta fueram. Post iter longum in regione aspera quieti me dedi. Subito clamor leonis[1]. Statim metus et terror me tenebant. Cum neque domum tutam neque arborem altam viderem, magna voce deos imploravi, ut me ex pernicie servarent. Leo autem me miserum non vulneravit, sed pedem sanguine rubrum lambit[2]. Tum robur leonis non iam timui, sed ex pede lapidem acutum[5] extraxi[6]. Post multos dies milites me captaverunt. Iudices severi, ut mos est, me ad bestias damnaverunt. Sed dei me iterum ex ore leonis servaverunt: Hunc leonem magnis doloribus liberavi; hoc beneficium nunc pensavit[7].“ Statim Caesar[3] servo libertatem dedit.

---

[1] *leō, -ōnis* m. der Löwe [2] *lambit* er leckte [3] *Caesar, -aris* hier: Kaiser
[4] *fūgeram* ich war geflohen [5] *acūtus, a, um* spitzig [6] *extrāxī* ich habe herausgezogen
[7] *pēnsāre* vergelten

W 8 Zwei Geschichten vom weisen Philosophen Diogenes *(nach Lektion 53)*

Diogenes philosophus, cognomine[1] canis, in urbe Corintho orationem habuit. Etiam si vis orationis magna erat, tamen cives verbis philosophi aures non dederunt. Itaque voces avium, canum latratum[2], clamorem leonum[3] assimulare[4] paravit. Statim magna multitudo hominum ad-volavit. Tum philosophus clamavit: „Ad res ineptas[5] properatis, verba philosophi repudiatis.“

Postea Diogenes per mare vastum in Asiam navigavit. Post paucos dies montes alti ante oculos erant. In litore urbs sita erat. Magnitudo turrium et moenium Diogenis admirationem excitavit: „Quanta urbs! Corinthum magnitudine superat, ut puto.“ Tandem navis portui appropinquavit: Post portas amplas et intra[6] moenia alta parva urbs erat. Tum Diogenes: „Obserate[7] portas, cives optimi, ne urbs vestra per portas a-volet.“

Diogenes verbis duris duras mentes civium suorum mutare temptavit.

---

[1] *cognōmen, -inis* der Beiname [2] *lātrātus, -ūs* das Bellen [3] *leō, -ōnis* m. der Löwe
[4] *assimulāre* nachahmen [5] *ineptus, a, um* albern [6] *intrā* (Präp. m. Akk.) innerhalb
[7] *obserāre* verriegeln

GRAMMATIK UND WORTSCHATZ

1 ⓐ Mit großem Anfangsbuchstaben schreibt man im Lateinischen nur die Eigennamen und das erste Wort des Satzes.

ⓑ Im Lateinischen fehlen die Buchstaben j, k, w, y, z.
Von den Römern wurde **c** immer wie k gesprochen. Heute spricht man c vor den hellen Vokalen e und i (auch vor ae und oe) meist wie z (Beispiel: *circus*).
v wird immer wie w gesprochen (Beispiel: *vīlla*).

ⓒ Der Selbstlaut: der **Vokal**; der Mitlaut: der **Konsonant**.
Der lange Vokal wird durch einen Strich *(ā)* kenntlich gemacht. Das Längezeichen wird nur im Wortschatz zur Erlernung der richtigen Aussprache angegeben. Ein Vokal ohne Längezeichen gilt als kurz, manchmal gekennzeichnet durch ein Häubchen *(ă)*.

ⓓ Die Betonung: Drei- und mehrsilbige Wörter haben den Ton (Akzent) auf der vorletzten Silbe, wenn diese lang ist (z. B. *figúra*); sie haben ihn auf der drittletzten Silbe, wenn die vorletzte kurz ist (z. B. *fábula, família*).

Das Hauptwort: das **Substantiv**; die Hauptwörter: die **Substantive**.
Das Geschlechtswort: **der Artikel**, die Geschlechtswörter: **die Artikel**.
Im Lateinischen gibt es keine Geschlechtswörter:

īnsula die Insel, eine Insel

vīlla	die Villa, das Landhaus	bēstia	das Tier
Rōma	Rom	flamma	die Flamme
figūra	die Figur, die Gestalt	fābula	die Fabel, Geschichte
fōrma	die Form, Schönheit	epistula	der Brief *(Epistel)*
nātūra	die Natur		
familia	die Familie, die Hausgemeinschaft	pater	der Vater
		māter	die Mutter
statua	die Statue, das Standbild	salvē	sei gegrüßt

2 ⓐ Die Zahl: der **Numerus**
die Einzahl: der **Singular**; die Mehrzahl: der **Plural**

ⓑ Das Tätigkeitswort: das **Verb**
die Tätigkeitswörter: die **Verben**

Ein Verb gibt oft die handelnde Person (die handelnden Personen) an. Spricht jemand von sich selbst, dann gebraucht er die Verbform der 1. Person (ich; wir). Spricht er jemand an, dann gebraucht er die Form der 2. Person (du; ihr). Spricht er über einen Dritten, dann gebraucht er die Form der 3. Person (er, sie, es; sie).

Im Lateinischen erkennt man die verschiedenen Personen an den Endungen der Verben *(labōrat; labō**rant**)*. Im Deutschen erkennt man sie an den Wörtern, die *für* die verschiedenen Personen stehen, an den persönlichen Fürwörtern (**er** arbeitet; **sie** arbeiten).

Die Endungen der 3. Person lassen die Verwandtschaft der beiden Sprachen deutlich erkennen, obwohl im Lateinischen das Fürwort fehlt:

es - **t**	su - **nt**
e r (sie, es) is - t	s i e si - nd
salūta - **t**	salūta - **nt**
e r (sie, es) grüß - t	s i e grüße - n

est	er (sie, es) ist
fīlius	der Sohn
fīlia	die Tochter *(Filiale)*
servus	der Sklave
serva	die Sklavin
avus	der Großvater
salūtat	er (sie, es) grüßt *(salutieren)*
cēnat	er (sie, es) speist, isst
labōrat	er (sie, es) arbeitet *(Labor)*
sunt	sie sind
rogat	er (sie, es) fragt, bittet
intrat	er (sie, es) tritt ein, geht hinein, betritt
properat	er (sie, es) eilt, beeilt sich
ambulat	er (sie, es) geht spazieren *(ambulante Behandlung)*
et	und
ubi?	wo?
Dēlia	Delia (Name einer Sklavin)
Syrus	Syrus (Name eines Sklaven)

3 ⓐ Jedes Hauptwort hat einen **Wortstock**, an den der **Ausgang** angefügt wird. *Beispiel*: In *filia* und *filius* ist *fili-* der Wortstock, *-a* bzw. *-us* der Ausgang.

ⓑ Die Beugung des Hauptwortes (des Substantivs): die **Deklination**, z. B. der Sohn, des Sohnes usw.; ein Hauptwort beugen: **deklinieren**.

Es gibt im Lateinischen mehrere Deklinationsarten:

Das Kennzeichen für die 1. Deklination (ā-Deklination) ist der Vokal *a* am Wortende.

Das Kennzeichen für die 2. Deklination ist der Ausgang *-us* am Wortende. (*-us* entstand aus *-os*; daher heißt die 2. Deklination auch o-Deklination).

ⓒ Der Fall: der **Kasus**

Der Werfall (1. Fall): der **Nominativ**

Der Werfall (Nominativ) hat folgende Ausgänge:

Einzahl (Singular)		Mehrzahl (Plural)	
ā-Dekl.	o-Dekl.	ā-Dekl.	o-Dekl.
-a fīli-**a** die Tochter	**-us** fīli-**us** der Sohn	**-ae** fīli-**ae** die Töchter	**-ī** fīli-**ī** die Söhne

Der Ausgang -ae entstand aus -āi.

ⓓ Der einfache Satz

Ein einfacher Satz besteht aus zwei Satzgliedern, dem Satzgegenstand **(Subjekt)** und der Satzaussage **(Prädikat)**. Das Prädikat richtet sich in seiner Form nach dem (im Nominativ stehenden) Subjekt.

Subjekt im Singular **Fīlius**	⟷	Prädikat im Singular salū**tat.**
Subjekt im Plural **Fīliī**	⟷	Prädikat im Plural salūta**nt.**

Nach dem Satzgegenstand (Subjekt) fragt man: **wer** oder **was?**
Nach der Satzaussage (Prädikat) fragt man: **Was wird** (über den Satzgegenstand) **ausgesagt?**
Das Prädikat steht im Lateinischen meist am Ende des Satzes.

ⓔ Das Verneinungswort *nōn* steht unmittelbar v o r dem Verb oder v o r dem verneinten Wort.

dominus	der Herr
domina	die Herrin
clāmat	er (sie, es) schreit, ruft laut
cūr?	warum?
quis?	wer?
iam	schon, bereits
etiam	auch, sogar
nōn	nicht
Dāvus	Davus (Sklavenname)

amīcus	der Freund
amīcă	die Freundin
tabula	die T a f e l[1], Landkarte
stilus	der Schreibgriffel
patrōnus	der Anwalt, Schutzpatron
exspectat	er (sie, es) erwartet, wartet
hīc	hier
nunc	nun, jetzt
tum	da, dann, darauf, damals
sed	aber, sondern

[1] Lehnwörter sind gesperrt gedruckt.

4 Der Wenfall (4. Fall) in der Einzahl: der **Akkusativ Singular**

ⓐ Der Akkusativ Singular hat die Endung ***-m***. Aus der Verbindung dieser Endung mit dem Vokal am Wortende ergibt sich als Ausgang:

ā-Deklination	o-Deklination
-am fīli-**am** die Tochter	**-um** fīli-**um** den Sohn

ⓑ Oft drückt eine Satzaussage das Gemeinte nicht vollständig aus, sondern erfordert eine Ergänzung. Eine solche Ergänzung heißt **Objekt.**
Die Ergänzung im Wenfall: das **Akkusativobjekt.**

> Nach der Ergänzung im Wenfall (Akkusativobjekt) fragt man:
> **wen** oder **was?**
>
> **Wen (Was)** erwartet der Vater? Er erwartet **die** Tochter (fīli**am**).
> Er erwartet **den** Sohn (fīli**um**).

Beachte die gewöhnliche Wortstellung:

Wer?	Pater		exspectat.
Wen?		fīliam et fīlium	

Subjekt und Prädikat umschließen oft den Satz, wie ein Brückenbogen zwei Pfeiler verbindet. Wegen dieser Stellung der Satzglieder macht oft erst das Prädikat am Ende den Sinn des Satzes klar. Im Deutschen muss man das Prädikat vorziehen.

lūdus	das Spiel, die Schule
magister[1]	der Leiter, der Lehrer (bei Schiffen: der Kapitän)
laudat	er (sie, es) lobt
portat	er (sie, es) trägt, bringt *(Porto)*
spectat	er (sie, es) betrachtet, sieht
mōnstrat	er (sie, es) zeigt
ítaque	daher, deshalb
Italia	Italien
Germānia	Germanien
Gallia	Gallien

puella	das Mädchen
vocat	er (sie, es) ruft, nennt, lädt ein *(Vokal)*
e r r a t	er (sie, es) i r r t[2]
récitat	er (sie, es) liest vor, trägt vor *(rezitieren)*
dēlectat	er (sie, es) erfreut, macht Freude
quem?	wen?
quid?	was?
nam	denn
Britannia	Britannien
Sicilia	Sizilien

[1] Die Deklination wird erst in Lektion 11 behandelt

[2] Wörter, die von Anfang an gemeinsam waren (Erbwörter), werden im Lateinischen und Deutschen gesperrt gedruckt.

5 ⓐ Der Wenfall (4. Fall) in der Mehrzahl: der **Akkusativ Plural**

Der Akkusativ Plural hat folgende Ausgänge:

ā-Deklination	o-Deklination
-ās fīli-**ās** die Töchter	**-ōs** fīli-**ōs** die Söhne

ⓑ Die Aufgaben (Funktionen) der Satzglieder und Wörter im Satz können in einem Satzmodell dargestellt werden.

Das Satzmodell mit dem Prädikat und dem Akkusativobjekt

Mārcus amīcōs exspectat. Marcus erwartet die Freunde.

Mārcus — exspectat / amīcōs	Subjekt — Prädikat / Objekt *(Subst. im Akk.)*

In unserem Satzmodell kennzeichnet ein Längsstrich die Verbindung von Subjekt und Prädikat, ein vom Prädikat ausgehender Schrägstrich nach links unten das Objekt. Das Satzmodell gibt nicht die Reihenfolge der Wörter im Satz an, sondern die Beziehungen der Satzglieder untereinander.

campus	das Feld *(Camping)*
equus	das Pferd
vīsitat	er (sie, es) besucht *(Visite)*
amat	er (sie, es) liebt *(Amateur)*
appropinquat	er (sie, es) naht, nähert sich
cūrat	er (sie, es) sorgt, besorgt, pflegt *(kurieren)*
saepe	oft
cēna	die Mahlzeit, das Essen
convīva	der Gast
hortus	der Garten
cibus	die Speise, Nahrung
captat	er (sie, es) fängt, fasst
parat	er (sie, es) bereitet (vor), hat vor, erwirbt
súbitō	plötzlich
Cornēlius	Cornelius (Familienname)
Gāius	Gajus (Vorname)
Iūlia	Julia (Geschlechtername)

6 **ā- und ē-Konjugation** (3. Person Singular und Plural)

Eine Verbform lässt sich in bestimmte Bestandteile aufgliedern; so tritt für die 3. Person Singular an den **Stamm** des Verbs die **Endung** ***-t*** (Plural: ***-nt***):

cūra-**t** cūra-**nt**
rīde-**t** rīde-**nt**

> Verben, deren Stamm auf ***-ā*** auslautet, gehören zur ā-Konjugation.
> Verben, deren Stamm auf ***-ē*** auslautet, gehören zur ē-Konjugation.

rīdet	er (sie, es) lacht	nārrat	er (sie, es) erzählt
monet	er (sie, es) mahnt *(monieren)*	dēlet	er (sie, es) zerstört
pāret	er (sie, es) gehorcht *(parieren)*	habet	er (sie, es) hat, hält
timet	er (sie, es) fürchtet	ōra	die Küste
terret	er (sie, es) schreckt, erschreckt *(Terror)*	vīcus	das Dorf, die Gasse
tacet	er (sie, es) schweigt	cūra (cūrat)	die Sorge, Sorgfalt
mē (Akk.)	mich	aqua	das Wasser *(Aquarium)*
nōn iam	nicht mehr	victōria	der Sieg
		semper	immer, stets

7 ⓐ Die Beugung des Verbs: die **Konjugation**
Ein Verbum beugen: **konjugieren**

ⓑ Die Endungen für die einzelnen Personen lauten:

	Singular	Plural
1. Person	**-ō**	**-mus**
2. Person	**-s**	**-tis**
3. Person	**-t**	**-nt**

ⓒ Die Gegenwart: das **Präsens**

	ā-Konjugation		ē-Konjugation	
Sing. 1. Pers.	laud-**ō**	ich lobe	mone-**ō**	ich mahne
2. Pers.	laudā-**s**	du lobst	monē-**s**	du mahnst
3. Pers.	lauda-**t**	er (sie, es) lobt	mone-**t**	er (sie, es) mahnt
Plur. 1. Pers.	laudā́-**mus**	wir loben	monḗ-**mus**	wir mahnen
2. Pers.	laudā́-**tis**	ihr lobt	monḗ-**tis**	ihr mahnt
3. Pers.	lauda-**nt**	sie loben	mone-**nt**	sie mahnen

-ā-ō werden zu *-ō* zusammengezogen: *laudō*; aber *-ē-ō* ergibt *-ĕō*: *moneō*

oculus	das Auge	hōra	die Stunde
videō	ich sehe	dolus	die List, Täuschung
ego	ich	līberō	ich befreie *(liberal)*
tē (Akk.)	dich	volō	ich fliege, eile
nōs (Akk.)	uns (Frage: wen?)	adhibeō	ich wende an (z. B. eine List)
vōs (Akk.)	euch (Frage: wen?)	fleō	ich weine, beweine
statim	sofort, sogleich	valdē	sehr
paene	beinahe, fast	sīc	so, auf diese Weise

8 Der Wemfall (3. Fall): der **Dativ**

ⓐ Die Ausgänge des Dativs:

Singular		Plural	
ā-Dekl.	o-Dekl.	ā-Dekl.	o-Dekl.
-ae convīv-**ae** dem Gast	**-ō** serv-**ō** dem Sklaven	**-īs** convīv-**īs** den Gästen	**-īs** serv-**īs** den Sklaven

Der Ausgang *-ae* entstand aus *-āi*, der Ausgang *-ō* aus *-ōi*.

ⓑ Die Ergänzung im Wemfall: das **Dativobjekt**

Nach der Ergänzung im Wemfall fragt man: **wem?**

ⓒ Das Satzmodell mit dem Dativobjekt

Dominus vīllae appropinquat. Der Herr nähert sich dem Landhaus.

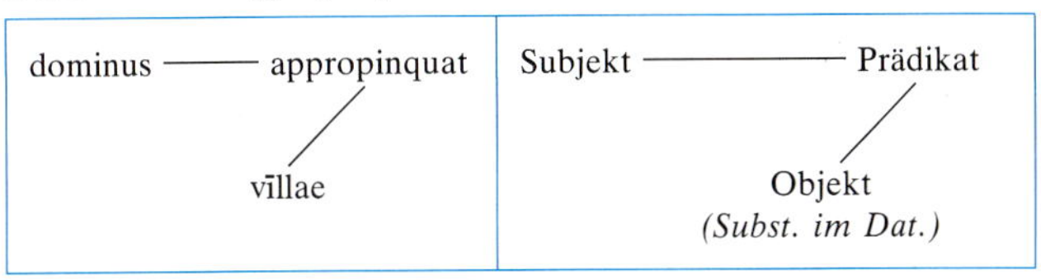

ⓓ Das Satzmodell mit einem Dativ- und Akkusativobjekt

Servus equō cibum portat. Der Sklave bringt dem Pferd Futter.

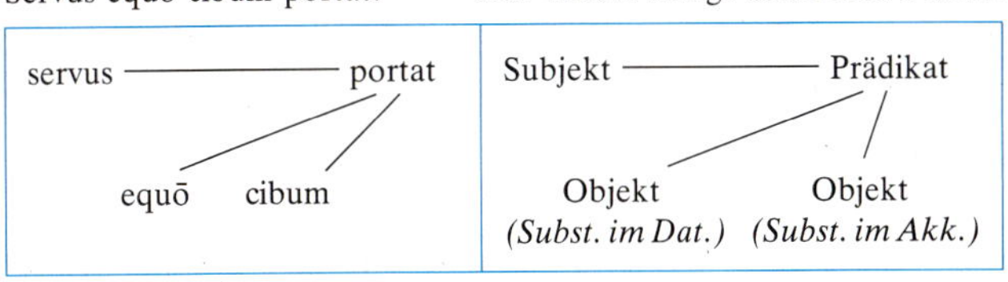

mēnsa	der Tisch
pecūnia	das Geld, Vermögen
grātia	die Gunst, der Dank *(gratis)*
imperō	ich befehle
ōrnō	ich statte aus, verschönere, schmücke
dōnō	ich schenke, beschenke
nūntiō	ich melde
dēbeō	ich schulde, muss
Rōmānī	die Römer

patria	die Heimat, das Vaterland
terra	das Land, die Erde *(Terrarium)*
mandō	ich übergebe, vertraue an, trage auf
éxplicō	ich entfalte, erkläre
dēsīderō	ich ersehne, vermisse
nōminō	ich nenne, benenne
placeō	ich gefalle
tamen	dennoch, trotzdem
Graecia	Griechenland
Eurōpa	Europa
Asia	Asien

9 Der Wessenfall (2. Fall): der **Genitiv**

ⓐ Die Ausgänge des Genitivs:

Singular		Plural	
ā-Dekl.	o-Dekl.	ā-Dekl.	o-Dekl.
-ae convīv**-ae** des Gastes	**-ī** serv**-ī** des Sklaven	**-ārum** convīv**-ārum** der Gäste	**-ōrum** serv**-ōrum** der Sklaven

Der Ausgang -ae entstand aus -āi.

ⓑ Der Genitiv gibt meist an, wessen Eigentum etwas ist (Genitiv der Zugehörigkeit):

pecūnia convīv**ae** — das Geld **des** Gastes

Nach dem Genitiv fragt man: **wessen?**

ⓒ Die Beifügung: das **Attribut**

Die Beifügung im Genitiv: das Genitivattribut (oder der attributive Genitiv).
Die Beifügung bringt eine nähere Bestimmung zu einem Substantiv. Sie unterscheidet z. B. das Geld des Gastes vom Geld anderer Leute.

ⓓ Das Satzmodell mit einem Attribut im Genitiv

Amīcus dominī vīllam intrat. — Der Freund des Herrn betritt das Landhaus.

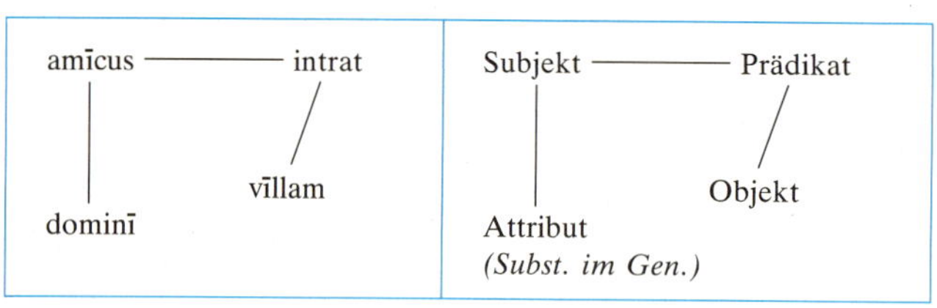

Im Satzmodell kennzeichnet ein senkrechter Strich das Attribut.

ⓔ cībus bēstiārum — die Nahrung der Tiere, die Tiernahrung

Im Lateinischen fehlen zusammengesetzte Substantive fast ganz. Dafür wird meist ein Hauptwort mit einer Beifügung im Genitiv verwendet.

causa	der Grund, die Ursache; der Prozess
dīligentia	die Sorgfalt, Umsicht
circus	der Zirkus
animus	die Seele, der Geist das Herz, der Mut
nūntius	die Botschaft, der Bote
probō	ich prüfe, billige
dō	ich gebe
valeō	ich bin gesund, ich vermag

cōpia	der Vorrat, die Menge, Fülle
cōpia pecūniae	eine Menge von Geld, eine Menge Geld
cōpia equōrum	eine Menge von Pferden, eine Menge Pferde
arēna	der Sand, der Kampfplatz
audācia	der Wagemut, die Kühnheit
populus	das Volk *(Popmusik)*
mūrus	die Mauer
íncitō	ich treibe an, rege auf, begeistere
retineō	ich halte zurück

10 Die Gegenwart: das **Präsens** von *sum*

Der Vokativ (der Anredefall oder der 5. Fall) der ā- und o-Deklination

ⓐ Das Präsens von sum

	Singular		Plural	
1. Pers.	s-u-m	ich bin	s-u-mus	wir sind
2. Pers.	es	du bist	es-tis	ihr seid
3. Pers.	es-t	er (sie, es) ist	s-u-nt	sie sind

ⓑ Die Substantive auf *-us* der o-Deklination haben im Singular für den Vokativ einen eigenen Ausgang **-e**. Bei allen anderen Substantiven aller Deklinationen ist sowohl im Singular als auch im Plural der Vokativ immer gleich dem Nominativ.

Die Ausgänge des Vokativs:

ā-Deklination		o-Deklination	
Singular	Plural	Singular	Plural
-a Vidēs, puell-a	-ae Vidētis, puell-ae	-e Vidēs, amīc-e	-ī Vidētis, amīc-ī

ⓒ Die Anrede wird durch einen Beistrich (Komma) vom übrigen Satz getrennt.

Cūr mē nōn vocās, Mārce? — Warum lädst du mich nicht ein, Markus?

Cūr, Mārce, mē nōn vocās? — Warum, Markus, lädst du mich nicht ein?

ⓓ Die Eigennamen werden vorangestellt:

Mārcus amīcus — der Freund Markus

sapientia	die Weisheit, Einsicht
praeda	die Beute
pūgna	der Kampf, die Schlacht
pūgnō	ich kämpfe
vulnerō	ich verwunde
necō	ich töte
ibi	dort
prīmō	zuerst, anfangs
tū	du
sententia	die Meinung, der Sinnspruch, Satz
ignōrō	ich weiß nicht, kenne nicht
temptō	ich versuche, greife an
mūtō	ich ändere, vertausche
hodiē	heute
diū	lange; lange Zeit
quō?	wohin?
Āfrica	Afrika

11 Die erste Befehlsform: der **Imperativ I**

Substantive auf ***-er***

ⓐ Die Endungen des Imperativs:

	Endung	ā-Konjugation		ē-Konjugation	
Singular	—	laudā!	lobe!	monē!	mahne!
Plural	**-te**	laudā-**te**!	lobt!	monē-**te**!	mahnt!

Der Imperativ steht gewöhnlich am Satzanfang. Am Ende des Satzes wird ein Ausrufezeichen gesetzt.

ⓑ 1. Gruppe der Substantive auf ***-er***

Einige Substantive der o-Deklination, deren Wortstock auf *-r* endet, haben im Nominativ und Vokativ Singular die Ausgänge *-us* und *-e* verloren *(puer)*; die übrigen Kasus werden mit den regelmäßigen Ausgängen gebildet.

Substantive auf *-er* (1. Gruppe)

	Singular		Plural	
N. (V.)	puer	der Junge	puer-**ī**	die Jungen
Gen.	puer-**ī**	des Jungen	puer-**ōrum**	der Jungen
Dat.	puer-**ō**	dem Jungen	puer-**īs**	den Jungen
Akk.	puer-**um**	den Jungen	puer-**ōs**	die Jungen

ⓒ 2. Gruppe der Substantive auf ***-er***

Bei den Substantiven dieser Gruppe gehört das *e* nicht zum Wortstock *(agr-)*; es wird nur im Nominativ (und Vokativ) Singular zur leichteren Aussprache eingeschoben.

Pater und *māter* gehören n i c h t zu den Substantiven der o-Deklination.

Substantive auf *-er* (2. Gruppe)

	Singular		Plural	
N. (V.)	ager	der Acker	agr-**ī**	die Äcker
Gen.	agr-**ī**	des Ackers	agr-**ōrum**	der Äcker
Dat.	agr-**ō**	dem Acker	agr-**īs**	den Äckern
Akk.	agr-**um**	den Acker	agr-**ōs**	die Äcker

puer, puerī (puella)	der Bub, Junge; das Kind
līberī	die Kinder
vesper, vesperī	der Abend, Westen
vir, virī	der Mann
turba	die Unruhe, Menge *(turbulent)*
fēmina	die Frau
via	der Weg, die Straße
studeō	ich bemühe mich, strebe *(studieren)*
cómpleō	ich fülle an, erfülle *(komplett)*
valē(te)	leb(t) wohl

ager, agrī	der Acker, das Feld
agrícola	der Bauer
magister, magistrī	der Leiter, Lehrer, Kapitän
liber, librī	das Buch
silva	der Wald
doceō	ich lehre, unterrichte *(dozieren)*
magis	mehr
magis ... quam	mehr ... als

12 ⓐ **Angaben im Ablativ**
Das **Adverbiale**

1. ā-Deklination:

Māter līberōs fābul**ā** (fābul**īs**) dēlectat. — Die Mutter erfreut die Kinder **durch** eine Geschichte (**durch** Geschichten).

o-Deklination:

Pater līberōs libr**ō** (libr**īs**) dēlectat. — Der Vater erfreut die Kinder **mit** einem Buch (**mit** Büchern).

2. Quis nōs cūr**īs** līberat? — Wer befreit uns **von** (den) Sorgen?

Die im Verb ausgedrückte Tätigkeit kann nicht nur durch Objekte ergänzt, sondern auch durch eine zusätzliche Angabe (ein **Adverbiale**) erweitert werden.

Das Lateinische hat einen eigenen Kasus, mit dem Substantive auch als **Adverbialien** (adverbiale Angaben oder adverbiale Bestimmungen) in den Satz eingebaut werden können: den **Ablativ**.

Je nach der Bedeutung, die sich aus dem Satzzusammenhang ergibt, spricht man vom Ablativ des Mittels oder vom Ablativ der Trennung.

Im 1. Beispiel bezeichnet das Adverbiale im Ablativ ein Mittel (oder Werkzeug), womit oder wodurch etwas geschieht.

Frage: **womit?** oder **wodurch?**

Im 2. Beispiel gibt das Adverbiale an, wovon jemand befreit (oder getrennt) wird.

Frage: **wovon?**

ⓑ Die Ausgänge des Ablativs

Singular		Plural	
ā-Dekl.	o-Dekl.	ā-Dekl.	o-Dekl.
-ā fābul-**ā**	**-ō** cib-**ō**	**-īs** fābul-**īs**	**-īs** cib-**īs**

In allen Deklinationen ist im Plural der Ablativ gleich dem Dativ.

ⓒ Das Satzmodell mit einem Adverbiale

Mārcus equōs cibō cūrat. Marcus versorgt die Pferde mit Futter.

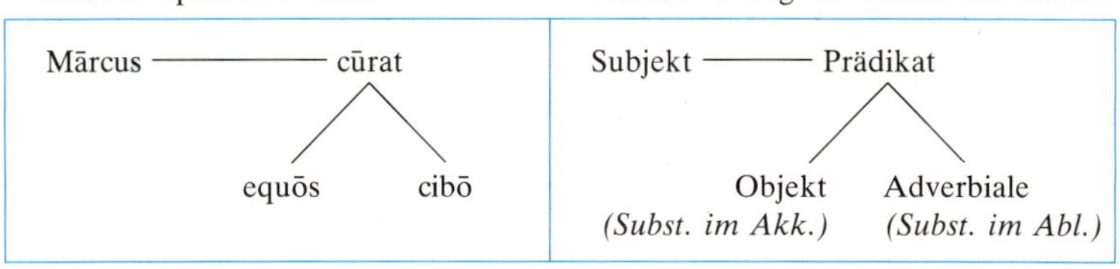

Adverbialien (adverbiale Angaben) werden in unserem Satzmodell mit einem Schrägstrich nach rechts unten gekennzeichnet.

ⓓ Übersicht über die ā- und o-Deklination

Kasus	Frage	ā-Deklination Sing.	ā-Deklination Plural	o-Deklination Sing.	o-Deklination Plural
Nom.	wer oder was?	terr-**a**	terr-**ae**	hort-**us**	hort-**ī**
Gen.	wessen?	terr-**ae**	terr-**ārum**	hort-**ī**	hort-**ōrum**
Dat.	wem?	terr-**ae**	terr-**īs**	hort-**ō**	hort-**īs**
Akk.	wen oder was?	terr-**am**	terr-**ās**	hort-**um**	hort-**ōs**
Vok.	(Anrede)	terr-**a**	terr-**ae**	hort-**e**	hort-**ī**
Abl.	womit? wodurch? wovon?	terr-**ā**	terr-**īs**	hort-**ō**	hort-**īs**

Die Substantive auf *-er* der o-Deklination werden vom Genitiv ab wie *hortus* dekliniert (Ausnahme: Vokativ).

pīrāta	der Seeräuber *(Pirat)*
gladius	das Schwert
vexō	ich quäle, suche heim
conciliō	ich gewinne
servō	ich bewahre, rette
sē *(Akk. und Abl.)*	sich
intérdum	manchmal, bisweilen

colōnia	die Ansiedlung, Kolonie
avāritia	die Habgier, der Geiz
iniūria	das Unrecht, die Beleidigung
occultō	ich verberge
armō	ich rüste aus, bewaffne *(Armee)*
oppūgnō	ich greife an, bestürme
superō	ich übertreffe, überwinde, besiege; bin übrig
arceō	ich wehre ab, halte ab
Victōria	Viktoria, Göttin des Sieges

13 Substantive auf *-um* (o-Deklination)

ⓐ Die Deklination der Substantive auf *-um:* verbum das Wort

	Singular		Plural	
N. (V.)	verb-**um**	das Wort	verb-**a**	die Wörter
Gen.	verb-**ī**	des Wortes	verb-**ṓrum**	der Wörter
Dat.	verb-**ō**	dem Wort	verb-**īs**	den Wörtern
Akk.	verb-**um**	das Wort	verb-**a**	die Wörter
Abl.	verb-**ō**	durch das Wort	verb-**īs**	durch die Wörter

Bei den Substantiven auf ***-um*** lauten Nominativ, Akkusativ, Vokativ immer gleich. Diese drei gleichen Fälle haben:
im Singular die Endung ***-um,*** im Plural die Endung ***-a.***

ⓑ Das Geschlecht: das **Genus** (Plural: die **Genera**)

Die Substantive auf *-us* und *-er*	haben männliches Genus:	**Maskulina**
auf *-a*	haben meist weibliches Genus:	**Feminina**
auf *-um*	haben sächliches Genus:	**Neutra**

Das Geschlecht eines lateinischen Substantivs ist oft anders als das eines entsprechenden deutschen Substantivs, z. B.

puell**a**	**das** Mädchen
dol**us**	**die** List
templ**um**	**der** Tempel

verbum	das Wort
forum	der Markt(platz), das Forum
templum	der Tempel
aedificium	das Gebäude
imperium (imperō)	der Befehl, die Herrschaft, das Reich
cōnsilium	der Rat, Plan, die Überlegung
deus	der Gott, Gott
dea	die Göttin
aedíficō	ich erbaue
nōs (Nom.)	wir

auxilium	die Hilfe, Unterstützung
bellum	der Krieg, Kampf
dōnum (dōnō)	die Gabe, das Geschenk
simulācrum	das Bild, Götterbild
aurum	das Gold
argentum	das Silber; Geld *(Argentinien)*
teneō	ich halte, halte fest
Vesta	Vesta (Göttin des Herdfeuers)
Concordia	Concordia (Göttin der Eintracht)
Sāturnus	Saturn (altrömischer Bauerngott)

14 ⓐ Das Hauptwort als Beifügung: die **Apposition**

Mārcus Sextum, amīcum avī, vīsitat. — Markus besucht Sextus, den Freund des Großvaters.

Die Apposition hat die Funktion eines Attributs. Sie bestimmt wie ein Genitivattribut ein Substantiv genauer. Sie steht immer im gleichen Fall wie das Substantiv, zu dem sie gehört.

Das Satzmodell mit der Apposition und einem Attribut

Mārcus Sextum, amīcum avī, visitat. — Markus besucht S., den Freund des Großvaters.

Mārcus —— vīsitat	Subjekt —— Prädikat
Sextum	Objekt
amīcum	Apposition
avī	Genitivattribut

ⓑ Der Fragesatz

Eine Frage, die durch ein Fragewort wie ***quis*** oder ***cūr*** eingeleitet wird, heißt **Wortfrage**.

Fragen ohne Fragewort heißen **Satzfragen**.

Im Deutschen beginnt eine Satzfrage mit dem Prädikat.
Im Lateinischen wird die Satzfrage gewöhnlich durch ***-ne*** gekennzeichnet, das an das erste Wort im Satz angehängt wird. Der Fragesteller lässt offen, ob er eine bejahende oder verneinende Antwort erwartet:

Vīsitātisne templum?	Besucht ihr den Tempel?

Auch ***nōnne*** oder ***num*** können Fragesätze einleiten:

Nōnne lūdī dēlectant?	Machen Spiele (denn) nicht Spaß? [Erwartete Antwort: Ja, Spiele machen Spaß.]
Num avāritiam probās?	Billigst du (etwa) die Habgier? [Erwartete Antwort: Nein, ich billige sie nicht.]

ⓒ Unterscheide beim Übersetzen:

Ōtiō mē dō.	Ich gebe mich der Ruhe hin, genieße die Ruhe.
Librīs mē dō.	Ich gebe mich den Büchern hin, widme mich den Büchern, beschäftige mich mit Büchern.

ātrium	das Atrium (Halle oder Hauptraum im römischen Haus)
solum	der Boden, Grund
tēctum	das Dach, das Haus
ōrnāmentum (ōrnō)	die Ausrüstung, der Schmuck *(Ornament)*
convīvium (convīva)	das Gastmahl
vīnum	der Wein
observō	ich beobachte, beachte *(Observatorium)*
festīnō	ich eile, beeile mich

ōtium	die Muße, Ruhe
negōtium	das Geschäft, die Aufgabe
artificium	das Kunstwerk
mihi	mir
nōbīs	uns *(Dativ)*
dísputō	ich erörtere, diskutiere
imprīmīs	vor allem, besonders
Bacchus	Bacchus (Gott des Weines)
Lūcius	Lucius (röm. Vorname)

15 Das Eigenschaftswort: das **Adjektiv**

ⓐ Das Eigenschaftswort als Beifügung: das **attributive Adjektiv**

Die Beifügung kann also sein
1. ein Genitiv (vgl. Seite 152),
2. eine Apposition (vgl. S. 158),
3. ein Adjektiv.

Die meisten lateinischen Adjektive haben für jedes der drei Geschlechter eine eigene Endung: ***-us, -a, -um.***

Vergleiche im Deutschen: ein neuer Garten; eine neue Villa; ein neues Haus.

> Die Adjektive richten sich im Geschlecht (Genus), in der Zahl (Numerus) und im Fall (Kasus) nach dem Substantiv, zu dem sie hinzugefügt sind. Sie stehen als Attribute meist hinter ihrem Substantiv.

Singular

	Maskulinum		Femininum		Neutrum	
Nom.	hort-**us**	nov-**us**	vīll-**a**	nov-**a**	dōn-**um**	nov-**um**
Gen.	hort-**ī**	nov-**ī**	vīll-**ae**	nov-**ae**	dōn-**ī**	nov-**ī**
Dat.	hort-**ō**	nov-**ō**	vīll-**ae**	nov-**ae**	dōn-**ō**	nov-**ō**
Akk.	hort-**um**	nov-**um**	vīll-**am**	nov-**am**	dōn-**um**	nov-**um**
Vok.	hort-**e**	nov-**e**	vīll-**a**	nov-**a**	dōn-**um**	nov-**um**
Abl.	hort-**ō**	nov-**ō**	vīll-**ā**	nov-**ā**	dōn-**ō**	nov-**ō**

Plural

	Maskulinum		Femininum		Neutrum	
N. (V.)	hort-**ī**	nov-**ī**	vīll-**ae**	nov-**ae**	dōn-**a**	nov-**a**
Gen.	hort-**ṓrum**	nov-**ṓrum**	vīll-**ā́rum**	nov-**ā́rum**	dōn-**ṓrum**	nov-**ṓrum**
Dat.	hort-**īs**	nov-**īs**	vīll-**īs**	nov-**īs**	dōn-**īs**	nov-**īs**
Akk.	hort-**ōs**	nov-**ōs**	vīll-**ās**	nov-**ās**	dōn-**a**	nov-**a**
Abl.	hort-**īs**	nov-**īs**	vīll-**īs**	nov-**īs**	dōn-**īs**	nov-**īs**

ⓑ Das Satzmodell mit dem Adjektiv als Attribut

Amīcus bonus vīllam novam intrat. — Ein guter Freund betritt das neue Landhaus.

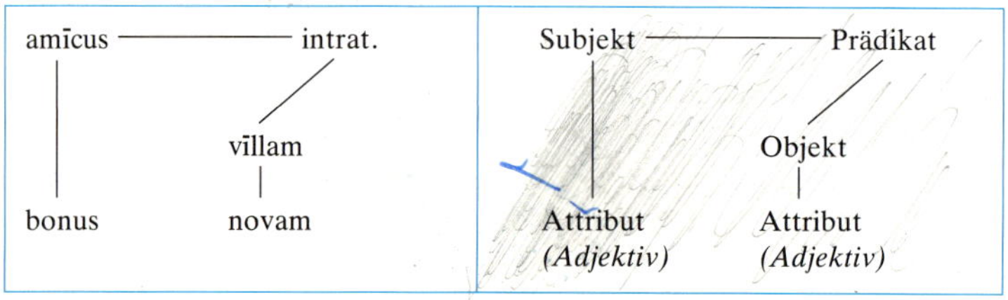

novus, a, um	neu, neuartig
bonus, a, um	gut, tüchtig *(Bonus)*
malus, a, um	schlecht, schlimm, böse
iūcundus, a, um	erfreulich, angenehm
fīrmus, a, um	fest, stark *(Firmung)*
varius, a, um	bunt, vielfältig, verschieden *(Varieté)*
aptus, a, um	passend, geeignet
vīlicus	der Verwalter
cella	die Vorratskammer, der Keller
opera	die Arbeit, Mühe
altus, a, um	hoch, tief *(Altstimme)*
lātus, a, um	breit
iūstus, a, um	gerecht, richtig *(Justiz)*
rūsticus, a, um	ländlich, bäuerlich *(rustikal)*
vīta	das Leben *(Vitamin)*
praemium	die Belohnung *(Prämie)*
gaudium	die Freude
ōrō	ich bete, bitte

16 ⓐ Viele Adjektive werden, ebenso wie im Deutschen, auch als Substantive verwendet:

bonī, -ōrum	die Guten	bonum, -ī	das Gute, das Gut	bona, -ōrum	die Güter, das Hab und Gut
malī, -ōrum	die Schlechten	malum, -ī	das Übel, Leid	mala, -ōrum	die Übel, Leiden

ⓑ Da die Substantive auf *-er* Maskulina sind, muss bei den zugehörigen Adjektiven die Endung für das Maskulinum stehen:

puer bonus	der tüchtige Bub	vir clārus	der berühmte Mann

ⓒ Adjektive stehen meist hinter dem Substantiv, zu dem sie gehören. Vor ihren Substantiven stehen gewöhnlich die Adjektive *magnus* – groß, *parvus* – klein und solche, die einen Zahlbegriff bedeuten, z. B. *multī* – viele.

cūnctī, ae, a	alle	parvus, a, um	klein, gering
multī, ae, a	viele *(multiplizieren)*	pūblicus, a, um	öffentlich, staatlich *(Publikum)*
summus, a, um	der Oberste, Höchste *(Summe)*	antīquus, a, um	alt, altertümlich *(antik)*
clārus, a, um	hell, klar, berühmt	aeternus, a, um	ewig
magnus, a, um	groß, bedeutend	glōria	der Ruhm *(Glorie)*
superbus, a, um	hochmütig, stolz, erhaben	dēmōnstrō (mōnstrō)	ich zeige, weise nach *(demonstrieren)*
Rōmānus, a, um	römisch	appellō	ich spreche an, (be-)nenne *(Appell)*
perīculum	die Gefahr	ut	wie
Capitōlium	das Kapitol (Burgberg von Rom mit dem Jupitertempel)	Iūnō	Juno (Gemahlin des Jupiter)
Iuppiter	Jupiter (Vater der Götter)	Minerva	Minerva (Göttin der Künste und Wissenschaften)

17 Das Verhältniswort: die **Präposition**

ⓐ Wie im Deutschen, so werden auch im Lateinischen die Verhältniswörter (Präpositionen) mit verschiedenen Kasus verbunden.
Ein Teil der Präpositionen hat den Akkusativ bei sich, ein anderer den Ablativ.

1. Präpositionen mit dem Akkusativ			
ad	zu, an, bei	ad vīllam properāmus	wir eilen zum Landhaus
		vīlla ad silvam est	das Landhaus liegt beim (am) Wald
ante	vor	ante vīllam	vor dem Landhaus
		ante cēnam	vor der Mahlzeit
post	hinter, nach	post vīllam	hinter dem Landhaus
		post cēnam	nach der Mahlzeit
propter	wegen	propter glōriam	wegen des Ruhmes
per	durch, hindurch	per silvam	durch den Wald (hindurch)
		per multās hōrās	viele Stunden hindurch

ad ante post propter per, da muss der Akkusativ her

2. Präpositionen mit dem Ablativ			
ab, ā	von – her	ab agrō	vom Feld her
ex, ē	aus, von – aus	ē vīllā	aus dem Landhaus heraus, vom Landhaus aus
dē	von – herab, von, über	dē mūrō	von der Mauer herab
		dē lūdō nārrō	ich erzähle von der (über die) Schule
sine	ohne	sine amīcīs	ohne (die) Freunde
cum	(zusammen) mit	cum amīcīs	mit (den) Freunden

ab ex de sine cum, da kimst um den Ablativ net rum

Von dem Fall, der im Deutschen bei einer Präposition steht, darf man sich beim Übersetzen ins Lateinische **nicht** leiten lassen:

ante vīll***am*** vor **dem** Landhaus

ⓑ Die Präpositionen ***in*** (in, an, auf) und **sub** (unter) werden verbunden

auf die Frage **wohin?**	mit dem Akkusativ	(Richtungsangabe)
auf die Frage **wo?**	mit dem Ablativ	(Ortsruhe).

in silvam	in den Wald	Frage: **wohin?**
in forum	auf das Forum	
sub terram	unter die Erde	

in silvā	im Wald	Frage: **wo?**
in forō	auf dem Forum	
sub terrā	unter der Erde	

porta	das Tor, die Pforte	minister, -trī	der Diener, Helfer
monumentum	das Grabmal, Denkmal *(Monument)*	Arīminum	Ariminum (heute: Rimini)
rūsticus (vgl. Gr. 16a)	der Bauer	via Flamīnia	die Flaminische Straße (von Rom nach Rimini)
via Appia	die Appische Straße (von Rom nach Brindisi)	campus Mārtius	das Marsfeld (röm. Sport- und Vergnügungsplatz)

18 ⓐ Das Eigenschaftswort als Teil der Satzaussage: das **prädikative Adjektiv**

Subjekt	Prädikat
Tullius Tullius	narrat. erzählt.
Vi**a** Die Straße	lāt**a** est. ist breit.
Vi**ae** Die Straßen	lāt**ae** sunt. sind breit.

Wie das Substantiv, so kann auch das Adjektiv einen Teil des Prädikats (der Satzaussage) bilden. Das **prädikative Adjektiv** im Lateinischen richtet sich im Genus, Numerus und Kasus nach dem Subjekt. Im Deutschen hat es keine verschiedenen Endungen.

Das Adjektiv kann also verwendet werden:

1. als Beifügung (attributiv): Mārcus amīcum iūstum laudat.
2. als Teil der Satzaussage (prädikativ): Amīcus iūstus est.

ⓑ Das Satzmodell mit dem Adjektiv als Teil des Prädikats

Amīcus intrat. — Der Freund tritt ein.
Amīcus bonus est. — Der Freund ist tüchtig.

amīcus ———— intrat	Subjekt ———— Prädikat *(Verb)*
amīcus ———— bonus est	Subjekt ———— Prädikat *(prädikatives Adjektiv und Hilfsverb)*

Ⓒ Die Nennform der Gegenwart: der **Infinitiv Präsens**

es-se	sein, zu sein
laudā-re	loben, zu loben
habē-re	haben, zu haben

Die Endung der Nennform (des Infinitivs) ist im Präsens **-se** (vgl. *es-se*). Zwischen Vokalen wird aus dem s ein r, also wird *laudā-se* zu *laudā-re* (vgl. Frost – frieren; Verlust – verlieren).

Ⓓ Ein Infinitiv als Subjekt wird als Neutrum behandelt; das Prädikatsadjektiv steht dann im Neutrum.

Ambulāre dēlectat.	Spazieren gehen (spazieren zu gehen) erfreut.
Ambulāre iūcund**um** est.	Spazieren gehen (spazieren zu gehen) ist angenehm. Es ist angenehm spazieren zu gehen.

taberna	die Bude, das Wirtshaus, die Taverne	īnsula	1. die Insel 2. das Mietshaus, der Wohnblock
numerus	die Zahl, Anzahl	molestus, a, um	lästig, beschwerlich
lībertus	der Freigelassene	plēnus, a, um	voll
angustus, a, um	eng	plēnus vīnī	(voll des Weins) voll von Wein, voll Wein
nūllus, a, um (Gen. und Dat. unregelmäßig)	kein *(Null)*	nōtus, a, um	bekannt
nōnnūllī, ae, a	einige, manche	nihil	nichts
habitāre	wohnen	in animō habeō	ich habe im Sinn
stāre	stehen		
Subūra	Subura (Viertel der armen Bürger in Rom)	Sextus	Sextus (röm. Vorname)

19 Die Zeit des Verbs: das **Tempus** (Plural: die **Tempora**)

Ⓐ Wie die deutsche Sprache, so kennt auch das Lateinische drei Zeitstufen:

die Gegenwart: das **Präsens**,
die Vergangenheit: das **Präteritum**,
die Zukunft: das **Futurum** (Futur).

Bei der Vergangenheit unterscheidet man wie im Deutschen drei „Zeiten“:

erste Vergangenheit,
zweite Vergangenheit,
dritte Vergangenheit.

ⓑ Die 1. Vergangenheit: das **Imperfekt**

	ā-Konjugation		ē-Konjugation	
Sing. 1. Pers.	laudā-**ba-m**	ich lobte	monē-**ba-m**	ich mahnte
2. Pers.	laudā-**bā-s**	du lobtest	monē-**bā-s**	du mahntest
3. Pers.	laudā-**ba-t**	er lobte	monē-**ba-t**	er mahnte
Plur. 1. Pers.	laudā-**bā́-mus**	wir lobten	monē-**bā́-mus**	wir mahnten
2. Pers.	laudā-**bā́-tis**	ihr lobtet	monē-**bā́-tis**	ihr mahntet
3. Pers.	laudā-**ba-nt**	sie lobten	monē-**ba-nt**	sie mahnten

Im Imperfekt wird zwischen den Stamm des Verbs *(laudā* bzw. *monē)* und die Endung das Tempuszeichen *-ba-* eingeschoben.
Die Endung der 1. Pers. Singular ist im Imperfekt *-m* (vgl. *s-u-m*), nicht *-ō* wie im Präsens.

ⓒ Das Imperfekt bezeichnet im Lateinischen

eine sich häufig wiederholende Handlung: *vocābam* ich rief (immer wieder),
einen länger dauernden Zustand: *habitābam* ich wohnte (lange Zeit).

āra	der Altar
annus	das Jahr
ventus	der Wind *(Ventil)*
paucī, ae, a	wenige
laetus, a, um	fröhlich
tōtus, a, um (Gen. und Dat. unregelmäßig)	ganz *(total)*
Silvānus	Silvanus (Gott der Wälder)
fortūna	das Schicksal, Glück
indústria	die Betriebsamkeit, der Fleiß *(Industrie)*
beneficium	die Wohltat
pretium	der Preis, Wert
vōs (Nom., Vok.)	ihr
putāre	meinen, glauben
negāre	verneinen, verweigern
cōnservāre	bewahren, retten *(Konserve)*
operam dăre *(mit Dat.)*	Mühe wenden auf, sich beschäftigen mit
numquam	niemals

20 ⓐ Das **Imperfekt** von ***sum***

	Singular		Plural	
1. Pers.	er-**a-m**	ich war	**er-ā́-mus**	wir waren
2. Pers.	er-**ā-s**	du warst	**er-ā́-tis**	ihr wart
3. Pers.	er-**a-t**	er (sie, es) war	er-**a-nt**	sie waren

Der Stamm ist *es-*, das Imperfekt lautete ursprünglich *es-a-m*. Zwischen zwei Vokalen wurde im Lateinischen aber aus dem *s* ein *r*, also *eram* (vgl. Gr. 18c). Das Tempuszeichen ist hier nicht *ba*, sondern nur *a*:

laudā-ba-m
monē-ba-m
er- a-m

ⓑ Der **Imperativ I von *sum***

Wie bei *laudā*, *laudā-te* hat der Singular keine Endung, der Plural die Endung ***-te***.

Singular:	es!	sei!
Plural:	es-**te**!	seid!

ⓒ Bei zusammengesetzten Adjektiven drückt die Vorsilbe (das **Präfix**) *in-* (oder auch *im-*) das Gegenteil aus:

iūstus – gerecht: in-iūstus – un-gerecht
grātus – dankbar: in-grātus – un-dankbar
certus – sicher: in-certus – un-sicher

Vergleiche im Deutschen die Vorsilbe un-.

concordia	die Eintracht
contentus, a, um *(mit Abl.)*	zufrieden
ignāvus, a, um	untätig, feig
necessārius, a, um	notwendig
certus, a, um	sicher, gewiss, zuverlässig
grātus, a, um	angenehm, dankbar
tibi	dir
accūsāre	anklagen, beschuldigen

vīcīnus, a, um	benachbart, nahe; der Nachbar
amīcus, a, um	befreundet, freundlich
cārus, a, um	lieb, teuer
tūtus, a, um	geschützt, sicher
hūmānus, a, um	menschlich, gebildet
pius, a, um	rechtschaffen, fromm
ímpius, a, um	gottlos, frevelhaft
in-imīcus, a, um	feindlich; *Subst.:* Feind, Gegner
vōbīs	euch *(Dat.)*
tantum	nur
Mārcellus	Marcellus (römischer Geschlechtername)

21 ⓐ Die 1. Zukunft: das **Futur I** von ***sum***

	Singular		Plural	
1. Pers.	er-**ō**	ich werde sein	ér-**i-mus**	wir werden sein
2. Pers.	er-**i-s**	du wirst sein	ér-**i-tis**	ihr werdet sein
3. Pers.	er-**i-t**	er (sie, es) wird sein	ér-**u-nt**	sie werden sein

Der Stamm heißt *es-*. Das Futur lautete einmal *es-ō*; da *s* zwischen Vokalen zu *r* wurde, entstand *erō* (vgl. *eram*).

Das lateinische Futur wird im Deutschen oft mit dem Präsens wiedergegeben:

Crās in lūdō erō. (Futur!) Morgen bin ich in der Schule (Präsens!)

Ⓑ Der **Imperativ II** von ***sum***

	Singular		Plural	
1. Pers.	–	–	–	–
2. Pers.	es-**tō**	du sollst sein	es-**tṓ-te**	ihr sollt sein
3. Pers.	es-**tō**	er (sie, es) soll sein	s-u-**ntō**	sie sollen sein

Der Imperativ II richtet sich an die 2. oder 3. Person. Der Sprecher erwartet die Ausführung des Befehls meist nicht sofort, sondern für später oder für immer, z. B. bei Gesetzen, Verträgen, Vorschriften.

Ⓒ perīculum die Gefahr perīcul-ōsus gefahrvoll, gefährlich

Die Ableitungssilbe (das **Suffix**) *-ōsus* drückt die Fülle aus.

umbra	der Schatten	quod, quia	weil, da
dūrus, a, um	hart *(C-Dur)*	sī	wenn
amplus, a, um	weit, geräumig, bedeutend		
beātus, a, um	glücklich, beglückt	fidus, a, um	treu, zuverlässig
optimus, a, um	der beste, sehr gut *(Optimist)*	mīrus, a, um	wunderbar, sonderbar
contrā (Präp. mit Akk.)	gegen (im feindlichen Sinn)	parātus, a, um	bereit *(parat)*
ergā (Präp. mit Akk.)	gegen (im freundlichen Sinn)	crās	morgen
		mox	bald
		inter (Präp. mit Akk.)	zwischen, unter, während
		inter cēnam	während des Essens

22 Ⓐ Das **Futur I** der ā- und ē-Konjugation

	ā-Konjugation		ē-Konjugation	
Sing. 1. Pers.	laudā-**b-ō**	ich werde loben	monē-**b-ō**	ich werde mahnen
2. Pers.	laudā-**bi-s**	du wirst loben	monē-**bi-s**	du wirst mahnen
3. Pers.	laudā-**bi-t**	er (sie, es) wird loben	monē-**bi-t**	er (sie, es) wird mahnen
Plur. 1. Pers.	laudā́-**bi-mus**	wir werden loben	monḗ-**bi-mus**	wir werden mahnen
2. Pers.	laudā́-**bi-tis**	ihr werdet loben	monḗ-**bi-tis**	ihr werdet mahnen
3. Pers.	laudā-**bu-nt**	sie werden loben	monē-**bu-nt**	sie werden mahnen

Das Tempuszeichen des Futurs lautet ***-b-*** *(laudā-b-ō)*, mit Erweiterungsvokalen ***-bi-*** bzw. ***-bu.***

Vergleiche:	laudā-**b**-ō	laudā-**bi**-t	laudā-**bu**-nt
	monē-**b**-ō	monē-**bi**-t	monē-**bu**-nt
	er - ō	er-**i**-t	er- **u**-nt

Präsens, Imperfekt und Futur I werden vom Präsensstamm gebildet.

ⓑ Der **Imperativ II** der ā- und ē-Konjugation

	ā-Konjugation		ē-Konjugation	
Sing. 1. Pers.	—	—	—	
2. Pers.	laudā-**tō**	du sollst loben	monē-**tō**	du sollst mahnen
3. Pers.	laudā-**tō**	er (sie, es) soll loben	monē-**tō**	er (sie, es) soll mahnen
Plur. 1. Pers.	—	—	—	—
2. Pers.	laudā-**tōte**	ihr sollt loben	monē-**tōte**	ihr sollt mahnen
3. Pers.	lauda-**ntō**	sie sollen loben	mone-**ntō**	sie sollen mahnen

īra	der Zorn
exemplum	das Beispiel *(Exempel)*
honestus, a, um	angesehen, anständig
secundus, a, um	der folgende, günstig
aliī, ae, a	die anderen, andere
implōrāre	anflehen
Croesus	Kroesus (lydischer König, berühmt wegen seines Reichtums)
fīnitimus, a, um	benachbart
spērāre	hoffen, erhoffen
comparāre (cómparō)	1. bereiten, beschaffen 2. vergleichen
postulāre	fordern, verlangen
prohibēre (ab) (habēre)	abhalten (von), hindern (an)
unde?	woher?
autem (nachgestellt)	aber

23 ⓐ **Das natürliche Geschlecht**

Alle Substantive, die eine männliche Person bezeichnen, sind Maskulina ohne Rücksicht auf ihren Ausgang:

agricola bonus — der tüchtige Bauer — convīvae laetī — die fröhlichen Gäste

ⓑ **Das grammatische Geschlecht**

Bei den Substantiven, die nicht eine männliche oder weibliche Person bezeichnen, erkennt man das Geschlecht im Lateinischen am Ausgang, im Deutschen am Artikel.

ⓒ Die Mehrzahlwörter: die **Pluralwörter**

Manche Wörter kommen im Lateinischen nur in der Mehrzahl vor (Mehrzahlwörter). Vergleiche im Deutschen ‚Leute'!

fēriae, fēriārum — die Ferien — dīvitiae, dīvitiārum — der Reichtum

Wenn ein Mehrzahlwort Subjekt ist, steht auch das Prädikat in der Mehrzahl:

Dīvitiae nōs dēlectant. — Der Reichtum erfreut uns.

Einige Wörter haben im Plural auch eine andere Bedeutung als im Singular:

cōpia	der Vorrat, die Menge, die Fülle	cōpiae, cōpiārum	die Vorräte, die Truppen
littera	der Buchstabe *(Literatur)*	litterae, litterārum	die Buchstaben, Wissenschaft(en), der Brief

ⓓ Die Suffixe *-ia* und *-itia* bezeichnen einen Zustand oder ein Verhalten.

superbus	hochmütig, stolz	superbia	der Hochmut, Stolz
iūstus	gerecht	iūstitia	die Gerechtigkeit

poēta	der Dichter *(Poet)*
nauta	der Seemann, Matrose
unda	die Woge, Welle
modus	das Maß, die Art und Weise *(Mode)*
ēgregius, a, -um	ausgezeichnet, hervorragend
nāvigāre (nāvigō)	(mit dem Schiff) fahren, segeln
sibi (Dat.)	sich (Frage: wem?)
ita	so (beim Verb)
thermae, -ārum	die warmen Bäder, die Badeanstalt(en) *(Thermosflasche)*
dīvitiae, -ārum	der Reichtum
īnsidiae, -ārum	der Hinterhalt, der Überfall
arma, -ōrum (armāre)	die Waffen
castra, -ōrum	das Lager *(Kastell)*
odium	der Hass
nōn sōlum ..., sed etiam	nicht nur ..., sondern auch

24 ⓐ **Adjektive auf *-er*** (1. Gruppe)

servus mis**er**	der arme Sklave
vīta mis**era**	das elende Leben
bellum mis**erum**	der elende Krieg

	Singular			Plural		
	Mask.	Fem.	Neutr.	Mask.	Fem.	Neutr.
N. (V.)	miser	miser-**a**	miser-**um**	miser-**ī**	miser-**ae**	miser-**a**
Gen.	miser-**ī**	miser-**ae**	miser-**ī**	miser-**ōrum**	miser-**ārum**	miser-**ōrum**
Dat.	miser-**ō**	miser-**ae**	miser-**ō**	miser-**īs**	miser-**īs**	miser-**īs**
Akk.	miser-**um**	miser-**am**	miser-**um**	miser-**ōs**	miser-**ās**	miser-**a**
Abl.	miser-**ō**	miser-**ā**	miser-**ō**	miser-**īs**	miser-**īs**	miser-**īs**

Wie bei den Substantiven, so ist auch bei den Adjektiven, deren Wortstock auf ***-er*** endet, im Nominativ (und Vokativ) Singular des Maskulinums der Ausgang ***-us (-e)*** weggefallen.
In der ersten Gruppe gehört das ***e*** zum Wortstock und ist deshalb in **allen** Kasus vorhanden (vgl. *puer, puerī*).

ⓑ **Adjektive auf *-er*** (2. Gruppe)

Bei den Adjektiven auf ***-er***, die nicht unter der 1. Gruppe aufgeführt sind, gehört das ***e*** nicht zum Wortstock, sondern tritt nur im Nominativ (und Vokativ) Singular des Maskulinums auf (vgl. *ager, agrī*).

hortus pul**cher**	der schöne Garten
vīlla pul**chra**	das schöne Landhaus
templum pul**chrum**	der schöne Tempel

	Singular			Plural		
	Mask.	Fem.	Neutr.	Mask.	Fem.	Neutr.
N.(V.)	pulcher	pulchr-**a**	pulchr-**um**	pulchr-**ī**	pulchr-**ae**	pulchr-**a**
Gen.	pulchr-**ī**	pulchr-**ae**	pulchr-**ī**	pulchr-**ōrum**	pulchr-**ārum**	pulchr-**ōrum**
Dat.	pulchr-**ō**	pulchr-**ae**	pulchr-**ō**	pulchr-**īs**	pulchr-**īs**	pulchr-**īs**
Akk.	pulchr-**um**	pulchr-**am**	pulchr-**um**	pulchr-**ōs**	pulchr-**ās**	pulchr-**a**
Abl.	pulchr-**ō**	pulchr-**ā**	pulchr-**ō**	pulchr-**īs**	pulchr-**īs**	pulchr-**īs**

ⓒ

līberāre perīculīs	von Gefahren befreien
līber (ā) perīculīs	frei von Gefahren

Der Ablativ drückt hier eine Trennung aus (vgl. Lektion 12).

miser, misera, miserum	elend, unglücklich, arm
asper, aspera, asperum	rau, schroff
līber, lībera, līberum (līberāre)	frei
venia	die Nachsicht, Verzeihung
dēlīberāre	überlegen (eigtl. abwägen)
cantāre	singen *(Kantate)*
licet	es ist erlaubt,
mihi licet	ich darf
vel	oder, oder auch
dexter, dext(e)ra, dext(e)rum	recht(s)
dext(e)ra	die rechte Hand
sinister, sinistra, sinistrum	link(s), unheilvoll
aeger, aegra, aegrum	krank
sacer, sacra, sacrum	heilig, geweiht
crēber, crēbra, crēbrum	zahlreich, häufig
āter, ātra, ātrum	schwarz, dunkel
pulcher, pulchra, -um	schön
tergum	der Rücken
caelum	der Himmel, das Wetter, Klima
stēlla	der Stern
medius, a, um	der mittlere, mitten
mediā in aquā	mitten im Wasser
dīgnus, a, um	würdig, wert
sedēre	sitzen

25 Das Fürwort: das **Pronomen**, die Fürwörter: die **Pronomina**

Das besitzanzeigende Fürwort: das **Possessivpronomen**

	Singular		Plural	
1. Pers.	meus, a, um	mein	noster, nostra, nostrum	unser
2. Pers.	tuus, a, um	dein	vester, vestra, vestrum	euer
3. Pers.	suus, a, um	sein, ihr, sein	suus, a, um	ihr

ⓐ Das Possessivpronomen steht gewöhnlich nach seinem Substantiv. Vor dem Substantiv steht es, wenn es hervorgehoben werden soll.

Noster hortus magnus est, vester hortus parvus est.
Unser Garten ist groß, euer Garten ist klein.

Multī semper suās sententiās laudant.
Viele loben immer (nur) ihre eigenen Meinungen.

ⓑ Im Deutschen steht oft ein Possessivpronomen, wo es im Lateinischen nicht als notwendig angesehen wird:

Māter mē laudat. Meine Mutter lobt mich.

ⓒ Ein Possessivpronomen kann wie ein Adjektiv als Substantiv verwendet werden:

meī die Meinen, meine Angehörigen
mea das Meine, mein Besitz, mein Hab und Gut

ⓓ Der Ablativ steht im Lateinischen auch auf die Frage: wann?

annō novō im neuen Jahr

Der Akkusativ steht in beiden Sprachen auf die Frage: wie lange?

multōs annōs viele Jahre (lang)

frūmentum	das Getreide
rārus, a, um	selten *(rar)*
ferus, a, um	wild, roh
foedus, a, um	hässlich, schändlich
niger, nigra, nigrum	schwarz, dunkel *(Neger)*
nocēre	schaden
tam – quam (bei Adjektiven)	so – wie
prōvincia	die Provinz
discordia	die Zwietracht
aliēnus, a, um	fremd
acerbus, a, um	herb, bitter
quoque (nachgestellt)	auch
Germānī, -ōrum	die Germanen

26 ⓐ Das persönliche Fürwort: das **Personalpronomen**

	Singular				Plural			
	1. Pers.		2. Pers.		1. Pers.		2. Pers.	
Nom.	ego	ich	tū	du	nōs	wir	vōs	ihr
Gen.	meī	meiner	tuī	deiner	nostrī	unser	vestrī	euer
Dat.	mihi	mir	tibi	dir	nōbīs	uns	vōbīs	euch
Akk.	mē	mich	tē	dich	nōs	uns	vōs	euch
Abl.	ā mē	von mir	ā tē	von dir	ā nōbīs	von uns	ā vōbīs	von euch
	mēcum	mit mir	tēcum	mit dir	nōbíscum	mit uns	vōbíscum	mit euch

Die Nominative des Personalpronomens *(ego, tū, nōs, vōs)* werden nur dann gesetzt, wenn sie besonders betont sind (meist beim Gegensatz). Sonst bleiben sie weg.

Ego magnus sum, tū parvus es. Ich bin groß, du bist klein.

Das Personalpronomen der dritten Person (er, sie, es; sie) wird durch ein hinweisendes Fürwort ausgedrückt, das erst später gelernt wird.

ⓑ Das rückbezügliche Fürwort: das **Reflexivpronomen**

Nom.	–	–
Gen.	suī	seiner, ihrer
Dat.	sibi	sich
Akk.	sē	sich
Abl.	ā sē	von sich
	sēcum	mit sich

Das Reflexivpronomen bezieht sich auf das Subjekt des Satzes. Singular und Plural sind beim Reflexivpronomen gleich.

ⓒ *-que* ‚und' wird an das folgende Wort angehängt

virī fēminaeque = virī et fēminae

miseria (miser)	das Elend, Unglück
disciplīna	die Lehre, Zucht *(Disziplin)*
poena	die Strafe *(Pein)*
oppidum	die (Land-)Stadt, Festung
falsus, a, um	falsch, irrig
maximus, a, um	der größte, sehr groß
nōn ignōrāre	gut kennen (eigtl. nicht nicht-kennen)
nisi	wenn nicht
amīcitia (amīcus)	die Freundschaft
socius	der Gefährte, Bundesgenosse *(sozial)*
vinculum	das Band, die Fessel
prō (Präp. mit Abl.)	für, anstatt
quandō?	wann?

27 Aussageweisen des Prädikats: **Indikativ** und **Konjunktiv**

ⓐ Beātus es. — Du bist glücklich.

Der Inhalt dieser Aussage wird als wirklich hingestellt.
Diese Aussageweise **(Modus)** nennt man **Indikativ** (Wirklichkeitsform).

(Utinam) beātus sīs! — Mögest du glücklich sein.
Möchtest du doch glücklich sein.
Hoffentlich bist du glücklich.

Der Inhalt dieses Satzes wird als wünschenswert hingestellt, als etwas, was möglich ist.
Diesen Modus nennt man **Konjunktiv** (Möglichkeitsform).

ⓑ Der Konjunktiv Präsens von *sum*

	Singular		Plural	
1. Pers.	s-**i-m**	ich sei, möge sein	s-**ī-mus**	wir seien, mögen sein
2. Pers.	s-**ī-s**	du seiest, mögest sein	s-**ī-tis**	ihr seiet, möget sein
3. Pers.	s-**i-t**	er sei, möge sein	s-**i-nt**	sie seien, mögen sein

ⓒ Bedeutung des Konjunktiv Präsens im selbständigen Satz

1. Utinam puerī laetī sint! — Mögen die Kinder (möchten ... doch) fröhlich sein! Hoffentlich sind die Kinder fröhlich.

Der Konjunktiv Präsens drückt im Hauptsatz einen Wunsch aus.
Der Wunsch kann durch *utinam* verstärkt werden; dieses Wort wird meist nicht übersetzt.

2. Laetī sīmus! — Seien wir fröhlich! Lasst uns fröhlich sein! Wollen wir fröhlich sein!

Der Konjunktiv Präsens der 1. Person Plural drückt meist eine Aufforderung aus, die sich an den oder die Sprecher selbst richtet.

3. Nē ignāvī sītis! — Möget ihr nicht träge sein! Seid doch nicht träge!

Der Konjunktiv Präsens dient im Lateinischen zum Ausdruck eines Wunsches oder einer Aufforderung. Die Verneinung lautet **nē**. Im Deutschen wird der lateinische Konjunktiv durch die Verben „mögen“, „möchten“ oder durch „hoffentlich“ ausgedrückt.

Sätze, die einen Wunsch oder eine Aufforderung ausdrücken, nennt man Begehrsätze.

ⓓ Bedeutung des Konjunktiv Präsens im abhängigen Satz

Publius wünscht die Fröhlichkeit der Gäste.
Pūblius laetitiam convīvārum optat.

Publius wünscht: Die Gäste mögen fröhlich sein!
Pūblius optat: Convīvae laetī sīnt!

Publius wünscht, dass die Gäste fröhlich sind.
Pūblius optat, ut convīvae laetī sint.

An die Stelle eines Satzgliedes (z. B. die Fröhlichkeit der Gäste) ist hier ein abhängiger Satz getreten. Ein solcher Satz heißt **Gliedsatz**.

In den mit **ut** (dass), **nē** (dass nicht) eingeleiteten Gliedsätzen, die ein Begehren (Wunsch, Aufforderung, Befehl) ausdrücken, steht der Konjunktiv[1]:

Vōs ōrāmus,	ut	semper	fīdī	sītis.
Wir bitten euch,	dass ihr	immer	zuverlässig	seid (sein möget).
Wir bitten euch		immer	zuverlässig	zu sein.

Vōs ōrāmus,	nē		ignāvī	sītis.
Wir bitten euch,	dass	ihr nicht	träge	seid.
Wir bitten euch		nicht	träge	zu sein.

Im Deutschen braucht man im Gliedsatz den Konjunktiv nicht nachzubilden. Oft ist die Übersetzung mit dem Indikativ oder auch mit dem Infinitiv möglich.

toga	das Gewand, die Toga
morbus	die Krankheit
sevērus, a, um	ernst, streng
pūrus, a, um	rein, klar *(pur)*
futūrus, a, um	zukünftig *(Futur)*
ignōtus, a, um (nōtus)	unbekannt

optāre	wünschen
deinde (sprich: de-inde)	hierauf
anteā (ante)	vorher
apud (Präp. mit Akk.)	bei (nur bei Personen)
ut (mit Konj.)	dass, damit
nē (mit Konj.)	dass nicht, damit nicht

[1] In den deutschen Sätzen von Ü wirst du durch ein Ausrufezeichen in Klammern nach ‚dass‘ auf den Konjunktiv aufmerksam gemacht.

28 ⓐ Der **Konjunktiv Präsens** der ā- und ē-Konjugation

	ā-Konjugation		ē-Konjugation	
Sing. 1. Pers.	laud**e-m**	ich lobe, möge loben	móne-**a-m**	ich mahne, möge mahnen
2. Pers.	laud**ē-s**	du lobest, mögest loben	mone-**ā-s**	du mahnest, mögest mahnen
3. Pers.	laud**e-t**	er lobe, möge loben	mone-**a-t**	er mahne, möge mahnen
Plur. 1. Pers.	laud**ḗ-mus**	wir loben, mögen loben[1]	mone-**ā́-mus**	wir mahnen, mögen mahnen[2]
2. Pers.	laud**ḗ-tis**	ihr lobet, möget loben	mone-**ā́-tis**	ihr mahnet, möget mahnen
3. Pers.	laud**e-nt**	sie loben, mögen loben	móne-**a-nt**	sie mahnen, mögen mahnen

Das Moduszeichen für den Konjunktiv Präsens ist in der ā-Konjugation **-ē-.**

Das Moduszeichen für den Konjunktiv Präsens ist in der ē-Konjugation **-ā-.**

ⓑ **ut** (dass, damit), **nē** (dass nicht, damit nicht) mit Konjunktiv kann auch eine Absicht ausdrücken (Absichtssatz). Im Deutschen ist oft eine Übersetzung mit ‚um . . . zu' möglich.

Līberī sub tectum properant, ut ibī tūtī sint.
Die Kinder eilen unter das Dach, damit sie dort geschützt sind.
Die Kinder eilen unter das Dach, um dort geschützt zu sein.

> Der Konjunktiv dient also:
> 1. in selbständigen Sätzen zum Ausdruck eines Begehrens (eines Wunsches oder einer Aufforderung);
> 2. in Gliedsätzen nach *ut* bzw. *nē*
>   a) zum Ausdruck eines Begehrens: dass, dass nicht
>   b) zum Ausdruck einer Absicht: damit, damit nicht; um zu

[1] oder als Aufforderung: lasst uns loben! [2] oder als Aufforderung: lasst uns mahnen!

corōna	der Kranz, die Krone	inopia	der Mangel, die Not
auspicium	die Vogelschau, das Vorzeichen	memoria	das Gedächtnis, die Erinnerung *(Memory-Spiel)*
propinquus, a, um	nahe, verwandt; Subst.: der Verwandte	vōtum	das Gelübde *(Votivtafel)*
celebrāre (célebrō)	besuchen, feiern *(zelebrieren)*	turbāre	verwirren, stören
creāre	(er)schaffen, wählen *(Kreatur)*	sacrificāre (sacríficō)	opfern
		intereā (inter)	inzwischen

29 Der **Konjunktiv Imperfekt**

ⓐ Sī nunc in Italiā essem, templa spectārem et artificia clāra vidērem — Wenn ich jetzt in Italien wäre, würde ich Tempel betrachten und berühmte Kunstwerke sehen.

Der mit **sī** (wenn) eingeleitete Gliedsatz mit dem Konjunktiv Imperfekt beschreibt eine Bedingung, die als nicht wirklich (als irreal) hingestellt wird.
Der selbständige Satz mit dem Konjunktiv Imperfekt stellt die Aussage ebenfalls als nicht wirklich hin.

ⓑ Utinam officiīs līber essem! — Wäre ich doch von Pflichten frei!

Der Konjunktiv Imperfekt bezeichnet hier einen Wunsch, der als unerfüllbar gedacht ist.

ⓒ Der Konjunktiv Imperfekt von *sum*:

	Singular		Plural	
1. Pers.	es-**se-m**	ich wäre, würde sein	es-**sḗ-mus**	wir wären, würden sein
2. Pers.	es-**sē-s**	du wärest, würdest sein	es-**sḗ-tis**	ihr wäret, würdet sein
3. Pers.	es-**se-t**	er wäre, würde sein	es-**se-nt**	sie wären, würden sein

Zwischen den Stamm und die Personalendungen wird das Moduszeichen ***-se-*** eingeschoben.

ⓓ Der Konjunktiv Imperfekt der ā- und ē-Konjugation

	ā-Konjugation		ē-Konjugation	
Sing. 1. Pers.	laudā-**re-m**	ich lobte, würde loben	monē-**re-m**	ich mahnte, würde mahnen
2. Pers.	laudā-**rē-s**	du lobtest, würdest loben	monē-**rē-s**	du mahntest, würdest mahnen
3. Pers.	laudā-**re-t**	er lobte, würde loben	monē-**re-t**	er mahnte, würde mahnen
Plur. 1. Pers.	laudā-**rḗ-mus**	wir lobten, würden loben	monē-**rḗ-mus**	wir mahnten, würden mahnen
2. Pers.	laudā-**rḗ-tis**	ihr lobtet, würdet loben	monē-**rḗ-tis**	ihr mahntet, würdet mahnen
3. Pers.	laudā-**re-nt**	sie lobten, würden loben	monē-**re-nt**	sie mahnten, würden mahnen

Da zwischen zwei Vokalen *s* zu *r* wird, lautet das Moduszeichen im Konjunktiv Imperfekt für die ā- und ē-Konjugation *-re-*.

vitium	der Fehler, das Laster
saeculum	das Zeitalter, Jahrhundert
sōlus, a, um (Gen. und Dat. unregelmäßig)	allein, einsam *(Solo, Solist)*
levāre	erleichtern, lindern
manēre	bleiben
enim (nachgestellt)	nämlich
Palātium	der Palatin (Hügel in Rom)
officium	die Pflicht *(Offizier)*
factum	die Tat
vacuus, a, um	leer, frei *(Vakuum)*
urbānus, a, um	städtisch, kultiviert; Subst.: Städter
vītāre	meiden, vermeiden
vesperī (auch vespere)	abends, am Abend
ubīque	überall
neque (nec)	und nicht, auch nicht, aber nicht, nicht einmal

30 Die **ē-Deklination**

Der Kennlaut der Substantive in der ē-Deklination ist *ē*. Im Nominativ Singular haben alle Substantive den Ausgang *-ēs*.

Nach alter Zählung wird die ē-Deklination auch als 5. Deklination bezeichnet.

ⓐ Das einzige Maskulinum der ē-Deklination ist *diēs*, *diēī* der Tag (und *merīdiēs*, *ēī* der Mittag): *diēs fēstus* der Festtag.

Alle übrigen Substantive der ē-Deklination sind **Feminina**, z.B. *spēs certa* die sichere Hoffnung.

	Singular		Plural	
N. (V.)	di-**ēs**	fēstus (feste)	di-**ēs**	fēstī
Gen.	di-**ēī**	fēstī	di-**ērum**	fēstōrum
Dat.	di-**ēī**	fēstō	di-**ēbus**	fēstīs
Akk.	di-**em**	fēstum	di-**ēs**	fēstōs
Abl.	di-**ē**	fēstō	di-**ēbus**	fēstīs

ⓑ rēs nova die neue Sache, die Neuigkeit.

	Singular		Plural	
N. (V.)	**rēs**	nova	**rēs**	novae
Gen.	**rĕī**	novae	**rērum**	novārum
Dat.	**rĕī**	novae	**rēbus**	novīs
Akk.	**rem**	novam	**rēs**	novās
Abl.	**rē**	novā	**rēbus**	novīs

Der Gen. und Dat. Sing. hat *ē*, wenn ein *i* vorausgeht, aber *ĕ*, wenn ein Konsonant vorausgeht: *diēs*, *diēī*, aber *rēs*, *rĕī*.

diēs, diēī **m.**	der Tag
meridiēs, meridiēī **m.**	der Mittag, der Süden
perniciēs, perniciēī	das Verderben, der Untergang
fidēs, fídei (fidus)	die Treue, der Glaube
spēs, speī (spērāre)	die Hoffnung
fēstus, a, um	festlich, feierlich
prīmus, a, um	der erste, vorderste
adversus, a, um	widrig, ungünstig
īnstāre	bevorstehen, zusetzen

rēs, reī	die Sache, das Ding *(real)*
rēs pūblica	der Staat *(Republik)*
rēs secundae	die günstigen Dinge, das Glück
in rēbus secundīs	im Glück
rēs adversae	die ungünstigen Dinge, das Unglück
in rēbus adversīs	im Unglück
rēs futūrae	die zukünftigen Dinge, die Zukunft
obstāre	im Wege stehen, hindern
circā, circum (Präp. mit Akk.)	um ... herum, ringsum

31 Die **u-Deklination** (I)

Der Kennlaut der Substantive in der u-Deklination ist ***u***. Im Nominativ Singular haben sie den Ausgang ***-us***. Die meisten Substantive auf **-us** der u-Deklination sind **Maskulina**.

Nach alter Zählung wird die u-Deklination auch als 4. Deklination bezeichnet.

cāsus malus — der schlimme Zufall

	Singular		Plural	
N. (V.)	cās-**us**	malus (male)	cās-**ūs**	malī
Gen.	cās-**ūs**	malī	cās-**uum**	malōrum
Dat.	cās-**uī**	malō	cās-**ibus**	mal-īs
Akk.	cās-**um**	malum	cās-**ūs**	mal-ōs
Abl.	cās-**ū**	malō	cās-**ibus**	mal-īs

Im Dativ und Ablativ Plural ist *-ubus* meist zu *-ibus* geworden (Vokalschwächung).

cōnspectus, -ūs (spectāre)	der Anblick
vultus, -ūs	die Miene, der Gesichtsausdruck
senātus, -ūs	der Senat (Ältestenrat)
magistrātus, -ūs (magister)	der Beamte, das Amt
versus, -ūs	der Vers
prīncipātus, -ūs	die Vorherrschaft, der Vorrang
praeclārus, a, um (clārus)	glänzend, berühmt, vortrefflich
administrāre (minister)	verwalten
úndique	von allen Seiten
ōlim	einst
metus, -ūs	die Furcht
tumultus, -ūs	der Aufruhr, die Unruhe *(Tumult)*
exércitus, -ūs	das Heer *(exerzieren)*
ímpetus, -ūs	der Ansturm, Angriff
cāsus, -ūs	der Fall, Zufall, Unfall *(Kasus)*
equitātus, -ūs (equus)	die Reiterei
ūsus, -ūs	der Gebrauch, der Nutzen, die Übung
herī	gestern
plērumque	meistens, meist
neque – neque (nec – nec)	weder – noch

32 Die **u-Deklination** (II)

ⓐ Feminina

Im Nominativ Singular haben die Feminina wie die Maskulina den Ausgang ***-us***.

domus, -ūs	das Haus *(Dom)*	domus ampla	das stattliche Haus
manus, -ūs	die Hand, die Schar	manus dextra	die rechte Hand
porticus, -ūs	die Säulenhalle, die (offene) Halle	porticus ampla	die geräumige Säulenhalle

Das Substantiv ***domus*** bildet drei Formen nach der o-Deklination:

	Singular		Plural	
N. (V.)	domus	ampla	domus	amplae
Gen.	domūs	amplae	dom**ōrum**	amplārum
Dat.	domuī	amplae	domibus	amplīs
Akk.	domum	amplam	dom**ōs**	amplās
Abl.	in dom**ō**	amplā	in domibus	amplīs

Merke:

domī	zu Hause, daheim
domum	nach Hause, heim
domō	von zu Hause, von daheim

Ⓑ **Neutra**

Die Neutra haben im Nominativ Singular den Ausgang ***-ū***.

cornū, -ūs	das Horn, der Flügel des Heeres
cornua, -uum	die Hörner

	Singular		Plural	
N. (V.)	corn-**ū**	firmum	corn-**ua**	firma
Gen.	corn-**ūs**	firmī	corn-**uum**	firmōrum
Dat.	corn-**ū**	firmō	corn-**ibus**	firmīs
Akk.	corn-**ū**	firmum	corn-**ua**	firma
Abl.	corn-**ū**	firmō	corn-**ibus**	firmīs

Im Dat. Sing. fällt hier die Endung *-i* ab.

lacus, -ūs	der See, das Wasserbecken
passus, -ūs	der Schritt
aquaeductus, -ūs	die Wasserleitung
arcus, -ūs	der Bogen *(Arkade)*
taurus, -ī	der Stier
prīvātus, a, um	einem Privatmann gehörig, privat
longus, a, um	lang
lingua	die Zunge, Sprache
vīctus, -ūs	der Lebensunterhalt, die Lebensweise
frūctus, -ūs	die Frucht, der Ertrag
aestus, -ūs	die Hitze, Brandung
aliī – aliī	die einen – die anderen
tantus, a, um	so groß
labōrāre (mit Abl.)	leiden (an) *(laborieren)*
Latīnus, a, um	lateinisch

33 Die 2. Vergangenheit: das **Perfekt**

In der deutschen Schriftsprache gebrauchen wir bei Erzählungen einmaliger vergangener Ereignisse meistens das Imperfekt, im Lateinischen wird dagegen das Perfekt verwendet (*tempus perfectum* vollendete Zeit). Bei Handlungen, die sich oft wiederholten, oder bei der Schilderung von Zuständen verwendet man im Lateinischen das Imperfekt (*tempus im-perfectum* un-vollendete Zeit).

ⓐ v-Perfekt in der ā-Konjugation

Präsens, Imperfekt und Futur werden vom Präsensstamm *laudā-* gebildet.
Der Präsensstamm wird durch v zum Perfektstamm **laudāv-** erweitert.

Daran treten die Endungen wie folgt:

	Singular		Plural	
1. Pers.	laudā-**v-ī**	ich habe gelobt	laudā́-**v-imus**	wir haben gelobt
2. Pers.	laudā-**v-ístī**	du hast gelobt	laudā-**v-ístis**	ihr habt gelobt
3. Pers.	laudā-**v-it**	er hat gelobt	laudā-**v-ḗrunt**	sie haben gelobt

ⓑ Die Verben *dēlēre, flēre, complēre* der ē-Konjugation bilden auch ein v-Perfekt:

	Singular		Plural	
1. Pers.	complē-**v-ī**	ich habe angefüllt	complḗ-**v-imus**	wir haben angefüllt
2. Pers.	complē-**v-ístī**	du hast angefüllt	complē-**v-ístis**	ihr habt angefüllt
3. Pers.	complē-**v-it**	er hat angefüllt	complē-**v-ḗrunt**	sie haben angefüllt

Im Deutschen wird das Perfekt meist mit dem Hilfszeitwort ‚haben', bei den Verben der Bewegung mit ‚sein' gebildet: ‚ich habe gesehen', aber ‚ich bin geflogen'.

theātrum	das Theater
spīritus, -ūs	der Hauch, Atem
portus, -ūs	der Hafen *(Airport)*
tolerāre	ertragen, erdulden *(Toleranz)*
expūgnāre	erobern
usque ad (Präp. mit Akk.)	bis zu
posteā (post)	nachher, später
Gallī, -ōrum	die Gallier
aciēs, aciēī	1. die Schärfe 2. die Kampflinie, Schlacht
occupāre (óccupō)	besetzen
renovāre (novus)	erneuern
collocāre (cóllocō)	aufstellen
postrēmō	zuletzt
Drūsus	Drusus (Stiefsohn des Kaisers Augustus)
Tiberius	Tiberius (römischer Kaiser)
Germānicus	Germanicus (römischer Feldherr)
Dānuvius	die Donau
Poenī, -ōrum	die Punier
Hispānia, -ae	Spanien

34 ⓐ Die meisten Verba der ē-Konjugation bilden den **Perfektstamm** auf ***-u***: *món-ŭ-ī* (ich habe gemahnt) entstand aus *móne-v-ī*

	Singular		Plural	
1. Pers.	món-**u-ī**	ich habe gemahnt	mon-**ú-imus**	wir haben gemahnt
2. Pers.	mon-**u-ístī**	du hast gemahnt	mon-**u-ístis**	ihr habt gemahnt
3. Pers.	mon-**u-it**	er hat gemahnt	mon-**u-ḗrunt**	sie haben gemahnt

monērē	mahnen	moneō	mon**uī**
arcēre	abhalten, abwehren	arceō	arc**uī**
habēre	haben, halten	habeō	hab**uī**
adhibēre	anwenden	adhíbeō	adhib**uī**
prohibēre	abhalten, (ver)hindern	prohíbeō	prohib**uī**
dēbēre	schulden, müssen	dēbeō	dēb**uī**
terrēre	(er)schrecken	terreō	terr**uī**
placēre	gefallen	placeō	plac**uī**
tacēre	schweigen, verschweigen	taceō	tac**uī**
docēre	lehren, unterrichten	doceō	doc**uī**
nocēre	schaden	noceō	noc**uī**
tenēre	halten	teneō	ten**uī**
timēre	fürchten	timeō	tim**uī**
pārēre	gehorchen	pāreō	pār**uī**
studēre	sich bemühen, streben	studeō	stud**uī**
valēre	gesund sein, vermögen	valeō	val**uī**
retinēre	zurückhalten	retineō	retin**uī**

ⓑ Der **Perfektstamm** von ***sum*** lautet ***fu-***.

	Singular		Plural	
1. Pers.	fu-**ī**	ich bin gewesen	fú-**imus**	wir sind gewesen
2. Pers.	fu-**ístī**	du bist gewesen	fu-**ístis**	ihr seid gewesen
3. Pers.	fu-**it**	er (sie, es) ist gewesen	fu-**ḗrunt**	sie sind gewesen

ⓒ Die Nennform der 2. Vergangenheit: der **Infinitiv Perfekt**

laudāv-**isse**	complēv-**isse**	monu-**isse**	fu-**isse**
gelobt zu haben	gefüllt zu haben	gemahnt zu haben	gewesen zu sein

ⓓ In Gliedsätzen, die durch **cum** (als; da, weil) eingeleitet werden, steht der Konjunktiv.

Cum amīcum vidēr**em**, laetus fuī.
Als (da, weil) ich den Freund sah, war ich froh.

Im Deutschen steht hier statt des Konjunktivs der Indikativ.

ⓔ Senātuī placet deīs sacrificāre.
Dem Senat gefällt es den Göttern zu opfern.
Der Senat beschließt den Göttern zu opfern.

locus, -ī	der Ort, Platz, die Stelle	cursus, -ūs	der Lauf, der Kurs
nāvigium	das Schiff	perītus, a, um	erfahren, kundig
studium (studēre)	der Eifer, die Beschäftigung *(Studium)*	agitāre (ágitō)	treiben, betreiben
onerāre	belasten, beladen	exercēre exerceō, exercuī (exercitus, -ūs)	üben, (sich) plagen *(exerzieren)*
prope (Präp. mit Akk.)	nahe bei		

35 Die **3. Deklination**

Die Substantive der ā-, o-, u-, ē-Deklination haben als Stammauslaut (Kennlaut) einen Vokal.

Die Substantive der 3. Deklination zeigen als Stammauslaut entweder einen Konsonanten **(Konsonantenstämme)** oder den Vokal ĭ **(i-Stämme)**.

Die Ausgänge für die Konsonantenstämme:

Kasus	Singular	Plural
N./V.	– oder **-s**	**-ēs**
Gen.	**-is**	**-um**
Dat.	**-ī**	**-ibus**
Akk.	**-em**	**-ēs**
Abl.	**-e**	**-ibus**

ⓐ **l-Stämme**

	Singular		Plural	
N.(V.)	cōnsul	der Konsul	cōnsul-**ēs**	die Konsuln
Gen.	cōnsul-**is**	des Konsuls	cōnsul-**um**	der Konsuln
Dat.	cōnsul-**ī**	dem Konsul	cōnsul-**ibus**	den Konsuln
Akk.	cōnsul-**em**	den Konsul	cōnsul-**ēs**	die Konsuln
Abl.	cum cōnsul-**e**	mit dem Konsul	cum cōnsul-**ibus**	mit den Konsuln

Stamm: *cōnsul*. Im Nominativ Singular haben diese Substantive keine Endung.

Die l-Stämme sind **Maskulina.**

Nicht immer lässt sich der Stamm am Nominativ Singular erkennen. Daher gilt folgende Regel:

> Bei Konsonantenstämmen findet man den Stamm, wenn man vom Genitiv Singular den Ausgang *-is* weglässt.

ⓑ Das Perfekt zu *dăre:* **dĕdī** ich habe gegeben

An den Perfektstamm *ded-* treten die Endungen des Perfekts:
Indikativ: ded-ī, ded-istī, ded-it ...
Infinitiv: ded-isse

ⓒ officium cōnsulum est — es ist Pflicht der Konsuln
oder cōnsulum est — es ist Aufgabe (Pflicht, Sache) der Konsuln

cōnsul, cōnsŭlis (cōnsilium)	der Konsul	mortuus, a, um	tot, gestorben
		vāstāre	verwüsten
sāl, salis	das Salz	raptāre	wegschleppen, rauben
sōl, sōlis	die Sonne	et ... et	sowohl ... als auch
fossa, -ae	der Graben		
satis	genug, genügend	Līvius, -ī	Livius (röm. Geschichtsschreiber um Christi Geburt)
iussū	auf Befehl		
Ostia, -ae	Ostia (Hafenstadt Roms)	Etruscī, -ōrum	die Etrusker (Nachbarn der Römer)

36 ⓐ **r-Stämme** (Substantive auf *-or, -ōris*)

	Singular		Plural	
N. (V.)	ōrātor	der Redner	ōrātōr-**ēs**	die Redner
Gen.	ōrātōr-**is**	des Redners	ōrātōr-**um**	der Redner
Dat.	ōrātōr-**ī**	dem Redner	ōrātōr-**ibus**	den Rednern
Akk.	ōrātōr-**em**	den Redner	ōrātōr-**ēs**	die Redner
Abl.	cum ōrātōr-**e**	mit dem Redner	cum ōrātōr-**ibus**	mit den Rednern

Stamm: *ōrātor-*. Im Nominativ Singular haben diese Substantive keine Endung.

Die Substantive auf ***-or, -ōris*** sind **Maskulina**.

ⓑ Beachte die Stellungsregel: Eigennamen stehen vor dem Beiwort (vgl. S. 153).

Imperātor steht aber voraus, wenn es ‚Kaiser' bedeutet:

imperātor Augustus	der Kaiser Augustus
Marius imperātor	der Feldherr Marius.

ⓒ *imperā-re* befehlen *imperā-tor* der Befehlshaber, Feldherr, Kaiser

Die Ableitungssilbe (das Suffix) *-tor* bezeichnet die handelnde Person.

ⓓ Bei einigen Verben, wie *creāre* wählen, *nōmināre, appellāre,* steht ein doppelter Akkusativ:

Populus virōs bonōs cōnsulēs creat.	Das Volk wählt tüchtige Männer zu Konsuln.

ōrātor, -ōris (ōrāre)	der Redner
mercātor, -ōris	der Kaufmann
praetor, -ōris	der Prätor
senātor, -ōris	der Senator
maiōrēs, -um	die Vorfahren
reus, -ī	der Angeklagte
iūdicium (iūstus)	das Urteil, Gericht
iūdicāre (iū́dicō)	urteilen
certāre	streiten, wetteifern
inter sē	unter sich, untereinander

lictor, ōris	der Liktor
imperātor, -ōris (imperāre)	der Feldherr, Kaiser
auctor, -ōris	der Urheber, Begründer *(Autor)*
scrīptor, -ōris	der Schriftsteller
Caesar, Caesaris	Caesar: röm. Politiker, dessen Name später Ehrentitel aller röm. Kaiser wurde (100–44 v. Chr.)

37 ⓐ Weitere **r-Stämme**

labor dūrus	die harte Arbeit

Feminina sind:

uxor cāra	die liebe Gattin
soror parva	die kleine Schwester
arbor alta	der hohe Baum

Neutrum ist:

aequor vāstum	das weite Meer	Pl.: aéquŏra vāsta

ⓑ Die Möglichkeitsform der 2. Vergangenheit: der **Konjunktiv Perfekt**

von *sum:*

	Singular		Plural	
1. Pers.	fú-**erim**	ich sei gewesen	fu-**érimus**	wir seien gewesen
2. Pers.	fu-**eris**	du seist gewesen	fu-**éritis**	ihr seiet gewesen
3. Pers.	fu-**erit**	er sei gewesen	fú-**erint**	sie seien gewesen

von *laudō:*

	Singular		Plural	
1. Pers.	laudā́v-**erim**	ich habe gelobt	laudāv-**érimus**	wir haben gelobt
2. Pers.	laudāv-**eris**	du habest gelobt	laudāv-**éritis**	ihr habet gelobt
3. Pers.	laudāv-**erit**	er habe gelobt	laudā́v-**erint**	sie haben gelobt

von *moneō:*

	Singular		Plural	
1. Pers.	monú-**erim**	ich habe ermahnt	monu-**érimus**	wir haben ermahnt
2. Pers.	monu-**eris**	du habest ermahnt	monu-**éritis**	ihr habet ermahnt
3. Pers.	monu-**erit**	er habe ermahnt	monú-**erint**	sie haben ermahnt

Beachte jeweils den Perfektstamm:

superāv-eris, complēv-eris, pāru-eris, dĕd-eris

ⓒ Abhängige Fragesätze

1. Quō festīnāvistī? — Wohin bist du geeilt?
2. Ignōrō, quō festīnāveris. — Ich weiß nicht, wohin du geeilt bist.

Im 2. Beispiel ist der Fragesatz von *ignōrō* abhängig.

Zur Bezeichnung der **Abhängigkeit** eines Fragesatzes steht im Lateinischen der **Konjunktiv.** Im Deutschen steht meist der Indikativ.

labor, -ōris (labōrāre)	die Arbeit, Mühe, Anstrengung
amor, -ōris	die Liebe
clāmor, -ōris (clāmāre)	das Geschrei
uxor, -ōris **f.**	die Ehefrau
soror, -ōris **f.**	die Schwester
aequor, aéquŏris **n.**	die Meeresfläche, das Meer
vāstus, a, um (vāstāre)	1. wüst, öde 2. weit
quantus, a, um	wie groß
error, -ōris (errāre)	der Irrtum, die Irrfahrt
terror, -ōris (terrēre)	der Schrecken
timor, -ōris (timēre)	die Furcht
dolor, -ōris	der Schmerz
profectō (factum)	in der Tat, wirklich
cum (mit Ind.)	wenn, immer wenn

38 ⓐ **r-Stämme** (Substantive auf *-er, -(e)ris*)

agger altus — der hohe Damm — frāter cārus — der liebe Bruder

	Singular		Plural	
N.(V.)	agger	altus (alte)	agger-**ēs**	altī
Gen.	ágger-**is**	altī	agger-**um**	altōrum
Dat.	agger-**ī**	altō	aggér-**ibus**	altīs
Akk.	agger-**em**	altum	agger-**ēs**	altōs
Abl.	in agger-**e**	altō	in aggér-**ibus**	altīs
N.(V.)	frāter	cārus (cāre)	frātr-**ēs**	cārī
Gen.	frātr-**is**	cārī	frātr-**um**	cārōrum
Dat.	frātr-**ī**	cārō	frātr-**ibus**	cārīs
Akk.	frātr-**em**	cārum	frātr-**ēs**	cārōs
Abl.	cum frātr-**e**	cārō	cum frātr-**ibus**	cārīs

Wie bei den Substantiven auf *-er* der o-Deklination unterscheidet man auch in der 3. Deklination:

1. Substantive, bei denen das *e* zum Stamm gehört, z.B. *agger, ággeris* der Damm,
2. Substantive, die das *e* nur im Nominativ (Vokativ) Singular aufweisen, z.B. *frāter, frātris* der Bruder.

Die Substantive auf ***-er, -(e)ris*** sind **Maskulina.**

Feminina sind:

mulier misera	die arme Frau
māter cāra	die liebe Mutter

Neutrum ist:

iter angustum	der enge Weg	*Pl.:* **itínera** angusta

ⓑ **Sekundäre r-Stämme** (Substantive auf *-ōs, -ōris*)

flōs pulcher — die schöne Blume

	Singular		Plural	
N.(V.)	flōs	pulcher	flōr-**ēs**	pulchrī
Gen.	flōr-**is**	pulchrī	flōr-**um**	pulchrōrum
Dat.	flōr-**ī**	pulchrō	flōr-**ibus**	pulchrīs
Akk.	flōr-**em**	pulchrum	flōr-**ēs**	pulchrōs
Abl.	flōr-**e**	pulchrō	flōr-**ibus**	pulchrīs

Ursprünglicher Stamm: *flōs-*. Ursprünglicher Genitiv: *flōs-is*. Zwischen Vokalen wird ***-s-*** zu ***-r-***, also *flō**r**-is*. Daher werden diese Substantive als ‚sekundäre r-Stämme' bezeichnet; das *-r-* ist nicht ursprünglich, es hat sich erst später entwickelt.

Die **sekundären r-Stämme** (Substantive auf *-ōs, -ōris*) sind **Maskulina**.

Beachte aber:

ōs hūmānum	das menschliche Gesicht	Pl.: ōr**a** hūmāna
tellūs bona	der gute Erdboden	

agger, ággeris	der Damm, Wall
mulier, mulíeris **f.**	die Frau
pater, patris	der Vater
patrēs, -um	die Senatoren
frāter, frātris	der Bruder
māter, mātris **f.**	die Mutter
iter, itíneris **n.**	die Reise, der Marsch, der Weg
mōs, mōris	die Sitte, der Brauch *(Moral)*
mōrēs, mōrum	die Sitten, der Charakter

honōs, honōris	die Ehre, das Ehrenamt
flōs, flōris	die Blüte, Blume *(Flora)*
ōs, ōris **n.**	der Mund, das Gesicht
tellūs, -ūris **f.**	die Erde, der Erdboden
ínteger, íntegra íntegrum	unberührt, rein, untadelig
bene	gut[1]
Cerēs, Cérĕris	Ceres (Göttin der Fruchtbarkeit)
Līber, -erī	Liber, griech. Bacchus (Gott des Weines)

[1] Frage: auf welche Weise?

39 ⓐ **n-Stämme** (Substantive auf ***-ō, -ōnis***)

ōrātiō clāra — die berühmte Rede

	Singular		Plural	
N.(V.)	ōrātiō	clāra	ōrātiōn-**ēs**	clārae
Gen.	ōrātiōn-**is**	clārae	ōrātiōn-**um**	clārārum
Dat.	ōrātiōn-**ī**	clārae	ōrātiōn-**ibus**	clārīs
Akk.	ōrātiōn-**em**	clāram	ōrātiōn-**ēs**	clārās
Abl.	ōrātiōn-**e**	clārā	ōrātiōn-**ibus**	clārīs

Stamm: *ōrātiōn-*. Das *-n-* ist im Nominativ Singular abgefallen.

Die Substantive auf ***-ō, -ōnis*** sind **Feminina.**

Beachte aber:

sermō Latīnus — die lateinische Sprache

ⓑ *ōrā-re* (Grundbedeutung: reden) — *ōrā-tiō* die Rede

Das Suffix *-tiō* bezeichnet eine Tätigkeit.

ⓒ Das Perfekt zu *stāre:* **stet-ī** ich bin gestanden

An den Perfektstamm *stet-* treten die Ausgänge des Perfekts.

Indikativ:	stet-ī, stet-istī, stet-it . . .
Konjunktiv:	stet-erim, stet-eris, stet-erit . . .
Infinitiv:	stet-isse

ōrātiō, -ōnis	die Rede
ratiō, -ōnis	die Vernunft, die Art und Weise
legiō, -ōnis	die Legion
nātiō, -ōnis	der Volksstamm, das Volk *(Nation)*
regiō, -ōnis	die Richtung, Gegend *(Region)*
collum, -ī	der Hals
rēctus, a, um	gerade, recht, richtig
captīvus, a, um (captāre)	gefangen; Subst.: der Gefangene
aut	oder
condiciō, -ōnis	die Bedingung, Lage *(Kondition)*
religiō, -ōnis	die Götterverehrung, Religion, Ehrfurcht
dominātiō, -ōnis (dominus)	die Herrschaft, Alleinherrschaft
opīniō, -ōnis	die Meinung
sermō, -ōnis **m.**	das Gespräch, die Sprache
sermō Latīnus / lingua Latīna	die lateinische Sprache

40 ⓐ **n-Stämme** (Substantive auf *-ō, -inis*)

imāgō mīra — das wunderbare Bild

	Singular		Plural	
N.(V.)	imāgō	mīra	imāgin-**ēs**	mīrae
Gen.	imāgin-**is**	mīrae	imāgin-**um**	mīrārum
Dat.	imāgin-**ī**	mīrae	imāgín-**ibus**	mīrīs
Akk.	imāgin-**em**	mīram	imāgin-**ēs**	mīrās
Abl.	imāgin-**e**	mīrā	imāgín-**ibus**	mīrīs

Der Stamm hieß ursprünglich *imāgōn-*. Im Nominativ (Vokativ) Singular hat sich das ursprüngliche *-o-* unter Wegfall des *-n-* erhalten. In allen anderen Kasus wurde das *-o-* zu *-i-* abgeschwächt.

Die Substantive auf *-ō, -inis* sind **Feminina.**

Maskulina sind:

homō bonus — der gute Mensch
ōrdō prīmus — die erste Reihe

ⓑ Die Wirklichkeitsform der 3. Vergangenheit: der **Indikativ Plusquamperfekt** von *esse*:

	Singular		Plural	
1. Pers.	fú-**eram**	ich war gewesen	fu-**erā́mus**	wir waren gewesen
2. Pers.	fu-**erās**	du warst gewesen	fu-**erā́tis**	ihr wart gewesen
3. Pers.	fu-**erat**	er war gewesen	fú-**erant**	sie waren gewesen

von *laudō:*

	Singular		Plural	
1. Pers.	laudā́v-**eram**	ich hatte gelobt	laudāv-**erā́mus**	wir hatten gelobt
2. Pers.	laudāv-**erās**	du hattest gelobt	laudāv-**erā́tis**	ihr hattet gelobt
3. Pers.	laudāv-**erat**	er hatte gelobt	laudā́v-**erant**	sie hatten gelobt

von *moneō:*

	Singular		Plural	
1. Pers.	monú-**eram**	ich hatte ermahnt	monu-**erā́mus**	wir hatten ermahnt
2. Pers.	monu-**erās**	du hattest ermahnt	monu-**erā́tis**	ihr hattet ermahnt
3. Pers.	monu-**erat**	er hatte ermahnt	monú-**erant**	sie hatten ermahnt

Beachte jeweils den Perfektstamm:

properāv-erant, dēlēv-erant, pārú-erant, déd-erant, stét-erant, obstit-erant.

Populus Rōmānus cōnsulem honōribus onerāvit, quod Germānōs superāverat.
Das römische Volk überhäufte den Konsul mit Ehren, weil er die Germanen besiegt hatte.

Die Handlung des *quod*-Satzes war bereits abgeschlossen; dann erst trat die Handlung des Hauptsatzes ein. Betrachte die Zeitleiste:

Plusquamperfekt	Perfekt	←
Sieg des Konsuls	Ehrung	Sprecher des Satzes

Das Plusquamperfekt bezeichnet eine Handlung, die in der Vergangenheit bereits abgeschlossen war, als eine andere eintrat.

ⓒ *alt-us* hoch, tief — *alt-i-tūdō* die Höhe, Tiefe

Das Suffix *-tūdō* bezeichnet eine Eigenschaft.

ⓓ Scrīptōrī multī librī sunt. — Der Schriftsteller hat viele Bücher. (*Wörtlich:* Dem Schriftsteller sind viele Bücher zu eigen.)

Der Dativ bei *esse* gibt den Besitzer einer Sache an.

imāgō, -inis	das Bild
orīgō, -inis	der Ursprung (*Original*)
cōnsuētūdō, -inis	1. die Gewohnheit, Sitte 2. der Umgang
multitūdō, -inis (multī)	die Menge
homō, -inis **m.**	der Mensch
patricius, a, um (pater)	patrizisch; Subst.: der Patrizier
plēbēius, a, um	plebejisch; Subst.: der Plebejer
cēterī, ae, a	die übrigen
impetrāre (ímpetrō)	durchsetzen, erreichen
aut ... aut	entweder ... oder
velut	wie, zum Beispiel
magnitūdō, -inis (magnus)	die Größe
virgō, -inis	das Mädchen
ōrdō, -inis **m.**	1. die Reihe, Ordnung 2. der Stand
sīgnum, -ī	das Zeichen (*Signal*)
barbarus, a, um	barbarisch, fremd; Subst.: der Barbar, Fremde
cottīdiē (diēs)	täglich
Venus, Veneris	Venus (Göttin der Liebe)
Cicerō, -ōnis	Cicero, röm. Redner, Politiker und Schriftsteller

41 t-Stämme (Substantive auf *-ās, -ātis*)

cīvitās lībera — der freie Staat

	Singular		Plural	
N.(V.)	cīvitās	lībera	cīvitāt-**ēs**	līberae
Gen.	cīvitāt-**is**	līberae	cīvitāt-**um**	līberārum
Dat.	cīvitāt-**ī**	līberae	cīvitāt-**ibus**	līberīs
Akk.	cīvitāt-**em**	līberam	cīvitāt-**ēs**	līberās
Abl.	in cīvitāt-**e**	līberā	in cīvitāt-**ibus**	līberīs

Der Stamm ist *cīvitāt-*. Im Nominativ Singular erscheint die Endung *-s (cīvitāt-s)*. Der Stammauslaut ***-t-*** fällt vor ***-s*** aus.

Die Substantive auf ***-ās, -ātis*** sind **Feminina**.

aestās, -ātis (aestus)	der Sommer
aetās, -ātis	das Lebensalter, Zeitalter, die Zeit
socíetās, -ātis (socius)	die Gemeinschaft, das Bündnis
cīvitās, -ātis	die Bürgerschaft, der Staat
auctōritās, -ātis (auctor)	das Ansehen, der Einfluss *(Autorität)*
potestās, -ātis	die (Amts)gewalt
dīgnitās, -ātis (dīgnus)	die Würde
nōbilitās, -ātis	die Berühmtheit, der Adel *(nobel)*
lībertās, -ātis (līber)	die Freiheit
gravitās, -ātis	der Ernst, die Würde
crūdēlitās, -ātis	die Rohheit, Grausamkeit
pietās, -ātis (pius)	das Pflichtbewusstsein, die Frömmigkeit
iūstitia, -ae (iūstus)	die Gerechtigkeit
ūnus, a, um (Gen. und Dat. unregelmäßig)	ein(er), ein einziger
quōmodō? (modus)	wie? auf welche Weise?
Sallustius, -ī	Sallust (Geschichtsschreiber, 86–34 v. Chr.)

42 ⓐ **t (d)-Stämme** (Substantive auf ***-ūs, -ūtis** und **-ōs, -ōtis***)

virtūs praeclāra — die hervorragende Tugend

	Singular		Plural	
N. (V.)	virtūs	praeclāra	virtūt-**ēs**	praeclārae
Gen.	virtūt-**is**	praeclārae	virtūt-**um**	praeclārārum
Dat.	virtūt-**ī**	praeclārae	virtūt-**ibus**	praeclārīs
Akk.	virtūt-**em**	praeclāram	virtūt-**ēs**	praeclārās
Abl.	virtūt-**e**	praeclārā	virtūt-**ibus**	praeclārīs

Der Stamm lautet *virtūt-*. Im Nominativ Singular erscheint die Endung *-s (virtūt-s)*. Der Stammauslaut ***-t-*** entfällt vor ***-s***.

Die Substantive auf *-ūs, -ūtis (-ūdis)* und auf *-ōs, -ōtis (-ōdis)* sind **Feminina**.

Beachte aber: custōs fīdus — der treue Wächter

ⓑ Die Möglichkeitsform der 3. Vergangenheit: der **Konjunktiv Plusquamperfekt** von *esse*:

	Singular		Plural	
1. Pers.	fu-**íssem**	ich wäre gewesen	fu-**issḗmus**	wir wären gewesen
2. Pers.	fu-**íssēs**	du wärest gewesen	fu-**issḗtis**	ihr wäret gewesen
3. Pers.	fu-**ísset**	er wäre gewesen	fu-**íssent**	sie wären gewesen

von *laudō:*

	Singular		Plural	
1. Pers.	laudāv-**íssem**	ich hätte gelobt	laudāv-**issḗmus**	wir hätten gelobt
2. Pers.	laudāv-**íssēs**	du hättest gelobt	laudāv-**issḗtis**	ihr hättet gelobt
3. Pers.	laudāv-**ísset**	er hätte gelobt	laudāv-**íssent**	sie hätten gelobt

von *moneō:*

	Singular		Plural	
1. Pers.	monu-**íssem**	ich hätte ermahnt	monu-**issḗmus**	wir hätten ermahnt
2. Pers.	monu-**íssēs**	du hättest ermahnt	monu-**issḗtis**	ihr hättet ermahnt
3. Pers.	monu-**ísset**	er hätte ermahnt	monu-**íssent**	sie hätten ermahnt

Beachte jeweils den Perfektstamm:

parāv-isset, complēv-isset, pāru-isset, ded-isset, stet-isset, obst**i**t-isset.

ⓒ ***Cum*** mit Konjunktiv: **als, nachdem; da, weil** (vgl. S. 182):

Cum sacerdōs sacrificā**visset**, cōnsul lūdōs dedit.
Als (nachdem) der Priester geopfert **hatte**, gab der Konsul Spiele.

Cum (als, nachdem; da, weil) verlangt den Konjunktiv.
Auch der Konjunktiv Plusquamperfekt bezeichnet eine Handlung, die bereits abgeschlossen war, bevor eine andere eintrat.
Im Deutschen steht statt des Konjunktivs der Indikativ.

sérvitūs, -ūtis (servus)	die Knechtschaft
virtūs, -ūtis (vir)	die Tüchtigkeit, Tugend, Tapferkeit, Leistung
senectūs, -ūtis (senātus)	das (Greisen-)Alter
salūs, -ūtis (salūtāre)	das Wohlergehen, Heil, die Rettung
pecŭs, pécŭdis (pecūnia)	das (Stück) Vieh, das Schaf
sacerdōs, -ōtis m., f. (sacer)	der Priester, die Priesterin
custōs, -ōdis **m.**	der Wächter, Hüter
praetereā	außerdem
iuventūs, -ūtis	die Jugend
laus, laudis (laudāre)	das Lob, der Ruhm
Iuppiter, Iovis, Iovī, Iovem, Iuppiter, ab Iove	Jupiter
color, -ōris	die Farbe
admīrātiō, -ōnis (mīrus)	die Bewunderung
īnfirmus, a, um	schwach, krank
excitāre	erregen, wecken, ermuntern

43 Weitere t(d)-Stämme

ⓐ Substantive auf ***-es, -itis***:

comes fīdus — der treue Begleiter

	Singular		Plural	
N.(V.)	comes	fīdus (fīde)	comit-**ēs**	fīdī
Gen.	comĭt-**is**	fīdī	comit-**um**	fīdōrum
Dat.	comit-**ī**	fīdō	comit-**ibus**	fīdīs
Akk.	comit-**em**	fīdum	comit-**ēs**	fīdōs
Abl.	cum comit-**e**	fīdō	cum comit-**ibus**	fīdīs

Der Stamm lautet *comit-*. Die Endung im Nominativ Singular ist *-s*; der Stammauslaut -t- fällt vor *-s* aus; *comet-s* wird zu *comes*.

Hospes, comes, mīles, pedes, eques sind nach dem natürlichen Genus **Maskulina**.

ⓑ Substantive auf ***-ēs, -ētis (-ēdis)***:

quiēs grāta   die willkommene Ruhe

N.(V.)	quiē**s**	grāta
Gen.	quiēt**is**	grātae
Dat.	quiēt**ī**	grātae
Akk.	quiēt**em**	grātam
Abl.	quiēt**e**	grātā

Der Stamm lautet *quiēt-*. Die Endung des Nominativs Singular ist *-s*. Der Stammauslaut ***-t-*** fällt vor ***-s*** aus.

Die Substantive auf ***-ēs, -ētis (-ēdis)*** sind **Feminina**.

Maskulina sind:

pēs dexter	der rechte Fuß	*Gen.:* pedis dextrī
lapis niger	der schwarze Stein	*Gen.:* lápĭdis nigrī

ⓒ Comes meus summā laude dīgnus est. — Mein Begleiter ist des höchsten Lobes würdig. Mein Begleiter verdient höchstes Lob.

Das Adjektiv *dīgnus* wird mit dem Ablativ verbunden. Das entsprechende deutsche Adjektiv „würdig“ verlangt dagegen den Genitiv. Möglich ist auch eine freie Übersetzung mit dem Verb „verdienen“.

hospes, hospitis	**m.**	der Gast(freund); der Gastgeber *(Hospital)*
mīles, mīlitis	**m.**	der Soldat *(Militär)*
eques, equitis (equus)	**m.**	der Reiter, Ritter
pedes, peditis	**m.**	der Soldat (zu Fuß)
comes, comitis	**m.**	der Gefährte, Begleiter
mīlitia, -ae		der Kriegsdienst
folium, -ī		das Blatt *(Folie)*
dubitāre		zweifeln, zögern
Plautus, -ī		Plautus (römischer Komödiendichter um 200 v. Chr.)
Mārs, Mārtis		Mars (römischer Kriegsgott)
quiēs, quiētis		die Ruhe, Erholung
pēs, pĕdis	**m.**	der Fuß *(Pedal)*
lapis, lapĭdis	**m.**	der Stein
iactāre		werfen
iterum		wiederum, ein zweites Mal
dōnec		solange (als), solange bis
India, -ae		Indien
herc(u)le		beim Herkules (Ausruf)

44 ⓐ Das hinweisende Fürwort: das **Demonstrativpronomen:** ***hic, haec, hoc***

hic camp**us**	diese Ebene
haec statu**a**	diese Statue
hoc oppid**um**	diese Festung

	Singular			Plural		
	Mask.	Fem.	Neutr.	Mask.	Fem.	Neutr.
Nom.	hic	haec	hŏc	hī	hae	haec
Gen.		huius		hōrum	hārum	hōrum
Dat.		huic			hīs	
Akk.	hunc	hanc	hŏc	hōs	hās	haec
Abl.	hōc	hāc	hōc		hīs	

Das *-c* am Ende von *hic, haec, hoc* ist aus *-ce* ‚da' entstanden. Vergleiche: *ec-ce* siehe da! Der Akkusativ *hunc* ist aus *hum-ce* (diesen da), *hanc* aus *hamc-ce* (diese da) entstanden.

Unterscheide:	hic	dieser
	hīc	hier

Das Demonstrativpronomen steht gewöhnlich **vor** dem Substantiv.

Es bezeichnet

1. das, was unmittelbar vor Augen liegt: *hic liber* dieses Buch (hier);
2. das, was unmittelbar vorhergeht oder folgt: *hīs verbīs* mit diesen (oder: mit folgenden) Worten.

ⓑ Wie die Pronomina hat auch *tōtus, tōta, tōtum* im Genitiv Singular aller drei Genera **-īus**, im Dativ Singular ***-ī***.

	Mask.	Fem.	Neutr.
N.(V.)	tōtus	tōta	tōtum
Gen.		tōt**íus**	
Dat.		tōt**ī**	
Akk.	tōtum	tōtam	tōtum
Abl.	tōtō	tōtā	tōtō

Ebenso werden dekliniert:	sōlus, a, um	allein
	nūllus, a, um	kein

philósophus, -ī	der Philosoph	paulum	ein wenig
philosóphia, ae	die Philosophie	Diógenes	Diogenes (griech. Philosoph)
		Alexander Magnus	Alexander der Große (griech. König und Eroberer)

45 c(g)-Stämme

lēx bona — ein gutes Gesetz

	Singular		Plural	
N.(V.)	**lēx**	bona	lēg-**ēs**	bonae
Gen.	lēg-**is**	bonae	lēg-**um**	bonārum
Dat.	lēg-**ī**	bonae	lēg-**ibus**	bonīs
Akk.	lēg-**em**	bonam	lēg-**ēs**	bonās
Abl.	lēg-**e**	bonā	lēg-**ibus**	bonīs

Der Stamm lautet *lēg-*. Die Endung im Nominativ Singular ist *-s*. Die Lautverbindungen *g* + *s* sowie *c* + *s* werden als *x* geschrieben.

Die Substantive auf **-x** (aus *cs* oder *gs*) sind **Feminina**.

Beachte aber das natürliche Genus:

rēx bonus	der gute König
dux perītus	der erfahrene Führer
iūdex iūstus	der gerechte Richter

Mehrzahlwörter sind:

frūgēs, -um	die (Feld-)Früchte
precēs, -um	die Bitten

pāx, pācis	der Friede
lēx, lēgis	das Gesetz *(legal)*
nex, necis (necāre)	der (gewaltsame) Tod, der Mord
vōx, vōcis (vocāre)	die Stimme
rēx, rēgis (rēgina)	**m.** der König
dux, dūcis	**m.** der Führer
iūdex, iūdicis (iūdicium)	**m.** der Richter
prīncipium, -ī	der Anfang *(Prinzip)*
dubius, a, um (dubitāre)	zweifelhaft, ungewiss
dubium, -ī	der Zweifel
frūgēs, frūgum (frūmentum)	die (Feld-)Früchte
precēs, precum	die Bitten
Cronos, -ī	Kronos (Herrscher der Titanen)
Promētheus, -ī	Prometheus (griech. Gottheit)

46 Konsonantenstämme auf *-us, -oris* und *-ur, -oris*

corpus firmum — der starke Körper

	Singular		Plural	
N.(V.)	corpus	firmum	corpŏr-**a**	firma
Gen.	corpŏr-**is**	firmī	corpŏr-**um**	firmōrum
Dat.	corpŏr-**ī**	firmō	corpŏ́r-**ibus**	firmīs
Akk.	corpus	firmum	corpŏr-**a**	firma
Abl.	corpŏr-**e**	firmō	corpŏ́r-**ibus**	firmīs

Der Stamm lautet *corpos-*. Der Genitiv hieß ursprünglich *corpŏs-is*. Zwischen Vokalen wird aber ***s*** immer zu ***r***, also *corpŏr-is*.

Die Substantive auf *-us, -oris* und *-ur, -oris* sind **Neutra.**

Wie bei allen Neutra gelten auch hier die zwei bekannten Regeln:

1. Nominativ, Akkusativ, Vokativ sind im Singular und Plural gleich.
2. Im Plural enden Nominativ, Akkusativ, Vokativ auf *-a.*

lītus, lītŏris	die Küste, der Strand
corpus, corpŏris	der Leib, Körper
pectus, pectŏris	die Brust
rōbur, rōbŏris	die Kraft, Stärke *(robust)*
sanguis, sánguinis	das Blut
ruber, rubra, rubrum	rot *(Rubin)*
nūdus, a, um	nackt
invīsus, a, um	verhasst
damnāre	verurteilen
cui?	wem?
tempus, tempŏris	die Zeit, die Lage *(Tempo)*
lūx, lūcis	das Licht, Tageslicht
obscūrus, a, um	dunkel, verborgen
violāre	verletzen
firmāre (firmus)	(be)stärken, kräftigen
iterum atque iterum	immer wieder
atque	und dazu, und auch, und
tandem	endlich

47 Substantive auf *-us, -eris*

sīdus clārum das helle Gestirn

	Singular		Plural	
N. (V.)	sīdus	clārum	sīder-**a**	clāra
Gen.	sīděr-**is**	clārī	sīder-**um**	clārōrum
Dat.	sīder-**ī**	clārō	sīdér-**ibus**	clārīs
Akk.	sīdus	clārum	sīder-**a**	clāra
Abl.	sīder-**e**	clārō	sīdér-**ibus**	clārīs

Der Stamm lautet *sīdes-;* ***s*** wird aber zu ***r*** wie bei *corpus*.

Die Substantive auf ***-us, -eris*** sind **Neutra**.

sīdus, sīděris	das Sternbild, Gestirn
onus, oněris (onerāre)	die Last, Ladung
mūnus, mūněris	1. die Aufgabe, das Amt 2. das Geschenk
foedus, foeděris	das Bündnis, der Vertrag *(Föderalismus)*
sacrificium, -ī (sacer)	das Opfer
opus, opěris (opera)	das Werk
scelus, scelěris	das Verbrechen
genus, geněris	1. das Geschlecht *(Generation)* 2. die Gattung, Art
item	ebenso
Quādī, -ōrum	die Quaden (german. Volksstamm)

48 Die Substantive auf *-men, -minis*

lūmen clārum das helle Licht

	Singular		Plural	
N. (V.)	lūmen	clārum	lūmin-**a**	clāra
Gen.	lūmin-**is**	clārī	lūmin-**um**	clārōrum
Dat.	lūmin-**ī**	clārō	lūmín-**ibus**	clārīs
Akk.	lūmen	clārum	lūmin-**a**	clāra
Abl.	lūmin-**e**	clārō	lūmín-**ibus**	clārīs

Die Substantive auf ***-men, -minis*** sind **Neutra**.

lūmen, lūminis (lūx)	das Licht, Augenlicht
agmen, agminis	der Zug, die Schar
flūmen, flūminis	der Fluss
nōmen, nōminis	der Name
pecus, -ŏris	das Vieh, die Herde
autumnus, -ī	der Herbst
adhūc (ad)	bis jetzt, immer noch
Plīnius, -ī	Plinius (röm. Schriftsteller um 100 n. Chr.)

carmen, carminis	das Lied, Gedicht
crīmen, crīminis	die Anklage, der Vorwurf, das Verbrechen *(Kriminalität)*
certāmen, certāminis (certāre)	der Wettstreit, Kampf
triumphus, -ī	der Triumph
currus, -ūs	der Wagen

49 ⓐ **Sondergruppe der Neutra:**

Neutra sind folgende Substantive:

iūs, iūris	das Recht; iūre mit Recht
vēr, vēris	der Frühling
caput, capitis	das Haupt, die Hauptsache; die Hauptstadt
cor, cordis	das Herz
lac, lactis	die Milch
ŏs, ŏssis	der Knochen, Pl.: ŏssa die Gebeine
vās, vāsis	das Gefäß
Pl.: vāsa, vāsōrum (o-Deklination!)	die Gefäße, das Geschirr

ⓑ Die 2. Zukunft: das **Futur II**

von *esse*:

	Singular		Plural	
1. Pers.	fú-**erō**	ich werde gewesen sein	fu-**érimus**	wir werden gewesen sein
2. Pers.	fu-**eris**	du wirst gewesen sein	fu-**éritis**	ihr werdet gewesen sein
3. Pers.	fu-**erit**	er wird gewesen sein	fú-**erint**	sie werden gewesen sein

von *laudō*:

	Singular		Plural	
1. Pers.	laudā́v-**erō**	ich werde gelobt haben	laudāv-**érimus**	wir werden gelobt haben
2. Pers.	laudāv-**eris**	du wirst gelobt haben	laudāv-**éritis**	ihr werdet gelobt haben
3. Pers.	laudāv-**erit**	er wird gelobt haben	laudā́v-**erint**	sie werden gelobt haben

von *moneō*:

	Singular		Plural	
1. Pers.	monú-**erō**	ich werde ermahnt haben	monu-**érimus**	wir werden ermahnt haben
2. Pers.	monu-**eris**	du wirst ermahnt haben	monu-**éritis**	ihr werdet ermahnt haben
3. Pers.	monu-**erit**	er wird ermahnt haben	monú-**erint**	sie werden ermahnt haben

Beachte jeweils den Perfektstamm: dēlīberāv-erō, dēlēv-erō, arcu-erō, ded-erō, stet-erō.

Sī deus cōpiam dōnāverit, iterum sacrificābimus.

Wenn der Gott Fülle geschenkt hat (schenkt), werden wir wieder opfern.
(Eigentlich: Wenn der Gott Fülle geschenkt haben wird, ...)

Die Handlung im *sī*-Satz muss bereits abgeschlossen sein; dann erfolgt erst die Handlung im Hauptsatz. Der folgende Zeitstrahl soll das verdeutlichen:

Präsens — Futur II — Futur I

Zeitstrahl: ——|——————|——————————|——▶

Gebet des Vaters: Wenn der Gott geschenkt hat, werden wir opfern.

Das Futur II zeigt an, dass eine Handlung abgeschlossen sein muss, bevor eine andere eintreten wird.

Die deutsche Sprache ist in der Darstellung dieses Zeitverhältnisses weniger genau. Meist gibt man das lateinische Futur II im Deutschen mit Präsens oder Perfekt wieder.

dēspērāre (spērāre)	verzweifeln	proximus, a, um	der nächste
cēterum (cēterī)	übrigens	īnflammāre	entflammen, entzünden
in iūs vocāre	vor Gericht stellen		

50 **Mischklasse: Gleichsilbige** Substantive auf ***-ēs*** und ***-is*** (Feminina)

Gleichsilbig nennt man die Substantive, die im Nominativ und Genitiv Singular die gleiche Silbenzahl haben, z. B. Nominativ: *nū-bēs* (2 Silben)
Genitiv: *nū-bis* (2 Silben).

Ungleichsilbig nennt man die Substantive, die im Genitiv Singular mehr Silben haben als im Nominativ Singular, z. B. Nominativ: *pe-des* (2 Silben)
Genitiv: *pe-di-tis* (3 Silben).

Die gleichsilbigen Substantive entnehmen die Ausgänge zum Teil den Konsonantenstämmen (G 35), zum Teil den i-Stämmen (G 53). Man spricht daher von einer Mischklasse.

Abweichend von der Deklination der Konsonantenstämme haben die gleichsilbigen Substantive der Mischklasse im Genitiv Plural *-ium*, z. B.

nūbēs *nūb-**i-um***
nāvis *nāv-**i-um***

nūbēs ātra — die dunkle Wolke

	Singular		Plural	
N.(V.)	nūbēs	ātra	nūbēs	ātrae
Gen.	nūbis	ātrae	nūb**ium**	ātrārum
Dat.	nūbī	ātrae	nūbibus	ātrīs
Akk.	nūbem	ātram	nūbēs	ātrās
Abl.	nūbe	ātrā	nūbibus	ātrīs

nāvis parva — das kleine Schiff

	Singular		Plural	
N.(V.)	nāvis	parva	nāvēs	parvae
Gen.	nāvis	parvae	nāv**ium**	parvārum
Dat.	nāvī	parvae	nāvibus	parvīs
Akk.	nāvem	parvam	nāvēs	parvās
Abl.	nāve	parvā	nāvibus	parvīs

Die **gleichsilbigen** Substantive auf ***-ēs*** und ***-is*** sind **Feminina**.

nūbēs, -is	die Wolke
sēdēs, -is (sedēre) (Gen. Pl.: sēdum)	der Sitz, Wohnsitz
famēs, -is	der Hunger
nāvis, -is (nāvigāre)	das Schiff
classis, -is	die Flotte
vallis, -is	das Tal
Sículus, a, um	sizilisch
Rhodius, a, um	rhodisch
avis, -is (auspicium *aus* avi-spicium)	der Vogel
vestis, -is	das Kleid, die Kleidung
auris, -is	das Ohr
aedis, -is	der Tempel (ein Raum!)
Pl.: aedēs, aedium (aedificāre)	das Haus (mehr Räume!)
sustinēre (tenēre) sustineō, sustinuī	aushalten
quamquam	obwohl

51 **Mischklasse: Gleichsilbige** Substantive auf ***-is*** (Maskulina)

ⓐ *Beachte das natürliche Genus folgender gleichsilbiger Substantive:*

cīvis, -is (cīvitās)	**m.**	der Bürger, Mitbürger	cīvis bonus	der tüchtige Bürger
hostis, -is	**m.**	der (Landes-)Feind	hostis superbus	der stolze Feind
iúvenis, -is (iuventūs)	**m.**	der junge Mann	iúvenis firmus	der kräftige junge Mann
canis, -is	**m.**	der Hund	canis fīdus	der treue Hund

Maskulina sind:

mēnsis, -is	**m.**	der Monat	mēnsis Augustus	der Monat August
collis, -is	**m.**	der Hügel, die Anhöhe	collis Capitōlīnus	der kapitolinische Hügel
orbis, -is	**m.**	der Kreis, die Scheibe	tōtus orbis orbis terrārum	der ganze Kreis der Erdkreis

sowie die Substantive auf -nis*:*

fīnis, -is	**m.**	das Ende, die Grenze *(Finale)*	fīnis certus	eine bestimmte Grenze
Pl.: fīnēs, fīnium		die Grenzen, das Gebiet		
ignis, -is	**m.**	das Feuer	ignis clārus	das helle Feuer

ⓑ Die folgenden gleichsilbigen Substantive haben im Genitiv Plural ***-um***:

sēdēs, sēdis : sēd**um** (vgl. G 50)
iuvenis, iuvenis: iuvĕn**um**
canis, canis : can**um**

ⓒ Der Perfektstamm von *vidēre* lautet **vīd-**. Der kurze Vokal des Präsensstammes wird zum Perfektstamm *vīd-* gedehnt. Wir sprechen von einem Dehnungsperfekt:

vīd-ī, vīd-erim, vīd-isse; vīd-eram, vīd-issem; vīd-erō.

aureus, a, um (aurum)	golden	Trimalchiō, -ōnis		Trimalchio (reicher Mann aus Rom)
situs, a, um	gelegen, liegend *(Situation)*	Aniō, -ōnis (-ēnis)	m.	Anio (Nebenfluss des Tiber)
suprā (Präp. mit Akk.)	oberhalb	Larēs, Lar(i)um	m.	die Laren (röm. Hausgötter)

52 **Mischklasse: Ungleichsilbige** Substantive mit **zwei Konsonanten** am Ende des Wortstammes

urbs clāra — die berühmte Stadt

	Singular		Plural	
N.(V.)	urbs	clāra	urbēs	clārae
Gen.	urbis	clārae	urb**ium**	clārārum
Dat.	urbī	clārae	urbibus	clārīs
Akk.	urbem	clāram	urbēs	clārās
Abl.	in urbe	clārā	in urbibus	clārīs

pars, part-is:
Der Wortstamm lautet *part-*; aus *part-s* ist *pars* geworden.
arx, arc-is:
Der Wortstamm lautet *arc-*; *arc-s* wird *arx* geschrieben.

Diese ungleichsilbigen Substantive weisen am Ende des Wortstammes zwei Konsonanten auf. Im Genitiv Plural haben sie den Ausgang **-ium**.

Substantive mit **zwei Konsonanten** am Ende des Wortstammes sind **Feminina**.

Maskulina sind:

dēns aeger	der kranke Zahn
fōns clārus	die klare Quelle
mōns altus	der hohe Berg

urbs, urbis (urbānus)	die Stadt
arx, arcis (arcēre)	die Burg
cohors, cohortis	die Schar, Kohorte (eine Legion hatte zehn Kohorten)
gēns, gentis (genus)	das Geschlecht, der Stamm, das Volk
fōns, fontis **m.**	die Quelle *(Fontäne)*
mōns, montis **m.**	der Berg
plēbs, plēbis f.	die Volksmenge, die Plebs
recūsāre (causa)	ablehnen, sich weigern
ars, artis (artificium)	die Kunst
pars, partis	der Teil *(Partei)*
sors, sortis	das Los, Schicksal *(Sorte)*
mors, mortis (mortuus)	der Tod
mēns, mentis	der Geist, die Gesinnung, der Verstand
dēns, dentis **m.**	der Zahn *(Dentist)*
venter, ventris m.	der Bauch, Magen [1]
repudiāre	zurückweisen, verschmähen

1. Venter *(=ursprünglich) ventr → nur einsilbig – scheinbar 2-silbig ⇒ gehört nicht zur Mischdeklination (urbs)

53 Reine i-Stämme

Zu den reinen i-Stämmen gehören:

ⓐ die **Neutra** auf ***-e*** und ***-al***:

mare, maris	das Meer
animal, animālis	das Lebewesen, Tier
ferner	
moenia, moenium (Mehrzahlwort)	die Stadtmauer(n)

mare vāstum — das weite Meer

	Singular		Plural	
N. (V.)	mare	vāstum	már**ia**	vāsta
Gen.	maris	vāstī	mar**ium**	vāstōrum
Dat.	marī	vāstō	maribus	vāstīs
Akk.	mare	vāstum	mar**ia**	vāsta
Abl.	in mar**ī**	vāstō	in maribus	vāstīs

mare ist aus *mari* entstanden.

Diese Substantive bilden außer dem Genitiv Plural auf ***-ium*** den Ablativ Singular auf ***-ī*** und den Nominativ, Vokativ, Akkusativ Plural auf ***-ia*** (Neutra!):

mar**ī**	animāl**ī**	–
mar**ia**	animāl**ia**	moen**ia**
mar**ium**	animāl**ium**	moen**ium**

ⓑ folgende gleichsilbige **Feminina** auf ***-is***:

turris, turris	f.	der Turm
sitis, sitis	f.	der Durst
Tiberis, Tiberis	**m.**	der Tiber (natürliches Genus)

turris alta — der hohe Turm

	Singular		Plural	
N.(V.)	turris	alta	turrēs	altae
Gen.	turris	altae	turr**ium**	altārum
Dat.	turrī	altae	turribus	altīs
Akk.	turr**im**	altam	turrēs	altās
Abl.	in turr**ī**	altā	in turribus	altīs

Diese Substantive bilden außer dem Genitiv Plural auf ***-ium*** den Akkusativ Singular auf ***-im***, den Ablativ Singular auf ***-ī***:

turr**im**	sit**im**	Tiber**im**
turr**ī**	sit**ī**	Tiber**ī**
turr**ium**	–	–

Hierher gehört auch *vīs* f. 1. die Kraft, Gewalt 2. die Menge
Im Singular gibt es nur: ***vīs*** (Nom.), ***vim*** (Akk.), ***vī*** (Abl.).
Der Plural lautet: ***vīrēs***, *vīrium, vīribus, vīrēs, vīribus*.

mare, maris	n.	das Meer
animal, animālis (animus)	n.	das Lebewesen, Tier
moenia, moenium (Mehrzahlwort)	n.	die Stadtmauer(n)
tempestās, -ātis (tempus)		das Unwetter, der Sturm
hiems, híemis	f.	der Winter
marítimus, a, um (mare)		am Meer gelegen, See –
perīculōsus, a, um (perīculum)		gefährlich

turris, turris	f.	der Turm
sitis, sitis	f.	der Durst
Tiberis, Tiberis	**m.**	der Tiber
vīs (vim, vī)	f.	1. die Kraft, Gewalt 2. die Menge
vīrēs, vīrium	f.	die Kräfte, Streitkräfte
vī et armīs		mit Waffengewalt
reliquiae, -ārum		die Reste, Überreste *(Reliquien)*
opportūnus, a, um		günstig[1]
Neptūnus, -ī		Neptun (Gott des Meeres)

Übersicht über die Substantive der 3. Deklination

Konsonantenstämme

I. Maskulina sind

1. die ***l-Stämme***:	sōl clārus	die helle Sonne
2. die ***r-Stämme***:		
Substantive auf *-or, -ōris*:	labor dūrus	die harte Arbeit
Substantive auf *-er, -(e)ris*:	agger firmus	der starke Damm
	frāter cārus	der liebe Bruder
3. die ***sekundären r-Stämme***:	flōs pulcher	die schöne Blume

[1] aus ‚*ob portum*': ein Wind, der ‚zum Hafen hin' weht.

II. Feminina sind

1. die ***n-Stämme***:		
Substantive auf *-ō, -ōnis*:	regiō aspera	die raue Gegend
Substantive auf *-ō, -inis*:	imāgō mīra	das wunderbare Bild
2. die ***t-Stämme***:		
Substantive auf *-ās, -ātis*:	cīvitās lībera	der freie Staat
Substantive auf *-ūs, -ūtis*:	salūs pūblica	das öffentliche Wohl
Substantive auf *-ēs, -ētis*:	quiēs iūcunda	die angenehme Ruhe
3. die ***c(g)-Stämme***:	lēx bona	das gute Gesetz

III. Neutra sind

1. die Substantive auf *-us, -ŏris*:	corpus firmum	der starke Körper
2. die Substantive auf *-us, -ĕris*:	sīdus clārum	das helle Sternbild
3. die Substantive auf *-men, -minis*:	carmen pulchrum	das schöne Lied
4. die *Sondergruppe*:	vās aureum	das goldene Gefäß

Mischklasse

Zur Mischklasse gehören:

1. die gleichsilbigen **Feminina** auf ***-ēs*** und ***-is***:

nūbēs ātra	die dunkle Wolke
nāvis parva	das kleine Schiff

2. die ungleichsilbigen Substantive, deren Wortstamm auf **zwei Konsonanten** endigt:

urbs clāra	die berühmte Stadt

Reine i-Stämme

Zu den reinen i-Stämmen gehören

1. gleichsilbige **Feminina** wie ***turris, sitis, vis***:

turris alta	der hohe Turm

2. die **Neutra** auf ***-e*** und ***-al***:

mare vāstum	das weite Meer
animal ferum	das wilde Tier

Ausnahmen zu den Genusregeln

1. Ausnahmen zu den Maskulina:

Feminina sind nach dem natürlichen Genus alle Bezeichnungen für Frauen (z. B. soror, -ōris).

Beachte außerdem:

Substantive auf *-or, -ōris*:	arbor alt**a**	der hohe Baum
	aequor vāst**um**	das weite Meer
Substantive auf *-er, -(e)ris*:	iter angust**um**	der enge Weg
Sekundäre *r*-Stämme:	tellūs bon**a**	der gute Erdboden
	ōs hūmān**um**	das menschliche Gesicht

2. Ausnahmen zu den Feminina:

Maskulina sind nach dem natürlichen Genus alle Bezeichnungen für Männer (z. B. *rēx, rēgis* und *comes, comitis*) sowie für Flüsse (z. B. *Tiberis*).

Beachte außerdem:

Substantive auf *-ō, -ōnis*:	sermō Latīn**us**	die lateinische Sprache
Substantive auf *-ō, -inis*:	ōrdō prīm**us**	die erste Reihe
Substantive auf *-ēs, -edis*:	pēs dext**er**	der rechte Fuß
sowie:	lapis nig**er**	der schwarze Stein
	sanguis rub**er**	das rote Blut
Gleichsilbige Substantive:	collis Palātīn**us**	der palatinische Hügel
	mēnsis August**us**	der Monat August
	tōt**us** orbis	der ganze Kreis
Substantive auf *-nis*:	fīnis cert**us**	die bestimmte Grenze
	ignis clār**us**	das helle Feuer
Substantive, deren Wortstamm auf zwei Konsonanten endet:	dēns aeg**er**	der kranke Zahn
	fōns clār**us**	die klare Quelle
	mōns alt**us**	der hohe Berg

54 Adjektive der 3. Deklination: **Dreiendige Adjektive**

Die meisten Adjektive der 3. Deklination sind **i-Stämme**.

Sie haben daher ***-ī*** im Abl. Sing.
-ium im Gen. Plur.
-ia im Nom. (Akk., Vok.) Neutr. Plur.

Dreiendig heißen die Adjektive, die im Nominativ Singular für jedes der drei Geschlechter eine eigene Form haben:

gladius āc**er**	das scharfe Schwert
īra ācr**is**	heftiger Zorn
bellum ācr**e**	ein heftiger Krieg

	Singular			Plural		
	Mask.	Fem.	Neutr.	Mask.	Fem.	Neutr.
N.(V.)	ācer	ācr-is	ācr-e	ācr-ēs	ācr-ēs	ācr-**ia**
Gen.	ācr-is	ācr-is	ācr-is	ācr-**ium**	ācr-**ium**	ācr-**ium**
Dat.	ācr-ī	ācr-ī	ācr-ī	ācr-ibus	ācr-ibus	ācr-ibus
Akk.	ācr-em	ācr-em	ācr-e	ācr-ēs	ācr-ēs	ācr-**ia**
Abl.	ācr-**ī**	ācr-**ī**	ācr-**ī**	ācr-ibus	ācr-ibus	ācr-ibus

Gleich sind die Ausgänge für alle drei Geschlechter im Genitiv, Dativ, Ablativ Singular und Plural.

ăcer, ăcris, ăcre (aciēs)	scharf, heftig, spitz(ig)
céleber, célebris, célebre (celebrāre)	viel besucht, belebt, bevölkert, gefeiert
celer, celeris, celere	schnell, rasch
pedester, pedestris, pedestre (pedes)	zu Fuß, Fuß-
equester, equestris, equestre (eques)	Reiter-, Ritter-
voluntās, -ātis	der Wille, die Absicht
voluptās, -ātis	das Vergnügen, die Lust
cuius?	wessen?

55 Adjektive der 3. Deklination: **Zweiendige Adjektive**

Die zweiendigen Adjektive haben im Nominativ Singular

-is für das Maskulinum und Femininum,
-e für das Neutrum:

omn**is** vīcus	jede Gasse
omn**is** via	jede Straße
omn**e** iter	jeder Weg

	Singular		Plural	
	Mask. u. Fem.	Neutr.	Mask. u. Fem.	Neutr.
N.(V.)	omn-is	omn-e	omn-ēs	omn-**ia**
Gen.	omn-is	omn-is	omn-**ium**	omn-**ium**
Dat.	omn-ī	omn-ī	omn-ibus	omn-ibus
Akk.	omn-em	omn-e	omn-ēs	omn-**ia**
Abl.	omn-**ī**	omn-**ī**	omn-ibus	omn-ibus

Maskulinum und Femininum sind bei den zweiendigen Adjektiven völlig gleich. Das Neutrum weicht im Nominativ, Akkusativ, Vokativ Singular und Plural ab.

omnis, e	jeder, all, ganz *(Omnibus)*
brevis, e	kurz *(Brief)*
trīstis, e	traurig *(trist)*
gravis, e (gravitās)	1. schwer, gewichtig 2. ernst
singulāris, e	einzeln, einzigartig *(Singular)*
facilis, e (factum)	leicht (zu tun)
difficilis, e	schwer (zu tun), schwierig
incendium, -ī	der Brand
initium, -ī	der Anfang, Beginn
familiāris, e (familia)	zum Haus gehörig, vertraut, freundschaftlich
turpis, e	schimpflich, hässlich, schändlich
fortis, e	kräftig, tapfer *(forte)*
lĕvis, e (levāre)	1. leicht, gering 2. leichtsinnig
sen**ex**, sen**is** m. (senātus)	der Greis, der alte Mann
concursus, -ūs (cursus)	das Zusammenlaufen
nōndum	noch nicht
Circus Maximus	Circus Maximus (großer Kampfplatz in Rom)

56 Adjektive der 3. Deklination: **Zweiendige Adjektive (II)**

ⓐ *brevis* kurz *brevi-tās* die Kürze

Das Suffix *-tās* bezeichnet eine Eigenschaft oder einen Zustand.

ⓑ Litterīs *(Dat.)* studēmus. Wir bemühen uns um die Wissenschaft.
Wir beschäftigen uns eifrig mit der Wissenschaft.

studēre hat das Objekt im Dativ bei sich. Im Deutschen steht ein Präpositionalausdruck.

mortālis, e (mors)	sterblich
immortālis, e	unsterblich
nōbilis, e (nōbilitās)	1. berühmt 2. vornehm, adelig *(nobel)*
similis, e (simulācrum)	ähnlich
dissimilis, e	unähnlich
fāma, -ae (fābula)	das Gerücht, (der gute bzw. schlechte) Ruf
calamitās, -ātis f	das Unglück, Missgeschick
prīnceps, prīncipis m.	der Erste, Fürst, Kaiser *(Prinz)*
ūtilis, e (ūsus)	nützlich, brauchbar
commūnis, e (mūnus)	gemeinsam, allgemein *(kommunal)*
cīvīlis, e (cīvis)	bürgerlich, öffentlich *(zivil)*
mīlitāris, e (mīles)	soldatisch, kriegerisch, Kriegs- *(militärisch)*
rēs mīlitāris	das Kriegswesen
luxuria, -ae	der Luxus, die Verschwendungssucht
Nerō, -ōnis	Nero (römischer Kaiser, 54–68)

57 Adjektive der 3. Deklination: **Einendige Adjektive**

ⓐ Die einendigen Adjektive haben im Nominativ Singular für alle drei Genera die gleiche Form:

numerus ingē**ns** eine ungeheure Zahl
multitūdō ingē**ns** eine riesige Menge
incendium ingē**ns** ein gewaltiger Brand

	Singular		Plural	
	Mask. u. Fem.	Neutr.	Mask. u. Fem.	Neutr.
N.(V.)	ingēns	ingēns	ingentēs	ingent**ia**
Gen.	ingentis	ingentis	ingent**ium**	ingent**ium**
Dat.	ingentī	ingentī	ingentibus	ingentibus
Akk.	ingentem	ingēns	ingentēs	ingent**ia**
Abl.	ingentī	ingentī	ingentibus	ingentibus

Die Deklination von Maskulinum, Femininum und Neutrum stimmt nur im Akkusativ Singular sowie im Nominativ, Akkusativ und Vokativ Plural nicht überein.

ⓑ Amīcōrum semper memor erō. Ich werde der Freunde immer eingedenk sein.
Ich werde mich immer an die Freunde erinnern.
Ich werde immer an die Freunde denken.

Das Adjektiv *memor* wird mit dem Genitiv verbunden. Im Deutschen muss man freier übersetzen.

potēns, potentis (potentia)	mächtig
ingēns, ingentis	ungeheuer, gewaltig, riesig
vehemens, vehementis	heftig, nachdrücklich *(vehement)*
fēlix, fēlīcis	glücklich, erfolgreich
ferōx, ferōcis (ferus)	wild, trotzig
rēgnum, -ī (rēx)	das Königreich, die (Königs-)Herrschaft
Persae, -ārum m.	die Perser
Chrīstiānī, -ōrum	die Christen
audāx, audācis (audācia)	verwegen, kühn
atrōx, atrōcis (āter)	schrecklich, furchtbar
memor, mémŏris (mit Gen.) (memoria)	eingedenk
prūdēns[1], prūdentis	klug, erfahren
sapiēns, sapientis (sapientia)	weise, verständig
potentia, -ae	die Macht, Gewalt
spectāculum, -ī (spectāre)	das Schauspiel *(Spektakel)*
nusquam	nirgends

[1] aus *pro-vidēns* vorhersehend

58 Das Mittelwort der Gegenwart: das **Partizip Präsens Aktiv**

ⓐ Das Partizip (Mittelwort) verbindet verbalen Stamm und nominale Endung.

Beachte die Ähnlichkeit der Bildung:

deutsch:	Sing.:	singe-nd	Plur.:	singe-nd-e
lateinisch:	Sing.:	cantā-**ns**	Plur.:	canta-**nt**-ēs

An den Präsensstamm tritt *-nt-*, also *canta-nt-*. Der Nominativ Singular zeigt die Endung *-s*; aus *canta-nt-s* wird *cantā-ns*.

Ebenso werden die Partizipien bei Verben der ē-Konjugation gebildet:

monē-ns	mahnend	mone-nt-ēs	mahnende
dēlē-ns	zerstörend	dēle-nt-ēs	zerstörende

Das Partizip Präsens wird wie die einendigen Adjektive der 3. Deklination gebeugt; nur der **Ablativ Singular** endet beim Partizip auf **-e** (nicht auf *-i* wie bei den Adjektiven der 3. Deklination).

	Singular		Plural	
	Mask. und Fem.	Neutr.	Mask. und Fem.	Neutr.
N. (V.)	cantāns	cantāns	cantantēs	cantant**ia**
Gen.	cantantis	cantantis	cantant**ium**	cantant**ium**
Dat.	cantantī	cantantī	cantantibus	cantantibus
Akk.	cantantem	cantāns	cantantēs	cantant**ia**
Abl.	cantant**e**	cantant**e**	cantantibus	cantantibus

Ⓑ Senēs dē salūte dēspērantēs in urbe remanēbant. — Die an der Rettung verzweifelnden Alten blieben in der Stadt zurück.

Die lateinische Sprache schließt Zusammengehöriges oft wie mit einer Klammer zusammen. Man spricht von **geschlossener Wortstellung**. Trenne bei der Übersetzung aus dem Lateinischen das deutsche Substantiv von seinem Artikel und schiebe es an das Ende des Ausdrucks:

Senēs dē salūte dēspērantēs — (die Alten an der Rettung verzweifelnden)
die an der Rettung verzweifelnden Alten

Ⓒ Statt der wörtlichen Wiedergabe mit Partizip empfiehlt sich im Deutschen eine freiere Übersetzung mit einem Gliedsatz, der mit **der, die, das** oder **welcher, welche, welches** eingeleitet wird; solche Gliedsätze nennen wir **Relativsätze**.

Senēs dē salūte dēspērantēs in urbe remanēbant. — Die Alten, d i e an der Rettung v e r z w e i f e l t e n, blieben in der Stadt zurück.

n o x, noctis f.	die N a c h t	iacēre iaceō iacuī	(darnieder-)liegen
flōrēre flōreō flōruī (flōs)	blühen	dē salūte dēspērāre	an der Rettung verzweifeln

59 Adjektive der 3. Deklination: **Konsonantenstämme**

Einige einendige Adjektive sind Konsonantenstämme:

dīves, dīvitis (dīvitiae)	reich
pauper, paupĕris	arm
vetus, vetĕris	alt

	Singular		Plural	
	Mask. und Fem.	Neutr.	Mask. und Fem.	Neutr.
N. (V.)	vetus	vetus	veterēs	veter**a**
Gen.	veteris	veteris	veter**um**	veter**um**
Dat.	veterī	veterī	vetéribus	vetéribus
Akk.	veterem	vetus	veterēs	veter**a**
Abl.	veter**e**	veter**e**	vetéribus	vetéribus

Beachte also: ***-e*** im Abl. Sing.
-um im Gen. Plur.
-a im Nom., Akk., Vok., Neutr., Plur.

opēs, -um f. (Mehrzahlwort)	1. die Schätze, der Reichtum 2. die Macht	recēns, recentis	frisch, neu
		frūstrā	vergeblich, vergebens
		Ovidius	Ovid (römischer Dichter zur Zeit des Augustus)

60 Zahlwörter (1–10)

ⓐ Die **Ordnungszahlen** geben die Stelle in einer Reihenfolge an (der erste usw.); sie stehen auf die Frage: **der wievielte?**

prīmus, a, um	der erste	sextus, a, um	der sechste
secundus, a, um	der zweite	séptimus, a, um	der siebte
tertius, a, um	der dritte	octāvus, a, um	der achte
quārtus, a, um	der vierte	nōnus, a, um	der neunte
quīntus, a, um	der fünfte	décimus, a, um	der zehnte

ⓑ Die **Grundzahlen** geben eine Anzahl oder Menge an (eins, zwei, drei usw.); sie stehen auf die Frage: **wie viele?**

1	I	ūnus, ūna, ūnum	6	VI	sex sechstett
2	II	duo, duae, duo *(Duett)*	7	VII	septem
3	III	trēs, tria *(Trio)*	8	VIII	octō
4	IV	quattuor quartett	9	IX	novem
5	V	quīnque	10	X	decem

Von diesen Grundzahlen werden nur die Zahlen 1–3 dekliniert; die übrigen bleiben unverändert.

	m.	f.	n.	m.	f.	n.	m./f.	n.
Nom.	ūnus	ūna	ūnum	**duo**	duae	duo	**trēs**	**tria**
Gen.		ūn**ī́us**		duōrum	duārum	duōrum	trium	
Dat.		ūn**ī**		**duōbus**	**duābus**	**duōbus**	tribus	
Akk.	ūnum	ūnam	ūnum	**duō**(s)	duās	duo	**trēs**	**tria**
Abl.	ūnō	ūnā	ūnō	duōbus	duābus	duōbus	tribus	

Die Zahlwörter stehen **vor** ihrem Substantiv.

ⓒ Unsere **Monatsnamen** stammen aus dem Lateinischen; dort lauten sie:

(mēnsis) Iānuārius, -ī	(mēnsis) Iūlius, -ī
(,,) Februārius, -ī	(,,) Augustus, -ī
(,,) Mārtius, -ī	(,,) September, -bris
(,,) Aprīlis, -is	(,,) Octōber, -bris
(,,) Māius, -ī	(,,) November, -bris
(,,) Iūnius, -ī	(,,) December, -bris

Die Monatsnamen sind Adjektive; zu ergänzen ist jeweils *mēnsis*. Daher haben *Aprīlis*, *September* usw. wie Adjektive der 3. Deklination im Ablativ Singular die Endung *-ī*:

(mēnse) Aprīlī, Septembrī — im April, im September

réliquus, a, um (reliquiae)	übrig, restlich	cōgitare	denken, bedenken
		dictāre	diktieren

Tabelle I: **Die Formen des Präsensstammes im Aktiv**

	1. ā-Konjugation		2. ē-Konjugation	
Präsens Indikativ	laudō laudā-**s** lauda-**t** laudā-**mus** laudā-**tis** lauda-**nt**	ich lobe du lobst er (sie, es) lobt wir loben ihr lobt sie loben	mone-**ō** monē-**s** mone-**t** monē-**mus** monē-**tis** mone-**nt**	ich mahne
Präsens Konjunktiv	laude-**m** laudē-**s** laude-**t** laudē-**mus** laudē-**tis** laude-**nt**	ich lobe, möge loben du lobest er (sie, es) lobe wir loben ihr lobet sie loben	mone-**a-m** mone-**ā-s** mone-**a-t** mone-**ā-mus** mone-**ā-tis** mone-**a-nt**	ich mahne, möge mahnen
Imperfekt Indikativ	laudā-**ba-m** laudā-**bā-s** laudā-**ba-t** laudā-**bā-mus** laudā-**bā-tis** laudā-**ba-nt**	ich lobte	monē-**ba-m** monē-**bā-s** monē-**ba-t** monē-**bā-mus** monē-**bā-tis** monē-**ba-nt**	ich mahnte
Imperfekt Konjunktiv	laudā-**re-m** laudā-**rē-s** laudā-**re-t** laudā-**rē-mus** laudā-**rē-tis** laudā-**re-nt**	ich lobte, würde loben	monē-**re-m** monē-**rē-s** monē-**re-t** monē-**rē-mus** monē-**rē-tis** monē-**re-nt**	ich mahnte, würde mahnen
Futur I Indikativ	laudā-**b-ō** laudā-**bi-s** laudā-**bi-t** laudā́-**bi-mus** laudā́-**bi-tis** laudā-**bu-nt**	ich werde loben	monē-**b-ō** monē-**bi-s** monē-**bi-t** monḗ-**bi-mus** monḗ-**bi-tis** monē-**bu-nt**	ich werde mahnen
Imperativ I	laudā laudā-**te**	lobe! lobt!	monē monē-**te**	mahne! mahnt!
Imperativ II	laudā-**tō** laudā-**tō** laudā-**tōte** lauda-**ntō**	du sollst loben! er soll loben! ihr sollt loben! sie sollen loben!	monē-**tō** monē-**tō** monē-**tōte** mone-**ntō**	du sollst mahnen!

Tabelle II: **Die Formen des Perfektstammes im Aktiv**

	1. ā-Konjugation		2. ē-Konjugation	
Perfekt Indikativ	laudāv-**ī**	ich habe gelobt	mónu-**ī**	ich habe gemahnt
	laudāv-**istī**	du hast gelobt	monu-**istī**	
	laudāv-**it**	er hat gelobt	monu-**it**	
	laudāv-**imus**	wir haben gelobt	monú-**imus**	
	laudāv-**istis**	ihr habt gelobt	monu-**istis**	
	laudāv-**ḗrunt**	sie haben gelobt	monu-**ḗrunt**	
Perfekt Konjunktiv	laudā́v-**erim**	ich habe gelobt	monú-**erim**	ich habe gemahnt
	laudāv-**eris**	du habest gelobt	monu-**eris**	du habest gemahnt
	laudāv-**erit**	er habe gelobt	monu-**erit**	
	laudāv-**érimus**	wir haben gelobt	monu-**érimus**	
	laudāv-**éritis**	ihr habet gelobt	monu-**éritis**	
	laudā́v-**erint**	sie haben gelobt	monú-**erint**	
Plusquam-perfekt Indikativ	laudā́v-**eram**	ich hatte gelobt	monú-**eram**	ich hatte gemahnt
	laudāv-**erās**		monu-**erās**	
	laudāv-**erat**		monu-**erat**	
	laudāv-**erāmus**		monu-**erāmus**	
	laudāv-**erātis**		monu-**erātis**	
	laudā́v-**erant**		monú-**erant**	
Plusquam-perfekt Konjunktiv	laudāv-**issem**	ich hätte gelobt	monu-**issem**	ich hätte gemahnt
	laudāv-**issēs**		monu-**issēs**	
	laudāv-**isset**		monu-**isset**	
	laudāv-**issēmus**		monu-**issēmus**	
	laudāv-**issētis**		monu-**issētis**	
	laudāv-**issent**		monu-**issent**	
Futur II Indikativ	laudā́v-**erō**	ich werde gelobt haben	monú-**erō**	ich werde gemahnt haben
	laudāv-**eris**		monu-**eris**	
	laudāv-**erit**		monu-**erit**	
	laudāv-**érimus**		monu-**érimus**	
	laudāv-**éritis**		monu-**éritis**	
	laudā́v-**erint**		monú-**erint**	

Tabelle III: **Das Hilfszeitwort *sum***

	Indikativ	Konjunktiv	Imperativ I
Präsens	s-u-**m** ich bin es du bist es-**t** er ist s-u-**mus** wir sind es-**tis** ihr seid s-u-**nt** sie sind	s-**i-m** ich sei[1] s-**ī-s** du seist s-**i-t** er sei s-**ī-mus** wir seien s-**ī-tis** ihr seiet s-**i-nt** sie seien	es sei! es-**te** seid! Infinitiv es-**se** sein, zu sein
	Indikativ	Konjunktiv	
Imperfekt	**er-a-m** ich war **er-ā-s** du warst **er-a-t** er war **er-ā-mus** wir waren **er-ā-tis** ihr wart **er-a-nt** sie waren	**es-se-m** ich wäre **es-sē-s** du wärest **es-se-t** er wäre **es-sē-mus** wir wären **es-sē-tis** ihr wäret **es-se-nt** sie wären	
	Indikativ		Imperativ II
Futur I	**er-ō** ich werde sein **er-i-s** du wirst sein **er-i-t** er wird sein **ér-i-mus** wir werden sein **ér-i-tis** ihr werdet sein **er-u-nt** sie werden sein		**es-tō** du sollst sein! **es-tō** er soll sein! **es-tṓ-te** ihr sollt sein! **s-u-ntō** sie sollen sein!
	Indikativ	Konjunktiv	Infinitiv
Perfekt	fu-**ī** ich bin gewesen fu-**istī** fu-**it** fú-**imus** fu-**istis** fu-**ḗrunt**	fú-**erim** ich sei gewesen fu-**eris** fu-**erit** fu-**érimus** fu-**éritis** fú-**erint**	fu-**isse** gewesen (zu) sein
	Indikativ	Konjunktiv	
Plusquam-perfekt	fú-**eram** ich war gewesen fu-**erās** fu-**erat** fu-**erāmus** fu-**erātis** fú-**erant**	fu-**issem** ich wäre gewesen fu-**issēs** fu-**isset** fu-**issēmus** fu-**issētis** fu-**issent**	
Futur II	fú-**erō** ich werde gewesen sein fu-**eris** fu-**erit** fu-**érimus** fu-**éritis** fú-**erint**		

[1] oder: ich möge sein usw.

Tabelle IV: **Übersicht über die Verben**

1. ā-Konjugation:

Fast alle Verben dieser Konjugationsgruppe bilden das Perfekt auf -v-, z.B.:

laudāre	loben	laudō	laudāvi

Eine andere Perfektbildung haben:

dăre	geben	dō	dedī
circúmdăre	umgeben	circúmdō	circúmdĕdī
stāre	stehen	stō	stetī

2. ē-Konjugation:

v-Perfekt:

dēlēre	zerstören	dēleō	dēlēvī
flēre	weinen	fleō	flēvī
complēre	anfüllen	cómpleō	complēvī

u-Perfekt:

habēre	haben	habeō	habuī
adhibēre	anwenden	adhibeō	adhibuī
prohibēre	abhalten	prohibeō	prohibuī
dēbēre	schulden, müssen	dēbeō	dēbuī
monēre	mahnen	moneō	monuī
terrēre	erschrecken	terreō	terruī
arcēre	abhalten	arceō	arcuī
exercēre	üben	exerceō	exercuī
nocēre	schaden	noceō	nocuī
placēre	gefallen	placeō	placuī
tacēre	schweigen	taceō	tacuī
docēre	lehren	doceō	docuī
flōrēre	blühen	flōreō	flōruī
iacēre	liegen	iaceō	iacuī
pārēre	gehorchen	pāreō	pāruī
studēre	sich bemühen	studeō	studuī
timēre	fürchten	timeō	timuī
tenēre	halten	teneō	tenuī
retinēre	zurückhalten	retineō	retinuī
sustinēre	aushalten	sustineō	sustinuī
valēre	gesund sein, vermögen	valeō	valuī

Dehnungsperfekt:

vidēre	sehen	videō	vīdī

Lateinisch-deutsches Wörterverzeichnis

Das Wörterverzeichnis enthält den gesamten Lernwortschatz ohne Eigennamen.
Das Genus der Substantive ist nur bei Ausnahmen angegeben.

A

ā, ab (m. Abl.)	von -her 17
accūsāre	anklagen, beschuldigen 20
ācer, ācris, ācre	scharf, heftig, spitzig 54
acerbus, a, um	herb, bitter 25
aciēs, aciēī	1. die Schärfe, 2. die Kampflinie, Schlacht 33
ad (m. Akk.)	zu, an, bei 17
adhibēre	anwenden (z. B. eine List) 7, 34
adhūc	bis jetzt, immer noch 48
administrāre	verwalten 31
admīrātiō, -onis	die Bewunderung 42
adversus, a, um	widrig, ungünstig 30
aedificāre	erbauen 13
aedificium	das Gebäude 13
aedis, -is	der Tempel (ein Raum!)
Pl.: aedēs, aedium	das Haus (mehrere Räume!) 50
aeger, aegra, aegrum	krank 24
aequor, -ŏris n.	die Meeresfläche, das Meer 37
aestās, -ātis	der Sommer 41
aestus, -ūs	die Hitze, Brandung 32
aetās, -ātis	das Lebensalter, Zeitalter, die Zeit 41
aeternus, a, um	ewig 16
ager, agrī	der Acker, das Feld 11
agger, aggeris	der Damm, Wall 38
agitāre	treiben, betreiben 34
agmen, agminis	der Zug, die Schar 48
agricola	der Bauer 11
aliēnus, a, um	fremd 25
aliī, ae, a	die anderen, andere 22
aliī – aliī	die einen – die anderen 32
altus, a, um	hoch, tief 15
amāre	lieben 5
ambulāre	spazierengehen 2
amīca	die Freundin 3
amīcitia	die Freundschaft 26
amīcus	der Freund 3
amīcus, a, um	befreundet, freundlich 20
amor, -ōris	die Liebe 37
amplus, a, um	weit, geräumig, bedeutend 21
angustus, a, um	eng 18
animal, animālis n.	das Lebewesen, Tier 53
animus	die Seele, der Geist, das Herz, der Mut 9
annus	das Jahr 19
ante (m. Akk.)	vor 17
anteā	vorher 27
antīquus, a, um	alt, altertümlich 16
appellāre	ansprechen, (be)nennen 16
appropinquāre	nahen, sich nähern 5
aptus, a, um	passend, geeignet 15
apud (m. Akk.)	bei (nur bei Personen) 27
aqua	das Wasser 6
aquaeductus, -ūs	die Wasserleitung 32
āra	der Altar 19
arbor, -ŏris f.	der Baum 37
arcēre	abhalten, abwehren 12, 34
arcus, -ūs	der Bogen 32
arēna	der Sand, Kampfplatz 9
argentum	das Silber, Geld 13
arma, -ōrum	die Waffen 23
armāre	ausrüsten, bewaffnen 12
ars, artis	die Kunst 52
artificium	das Kunstwerk 14
arx, arcis	die Burg 52
asper, aspera, um	rau, schroff 24
āter, ātra, ātrum	schwarz, dunkel 24
atque	und dazu, und (auch) 46
ātrium	das Atrium 14
atrōx, atrōcis	schrecklich, furchtbar 57
auctor, -ōris	Urheber, Begründer 36
auctōritās, -ātis	Ansehen, Einfluss 41
audācia	der Wagemut, die Kühnheit 9
audāx, audācis	verwegen, kühn 57
aureus, a, um	golden 51
auris, -is	das Ohr 50
aurum	das Gold 13
auspicium	die Vogelschau, das Vorzeichen 28
aut	oder 39
aut . . . aut	entweder . . . oder 40
autem (nachgestellt)	aber 22
autumnus	der Herbst 48
auxilium	Hilfe, Unterstützung 13
avāritia	die Habgier, der Geiz 12
avis, -is	der Vogel 50
avus	der Großvater 2

B

barbarus, a, um	barbarisch, fremd; Subst.: der Barbar, der Fremde 40
beātus, a, um	glücklich, beglückt 21
bellum	der Krieg, Kampf 13
bene (Adv.)	gut 38
beneficium	die Wohltat 19
bēstia	das Tier 1
bonum	das Gute, das Gut 16
bonus, a, um	gut, tüchtig 15
brevis, e	kurz 55
brevitās	die Kürze 56

C

caelum	der Himmel, das Wetter, Klima 24
calamitās, -ātis	das Unglück, Missgeschick 56
campus	das Feld 5
canis, -is m.	der Hund 51
cantāre	singen 24
captāre	fangen, fassen 5
captīvus, a, um	gefangen; Subst.: der Gefangene 39
caput, capitis	das Haupt, die Hauptsache; die Hauptstadt 49
carmen, carminis	das Lied, Gedicht 48
cārus, a, um	lieb, teuer 20
castra, -ōrum	das Lager 23
cāsus, -ūs	der Fall, Zufall, Unfall 31
causa	der Grund, die Ursache, der Prozess 9
celeber, celebris, celebre	vielbesucht, belebt, bevölkert, gefeiert 54
celebrāre	besuchen, feiern 28
celer, celeris, celere	schnell, rasch 54
cella	die Vorratskammer, der Keller 15
cēna	die Mahlzeit, das Essen 5
cēnāre	speisen, essen 2
certāmen, certāminis	der Wettstreit, Kampf 48
certāre	streiten, wetteifern 36
certus, a, um	sicher, gewiss, zuverlässig 20
cēterī, ae, a	die übrigen 40
cēterum	übrigens 49
cibus	die Speise, Nahrung 5
circā, circum (m. Akk.)	um . . . herum, ringsum 30
circus	der Zirkus 9
cīvīlis, e	bürgerlich, öffentlich 56
cīvis, -is	der Bürger, Mitbürger 51
cīvitās, -ātis	die Bürgerschaft, der Staat 41
clāmāre	schreien, laut rufen 3
clāmor, -ōris	das Geschrei 37
clārus, a, um	hell, klar, berühmt 16
classis, -is	die Flotte 50
cōgitāre	(be)denken 60
cohors, cohortis	die Schar, Kohorte 52
collis, -is m.	der Hügel, die Anhöhe 51
collocāre	aufstellen 33
collum	der Hals 39
colōnia	Ansiedlung, Kolonie 12
color, -ōris	die Farbe 42
comes, comitis	der Gefährte, Begleiter 43
commūnis, e	gemeinsam, allgemein 56
comparāre	1. bereiten, beschaffen, 2. vergleichen 22
complēre	anfüllen, erfüllen 11
conciliāre	gewinnen 12
concordia	die Eintracht 20
concursus, -ūs	das Zusammenlaufen 55
condiciō, -ōnis	die Bedingung, Lage 39
cōnservāre	bewahren, retten 19
cōnsilium	der Rat, Plan, die Überlegung 13
cōnspectus, -ūs	der Anblick 31
cōnsuētūdō, -inis	1. die Gewohnheit, Sitte 2. der Umgang 40
cōnsul, cōnsulis	der Konsul 35
cōnsulum est	es ist Aufgabe (Pflicht, Sache) der Konsuln 35
contentus, a, um	zufrieden 20
contrā (m. Akk.)	gegen (im feindlichen Sinn) 21
convīva	der Gast 5
convīvium	das Gastmahl 14
cōpia	der Vorrat, die Menge, Fülle 9
cōpiae, -ārum	die Vorräte, Truppen 23
cor, cordis	das Herz 49
cornū, -ūs n.	das Horn, der Flügel des Heeres 32
corōna	der Kranz, die Krone 28
corpus, corporis	der Leib, Körper 46
cottīdiē	täglich 40
crās	morgen 21
creāre	(er)schaffen, wählen 28
crēber, crēbra, crēbrum	zahlreich, häufig 24
crīmen, crīminis	die Anklage, der Vorwurf, das Verbrechen 48
crūdēlitās, -ātis	die Rohheit, Grausamkeit 41
cui?	wem? 46
cuius?	wessen? 54
cum (m. Abl.)	(zusammen) mit 17

cum (m. Ind.)	wenn, immer wenn 37
cum (m. Konj.)	als, weil 34 nachdem 42
cūnctī, ae, a	alle 16
cūr	warum? 3
cūra	die Sorge, Sorgfalt 6
cūrāre	besorgen, pflegen 5
currus, -ūs	der Wagen 48
cursus, -ūs	der Lauf, der Kurs 34
custōs, -ōdis	der Wächter, Hüter 42

D

damnāre	verurteilen 46
dăre	geben 9
dē (m. Abl.)	von – herab, von, über 17
dea	die Göttin 13
dēbēre	schulden, müssen 8, 34
decem	zehn 60
decimus, a, um	der zehnte 60
deinde	hierauf 27
dēlectāre	erfreuen, Freude machen 4
dēlēre	zerstören 6
dēlīberāre	überlegen 24
dēmōnstrāre	zeigen, nachweisen 16
dēns, dentis m.	der Zahn 52
dēsīderāre	ersehnen, vermissen 8
dēspērāre	verzweifeln 49
deus	der Gott; Gott 13
dexter, dext(e)ra, dext(e)rum	recht(s) 24
dext(e)ra	die rechte Hand 24
dictāre	diktieren 60
diēs, diēī m.	der Tag 30
difficilis, e	schwer (zu tun), schwierig 55
dīgnitās, -ātis	die Würde 41
dīgnus, a, um	würdig, wert 24
dīligentia	die Sorgfalt, Umsicht 9
disciplīna	die Lehre, Zucht 26
discordia	die Zwietracht 25
disputāre	erörtern, diskutieren 14
dissimilis, e	unähnlich 56
diū	lange; lange Zeit 10
dīves, dīvitis	reich 59
dīvitiae, -ārum	der Reichtum 23
docēre	lehren, unterrichten 11, 34
dolor, -ōris	der Schmerz 37
dolus	die List, Täuschung 7
domī	zu Hause, daheim 32
domina	die Herrin 3
dominātiō, -ōnis	die Herrschaft, die Alleinherrschaft 39
dominus	der Herr 3
domō	von zu Hause, von daheim 32
domum	nach Hause, heim 32
domus, -ūs f.	das Haus 32
dōnec	solange (als), bis 43
dōnāre	(be)schenken 8
dōnum	die Gabe, Geschenk 13
dubitāre	zweifeln, zögern 43
dubium	der Zweifel 45
dubius, a, um	zweifelhaft, ungewiss 45
duo, duae, duo	zwei 60
dūrus, a, um	hart 21
dux, ducis	der Führer 45

E

ego	ich 7
ēgregius, a, um	ausgezeichnet, hervorragend 23
enim (nachgestellt)	nämlich 29
epistula	der Brief, die Epistel 1
eques, equitis	der Reiter, Ritter 43
equester, equestris, equestre	Reiter-, Ritter- 54
equitātus, -ūs	die Reiterei 31
equus	das Pferd 5
ergā (m. Akk.)	gegen (im freundlichen Sinn) 21
errāre	irren 4
error, -ōris	der Irrtum, die Irrfahrt 37
esse	sein 18
et	und 2
et . . . et	sowohl . . . als auch 35
etiam	auch, sogar 3
ex, ē (m. Abl.)	aus, von – aus 17
excitāre	erregen, wecken, ermuntern 42
exemplum	das Beispiel 22
exercēre	üben, (sich) plagen 34
exercitus, -ūs	das Heer 31
explicāre	entfalten, erklären 8
expūgnāre	erobern 33
exspectāre	ausschauen, (er)warten 3

F

fābula	die Fabel, Geschichte 1
facilis, e	leicht (zu tun) 55
factum	die Tat 29
falsus, a, um	falsch, irrig 26
fāma	das Gerücht, (guter bzw. schlechter) Ruf 56
famēs, -is	der Hunger 50
familia	die Familie, Hausgemeinschaft 1

familiāris, e	zum Haus gehörig, vertraut, freundschaftlich 55
fēlīx, fēlīcis	glücklich, erfolgreich 57
fēmina	die Frau 11
fēriae, fēriārum	die Feiertage, Ferien 23
ferōx, ferōcis	wild, trotzig 57
ferus, a, um	wild, roh 25
festīnāre	eilen, sich beeilen 14
fēstus, a, um	festlich, feierlich 30
fidēs, fideī	die Treue, der Glaube 30
fīdus, a, um	treu, zuverlässig 21
figūra	die Figur, Gestalt 1
fīlia	die Tochter 2
fīlius	der Sohn 2
fīnis, -is m.	das Ende, die Grenze
Pl.: fīnēs, fīnium	die Grenzen, das Gebiet 51
fīnitimus, a, um	benachbart 22
firmāre	(be)stärken, kräftigen 46
firmus, a, um	fest, stark 15
flamma	die Flamme 1
flēre	weinen, beweinen 7
flōrēre	blühen 58
flōs, flōris	die Blüte, Blume 38
flūmen, flūminis	der Fluss 48
foedus, a, um	hässlich, schändlich 25
foedus, foederis	das Bündnis, Vertrag 47
folium	das Blatt 43
fōns, fontis m.	die Quelle 52
fōrma	die Form, Schönheit 1
fortis, e	kräftig, tapfer 55
fortūna	das Schicksal, Glück 19
forum	der Markt(platz) 13
fossa	der Graben 35
frāter, frātris	der Bruder 38
frūctus, -ūs	die Frucht, der Ertrag 32
frūgēs, frūgum	die (Feld)früchte 45
frūmentum	das Getreide 25
frūstrā	vergeblich, vergebens 59
futūrus, a, um	zukünftig 27

G

gaudium	die Freude 15
gēns, gentis	das Geschlecht, der Stamm, das Volk 52
genus, generis	1. das Geschlecht 2. die Gattung, Art 47
gladius	das Schwert 12
glōria	der Ruhm 16
grātia	der Dank, die Gunst 8
grātus, a, um	angenehm, dankbar 20
gravis, e	1. schwer, gewichtig 2. ernst 55
gravitās, -ātis	der Ernst, die Würde 41

H

habēre	haben, halten 6, 34
habitāre	wohnen 18
herc(u)le	beim Herkules! 43
herī	gestern 31
hīc	hier 3
hic, haec, hoc	dieser, diese, dieses 44
hiems, hiemis f.	der Winter 53
hodiē	heute 10
homō, -inis m.	der Mensch 40
honestus, a, um	angesehen, anständig 22
honōs, -ōris	die Ehre, das Ehrenamt 38
hōra	die Stunde 7
hortus	der Garten 5
hospes, hospitis	der Gast(freund), Gastgeber 43
hostis, -is	der (Landes)feind 51
hūmānus, a, um	menschlich, gebildet 20

I

iacēre	(darnieder-)liegen 58
iactāre	werfen 43
iam	schon, bereits 3
ibi	dort 10
ignāvus, a, um	untätig, feig 20
ignis, -is m.	das Feuer 51
ignōrāre	nicht wissen, nicht kennen 10
ignōtus, a, um	unbekannt 27
imāgō, -inis	das Bild 40
immortālis, e	unsterblich 56
imperāre	befehlen 8
imperātor, -ōris	der Feldherr, Kaiser 36
imperium	der Befehl, die Herrschaft, das Reich 13
impetrāre	durchsetzen, erreichen 40
impetus, -ūs	der Ansturm, Angriff 31
impius, a, um	gottlos, frevelhaft 20
implōrāre	anflehen 22
imprīmīs	vor allem, besonders 14
in (m. Akk.)	in, an, auf (auf die Frage: wohin?) 17
in (m. Abl.)	in, an, auf (auf die Frage: wo?) 17
incendium	der Brand 55
incertus, a, um	unsicher, ungewiss, unzuverlässig 20
incitāre	antreiben, aufregen, begeistern 9
industria	die Betriebsamkeit, der Fleiß 19
īnfirmus, a, um	schwach, krank 42
īnflammāre	entflammen 49

ingēns, ingentis	ungeheuer, gewaltig, riesig 57
ingrātus, a, um	undankbar 20
inimīcus, a, um	feindlich; Subst.: Feind, Gegner 20
initium	der Anfang, Beginn 55
iniūria	das Unrecht, die Beleidigung 12
iniūstus, a, um	ungerecht, widerrechtlich 20
inopia	der Mangel, die Not 28
īnsidiae, -ārum	der Hinterhalt, Überfall 23
īnstāre	bevorstehen, zusetzen 30
īnsula	1. die Insel 1 2. das Mietshaus, der Wohnblock 18
integer, integra integrum	unberührt, rein, untadelig 38
inter (m. Akk.)	zwischen, unter, während (zeitlich) 21
inter sē	unter sich, untereinander 36
interdum	manchmal 12
intereā	inzwischen 28
intrāre	eintreten, hineingehen 2
invīsus, a, um	verhasst 46
īra	der Zorn 22
ita (beim Verb)	so 23
itaque	daher, deshalb 4
item	ebenso 47
iter, itineris n.	die Reise, der Marsch, Weg 38
iterum	wiederum, ein zweites Mal 43
iterum atque iterum	immer wieder 46
iūcundus, a, um	erfreulich, angenehm 15
iūdex, iūdicis	der Richter 45
iūdicāre	urteilen 36
iūdicium	das Urteil, Gericht 36
iūs, iūris; iūre	das Recht; mit Recht 49
iussū	auf Befehl 35
iūstitia	die Gerechtigkeit 23, 41
iūstus, a, um	gerecht, richtig 15
iuvenis, -is	der junge Mann 51
iuventūs, -ūtis	die Jugend 42

L

labor, -ōris	Arbeit, Mühe, Anstrengung 37
labōrāre	arbeiten 2
labōrāre (m. Abl.)	leiden (an) 32
lac, lactis	die Milch 49
lacus, -ūs	der See, das Wasserbecken 32
laetus, a, um	fröhlich 19
lapis, lapidis m.	der Stein 43
lātus, a, um	breit 15
laudāre	loben 4
laus, laudis	das Lob, der Ruhm 42
legiō, -ōnis	die Legion 39
levāre	erleichtern, lindern 29
levis, e	1. leicht, gering 2. leichtsinnig 55
lēx, lēgis	das Gesetz 45
liber, librī	das Buch 11
līber, lībera, līberum	frei 24
līberī, -ōrum	die Kinder 11
līberāre	befreien 7
lībertās, -ātis	die Freiheit 41
lībertus	der Freigelassene 18
licet	es ist erlaubt, man darf 24
līctor, -ōris	der Liktor 36
lingua	1. die Zunge 2. die Sprache 32, 39
littera	der Buchstabe 23
litterae, -ārum	die Buchstaben, Wissenschaft(en), der Brief 23
lītus, lītoris	die Küste, der Strand 46
locus	der Ort, Platz, Stelle 34
longus, a, um	lang 32
lūdus	das Spiel, die Schule 4
lūmen, lūminis	das Licht, Augenlicht 48
lūx, lūcis	das Licht, Tageslicht 46
luxuria	der Luxus, die Verschwendungssucht 56

M

magis	mehr 11
magis . . . quam	mehr . . . als 11
magister, magistrī	der Leiter, Lehrer, Kapitän 4, 11
magistrātus, -ūs	der Beamte, das Amt 31
magnitūdō, -inis	die Größe 40
magnus, a, um	groß, bedeutend 16
māiōrēs, -um	die Vorfahren 36
mālum	das Übel, Leid 16
mālus, a, um	schlecht, schlimm, böse 15
mandāre	übergeben, anvertrauen, auftragen 8
manēre	bleiben 29
manus, -ūs f.	die Hand, die Schar 32
mare, maris n.	Meer 53
maritimus, a, um	am Meer gelegen, See- 53
māter, mātris	die Mutter 1, 38
maximus, a, um	der größte, sehr groß 26
medius, a, um	der mittlere, mitten 24

mediā in aquā	mitten im Wasser 24
memor, memŏris (m. Gen.)	eingedenk 57
memoria	das Gedächtnis, die Erinnerung 28
mēns, mentis	der Geist, die Gesinnung, der Verstand 52
mēnsa	der Tisch 8
mēnsis, -is m.	der Monat 51
mercātor, -ōris	der Kaufmann 36
merīdiēs, -diēī m.	der Mittag, Süden 30
metus, -ūs	die Furcht 31
mīles, mīlitis	der Soldat 43
mīlitāris, e	soldatisch, kriegerisch 56
mīlitia	der Kriegsdienst 43
minister, ministrī	der Diener, Helfer 17
mīrus, a, um	wunderbar, sonderbar 21
miser, misera, miserum	elend, unglücklich, arm 24
miseria	das Elend, Unglück 26
modus	das Maß, die Art und Weise 23
moenia, -ium n.	die Stadtmauer(n) 53
molestus, a, um	lästig, beschwerlich 18
monēre	mahnen 6, 34
mōns, montis m.	der Berg 52
mōnstrāre	zeigen 4
monumentum	das Grabmal, Denkmal 17
morbus	die Krankheit 27
mors, mortis	der Tod 52
mortālis, e	sterblich 56
mortuus, a, um	tot, gestorben 35
mōs, mōris	die Sitte, der Brauch 38
mōrēs, mōrum	die Sitten, der Charakter 38
mox	bald 21
mulier, mulieris	die Frau 38
multī, ae, a	viele 16
multitūdō, -inis	die Menge 40
mūnus, mūneris	1. die Aufgabe, das Amt 2. das Geschenk 47
mūrus	die Mauer 9
mūtāre	ändern, vertauschen 10

N

nam	denn 4
narrāre	erzählen 6
nātiō, -ōnis	der Volksstamm, das Volk 39
nātūra	die Natur 1
nauta	der Seemann, Matrose 23
nāvigāre	(mit dem Schiff) fahren, segeln 23
nāvigium	das Schiff 34
nāvis, -is	das Schiff 50
nē (mit Konj.)	dass nicht, damit nicht 27
necāre	töten 10
necessārius, a, um	notwendig 20
negāre	verneinen, verweigern 19
negōtium	das Geschäft, die Aufgabe 14
neque	und nicht, auch nicht, aber nicht, nicht einmal 29
neque – neque (nec – nec)	weder – noch 31
nex, necis	der (gewaltsame) Tod, Mord 45
niger, nigra, nigrum	schwarz, dunkel 25
nihil	nichts 18
nisi	wenn nicht 26
nōbilis, e	1. berühmt 2. vornehm, adelig 56
nōbilitās, -ātis	die Berühmtheit, der Adel 41
nocēre	schaden 25
nōmen, nōminis	der Name 48
nōmināre	nennen, benennen 8
nōn	nicht 3
nōn iam	nicht mehr 6
nōn ignōrāre	gut kennen 26
nōn sōlum . . . sed etiam	nicht nur . . . sondern auch 23
nōndum	noch nicht 55
nōnnūllī, ae, a	einige, manche 18
nōnus, a, um	der neunte 60
nōs wir 13	
nōtus, a, um	bekannt 18
novem	neun 60
novus, a, um	neu, neuartig 15
nox, noctis f.	die Nacht 58
nūbēs, -is	die Wolke 50
nūdus, a, um	nackt 46
nūllus, a, um	kein 18, 44
numerus	die Zahl, Anzahl 18
numquam	niemals 19
nunc	nun, jetzt 3
nūntiāre	melden 8
nūntius	die Botschaft, der Bote 9
nusquam	nirgends 57

O

obscūrus, a, um	dunkel, verborgen 46
observāre	beobachten, beachten 14
obstāre	im Wege stehen, hindern 30
occultāre	verbergen 12
occupāre	besetzen 33
octāvus, a, um	der achte 60
octō	acht 60

oculus	das Auge 7
odium	der Hass 23
officium	die Pflicht 29
ōlim	einst 31
omnis, e	jeder, all, ganz 55
onerāre	belasten, beladen 34
onus, oneris	die Last, Ladung 47
opera	die Arbeit, Mühe 15
operam dare	Mühe wenden auf, sich beschäftigen mit 19
opēs, -um f.	1. die Schätze, der Reichtum 2. die Macht 59
opīniō, -ōnis	die Meinung 39
oppidum	(Land)Stadt, Festung 26
opportūnus, a, um	günstig 53
oppūgnāre	angreifen, bestürmen 12
optāre	wünschen 27
optimus, a, um	der beste, sehr gut 21
opus, operis	das Werk 47
ōra	die Küste 6
ōrāre	beten, bitten 15
ōrātiō, -ōnis	die Rede 39
ōrātor, -ōris	der Redner 36
orbis, -is m.	der Kreis, die Scheibe 51
orbis terrārum	der Erdkreis 51
ōrdō, -inis m.	1. die Reihe, Ordnung 2. der Stand 40
orīgō, -inis	der Ursprung 40
ōrnāmentum	die Ausrüstung, der Schmuck 14
ōrnāre	ausstatten, verschönern, schmücken 8
ōs, ōris n.	der Mund, das Gesicht 38
os, ossis Pl.: ossa	der Knochen, die Gebeine 49
ōtium	die Muße, Ruhe 14

P

paene	beinahe, fast 7
parāre	(vor)bereiten, vorhaben (zu tun), erwerben 5
parātus, a, um	bereit 21
pārēre	gehorchen 6, 34
pars, partis	der Teil 52
parvus, a, um	klein, gering 16
passus, -ūs	der Schritt 32
pater, patris	der Vater 1, 38
patrēs, -um	die Senatoren 38
patria	die Heimat, das Vaterland 8
patricius, a, um	patrizisch; Subst.: der Patrizier 40
patrōnus	der Anwalt, Schutzpatron 3
paucī, ae, a	wenige 19
paulum	ein wenig 44
pauper, pauperis	arm 59
pāx, pācis	der Friede 45
pectus, pectŏris	die Brust 46
pecūnia	das Geld, Vermögen 8
pecus, pecŏris	das Vieh, die Herde 48
pecus, pecŭdis	das (Stück) Vieh, das Schaf 42
pedes, peditis m.	der Soldat (zu Fuß) 43
pedester, pedestris pedestre	zu Fuß 54
per (m. Akk.)	durch, hindurch 17
perīculōsus, a, um	gefährlich 21, 53
perīculum	die Gefahr 16
perītus, a, um	erfahren, kundig 34
perniciēs, perniciēī	das Verderben, der Untergang 30
pēs, pedis m.	der Fuß 43
philosophia	die Philosophie 44
philósophus	der Philosoph 44
pietās, -ātis	das Pflichtbewusstsein, die Frömmigkeit 41
pīrāta	der Seeräuber 12
pius, a, um	rechtschaffen, fromm 20
placēre	gefallen 9, 34
plēbēius, a, um	plebejisch; Subst.: der Plebejer 40
plēbs, plēbis	die Volksmenge, Plebs 52
plēnus, a, um	voll 18
plērumque	meist, meistens 31
poena	die Strafe 26
poēta	der Dichter 23
populus	das Volk 9
porta	das Tor, die Pforte 17
portāre	tragen, bringen 4
porticus, -ūs f.	die Säulenhalle, (offene) Halle 32
portus, -ūs	der Hafen 33
post (m. Akk.)	hinter, nach 17
posteā	nachher, später 33
postrēmo	zuletzt 33
postulāre	fordern, verlangen 22
potēns, potentis	mächtig 57
potentia	die Macht, Gewalt 57
potestās, -ātis	die (Amts-)gewalt 41
praeclārus, a, um	glänzend, berühmt, vortrefflich 31
praeda	die Beute 10
praemium	die Belohnung 15
praetereā	außerdem 42
praetor, -ōris	der Prätor 36
precēs, precum	die Bitten 45
pretium	der Preis, Wert 19
prīmō	zuerst, anfangs 10
prīmus, a, um	der erste, vorderste 30
prīnceps, prīncipis	der Erste, der Fürst 56

prīncipātus, -ūs	die Vorherrschaft, der Vorrang 31
prīncipium	der Anfang 45
prīvātus, a, um	einem Privatmann gehörig, Privat- . . . 32
prō (m. Abl.)	für, anstatt 26
probāre	prüfen, billigen 9
profectō	in der Tat, wirklich 37
prohibēre	abhalten, hindern 22
prope (m. Akk.)	nahe, nahe bei 34
properāre	eilen, sich beeilen 2
propinquus, a, um	nahe, verwandt; Subst.: der Verwandte 28
propter (m. Akk.)	wegen 17
prōvincia	die Provinz 25
proximus, a, um	der nächste 49
prūdēns, -entis	klug, erfahren 57
pūblicus, a, um	öffentlich, staatlich 16
puella	das Mädchen 4
puer, puerī	der Bub, Junge, das Kind 11
pūgna	der Kampf, die Schlacht 10
pūgnāre	kämpfen 10
pulcher, pulchra pulchrum	schön, herrlich 24
pūrus, a, um	rein, klar 27
putāre	meinen, glauben 19

Q

quam (beim Adj.)	wie 25
quamquam	obwohl 50
quandō?	wann? 26
quantus, a, um	wie groß 37
quārtus, a, um	der vierte 60
quattuor	vier 60
-que	und 26
quem?	wen? 4
quia, quod	weil, da 21
quid?	was? 4
quiēs, quiētis	die Ruhe, Erholung 43
quīnque	fünf 60
quīntus, a, um	der fünfte 60
quis?	wer? 3
quō?	wohin? 10
quod	weil 21
quōmodo?	wie? auf welche Weise? 41
quoque	auch 25

R

raptāre	wegschleppen, rauben 35
rārus, a, um	selten 25
ratiō, -ōnis	die Vernunft, die Art und Weise 39
recēns, -ntis	frisch, neu 59
recitāre	vorlesen, vortragen 4
rēctus, a, um	gerade, recht, richtig 39
recūsāre	ablehnen, sich weigern 52
regiō, -ōnis	die Richtung, Gegend 39
rēgnum	das Königreich, die Königsherrschaft 57
religiō, -ōnis	die Götterverehrung, Religion, Ehrfurcht 39
reliquiae, -ārum	die Reste, Überreste 53
reliquus, a, um	übrig, restlich 60
renovāre	erneuern 33
repudiāre	zurückweisen, verschmähen 52
rēs, reī	die Sache, das Ding 30
rēs adversae	die ungünstigen Dinge, das Unglück 30
rēs futūrae	die zukünftigen Dinge, die Zukunft 30
rēs mīlitāris	das Kriegswesen 56
rēs pūblica	der Staat 30
rēs secundae	die günstigen Dinge, das Glück 30
retinēre	zurückhalten 9, 34
reus	der Angeklagte 36
rēx, rēgis	der König 45
rīdēre	lachen 6
rōbur, rōboris	die Kraft, Stärke 46
rogāre	fragen, bitten 2
ruber, bra, brum	rot 46
rūsticus, a, um	ländlich, bäuerlich 15 Subst.: der Bauer 17

S

sacer, sacra, sacrum	heilig, geweiht 24
sacerdōs, -ōtis	Priester(in) 42
sacrificāre	opfern 28
sacrificium	das Opfer 47
saeculum	das Zeitalter, Jahrhundert 29
saepe	oft 5
sāl, sălis	das Salz 35
salūs, -ūtis	das Wohlergehen, Heil, die Rettung 42
salūtāre	grüßen 2
salvē	sei gegrüßt 1
sanguis, -inis m.	das Blut 46
sapiēns, sapientis	weise, verständig 57
sapientia	die Weisheit, Einsicht 10
satis	genug, genügend 35
scelus, sceleris	das Verbrechen 47
scrīptor, -ōris	der Schriftsteller 36
secundus, a, um	der folgende, günstig 22, der zweite 60
sed	aber, sondern 3

sedēre	sitzen 24
sēdēs, -is	der (Wohn)sitz 50
semper	immer, stets 6
senātor, -ōris	der Senator 36
senātus, -ūs	der Senat 31
senātuī placet	der Senat beschließt 34
senectūs, -ūtis	das (Greisen-)Alter 42
senex, senis	der Greis 55
sententia	die Meinung, der Sinnspruch, Satz 10
septem	sieben 60
septimus, a, um	der siebte 60
sermō, -ōnis m.	das Gespräch, die Sprache 39
serva	die Sklavin, die Magd 2
servitūs, -ūtis	die Knechtschaft 42
servāre	bewahren, retten 12
servus	der Sklave, Knecht 2
sevērus, a, um	ernst, streng 27
sex	sechs 60
sextus, a, um	der sechste 60
sī	wenn 21
sīc	so, auf diese Weise 7
sīdus, sīderis	das Sternbild, Gestirn 47
sīgnum	das Zeichen 40
silva	der Wald 11
similis, e	ähnlich 56
simulācrum	das Bild, Götterbild 13
sine (m. Abl.)	ohne 17
singulāris, e	einzeln, einzigartig 55
sinister, sinistra, sinistrum	link(s), linkisch 24
sitis, sitis f.	der Durst 53
situs, a, um	gelegen, liegend 51
societās, -ātis	die Gemeinschaft, das Bündnis 41
socius	der Gefährte, Bundesgenosse 26
sōl, sōlis	die Sonne 35
sŏlum	der Grund, Boden 14
sōlum	nur, allein 23
sōlus, a, um	allein, einsam 29, 44
soror, -ōris	die Schwester 37
sors, sortis	das Los, Schicksal 52
spectāculum	das Schauspiel 57
spectāre	betrachten, sehen 4
spērāre	hoffen, erhoffen 22
spēs, speī	die Hoffnung 30
spīritus, -ūs	der Hauch, Atem 33
stāre	stehen 18
statim	sofort, sogleich 7
statua	die Statue, das Standbild 1
stēlla	der Stern 24
stilus	der Schreibgriffel 3
studēre	sich bemühen, streben 11
studium	der Eifer, die Beschäftigung 34
sub (m. Abl.)	unter (Frage: wo?) 17
sub (m. Akk.)	unter (Frage: wohin?) 17
subitō	plötzlich 5
summus, a, um	der oberste, höchste 16
superāre	übertreffen, überwinden, besiegen; übrig sein 12
superbia	der Hochmut, Stolz 23
superbus, a, um	hochmütig, stolz, erhaben 16
suprā (m. Akk.)	oberhalb 51
sustinēre	aushalten 50

T

taberna	die Bude, das Wirtshaus, die Taverne 18
tabula	die Tafel, Landkarte 3
tacēre	schweigen 6, 34
tam – quam (beim Adj.)	so – wie 25
tamen	dennoch, trotzdem 8
tandem	endlich 46
tantum	nur 20
tantus, a, um	so groß 32
taurus	der Stier 32
tēctum	das Dach, Haus 14
tellūs, -ūris f.	die Erde, der Erdboden 38
tempestās, -ātis	das Unwetter, Sturm 53
templum	der Tempel 13
temptāre	versuchen, angreifen 10
tempus, temporis	die Zeit, die Lage 46
tenēre	halten, festhalten 13, 34
tergum	der Rücken 24
terra	das Land, die Erde 8
terrēre	schrecken, erschrecken 6, 34
terror, -ōris	der Schrecken 37
tertius, a, um	der dritte 60
theātrum	das Theater 33
thermae, -ārum	die warmen Bäder, die Badeanstalt(en) 23
timēre	fürchten 6, 34
timor, -ōris	die Furcht 37
toga	das Gewand, die Toga 27
tolerāre	ertragen, erdulden 33
tōtus, a, um	ganz 19, 44
trēs, tria	drei 60
trīstis, e	traurig 55
triumphus	der Triumph 48
tū	du 10
tum	da, dann, darauf, damals 3
tumultus, -ūs	der Aufruhr, Unruhe 31
turba	die Unruhe, Menge 11
turbāre	verwirren, stören 28

turpis, e	schimpflich, hässlich, schändlich 55
turris, turris f.	der Turm 53
tūtus, a, um	geschützt, sicher 20

U

ubi	wo? 2
ubīque	überall 29
umbra	der Schatten 21
unda	die Woge, Welle 23
unde?	woher? 22
undique	von allen Seiten 31
ūnus, a, um	ein(er) ein einziger 41, 60
urbānus, a, um	städtisch, kultiviert; Subst.: Städter 29
urbs, urbis	die Stadt 52
ūsque ad (m. Akk.)	bis zu 33
ūsus, -ūs	der Gebrauch, der Nutzen, die Übung 31
ut	wie 16
ut (m. Konj.)	dass, damit 27
ūtilis, e	nützlich, brauchbar 56
utinam	dass doch 27, 29
uxor, -ōris	die Ehefrau 37

V

vacuus, a, um	leer, frei 29
valdē	sehr 7
valēre	gesund sein, vermögen 9, 34
vallis, -is	das Tal 50
varius, a, um	bunt, vielfältig, verschieden 15
vās, vāsis	das Gefäß 49
vāsa, vāsōrum	die Gefäße, das Geschirr 49
vāstāre	verwüsten 35
vāstus, a, um	1. wüst, öde 2. weit 37
vehemēns, -mentis	heftig, nachdrücklich 57
vel	oder (auch) 24
velut	wie, zum Beispiel 40
venia	die Nachsicht, Verzeihung 24
venter, ventris	der Bauch, Magen 52
ventus	der Wind 19
vēr, vēris	der Frühling 49
verbum	das Wort 13
versus, -ūs	der Vers 31
vesper, vesperī	der Abend, Westen 11
vesperī (vespere)	abends, am Abend 29
vestis, -is	das Kleid, die Kleidung 50
vetus, veteris	alt 59
vexāre	quälen, heimsuchen 12
via	der Weg, die Straße 11
vīcīnus, a, um	benachbart, nahe, Subst.: Nachbar 20
victōria	der Sieg 6
vīctus, -ūs	der Lebensunterhalt, die Lebensweise 32
vīcus	das Dorf, die Gasse 6
vidēre	sehen 7
vīlicus	der Verwalter 15
vīlla	die Villa, das Landhaus 1
vinculum	das Band, die Fessel 26
vīnum	der Wein 14
violāre	verletzen 46
vir, virī	der Mann 11
vīrēs, vīrium f.	die Kräfte, Streitkräfte 53
virgō, -inis	das Mädchen 40
virtūs, -ūtis	die Tüchtigkeit, Tugend, Tapferkeit, Leistung 42
vīs (vim, vī) f.	1. die Kraft, Gewalt 2. die Menge 53
Pl.: vīrēs, -ium	die Kräfte, Streitkräfte 53
vīsitāre	besuchen 5
vīta	das Leben 15
vītāre	meiden, vermeiden 29
vitium	der Fehler, das Laster 29
vocāre	rufen, nennen 4
volāre	fliegen, eilen 7
voluntās, -ātis	der Wille, die Absicht 54
voluptās, -ātis	das Vergnügen, Lust 54
vōs	ihr 19
vōtum	das Gelübde 28
vōx, vōcis	die Stimme 45
vulnerāre	verwunden 10
vultus, -ūs	die Miene, der Gesichtsausdruck 31

Deutsch-lateinisches Wörterverzeichnis

Das Wörterverzeichnis enthält nur die in den Übersetzungsübungen vorkommenden deutschen Wörter. Personennamen, die im Deutschen und Lateinischen gleich lauten, sind nicht aufgenommen.
Beigefügte Zahlen verweisen auf Besonderheiten, die im entsprechenden Grammatikabschnitt behandelt sind.

A

abends, am Abend	vespere 29
aber	sed; autem 22
abhalten	prohibere; arcere
abwehren	arcere
acht	octo
Acker	ager, agri
Adel	nobilitas, -atis
Afrika	Africa
all	omnis, e
alle	cuncti, ae, a
vor allem	imprimis
allein	solus 44
allgemein	communis, e
als (Konjunktion)	cum 37
alt	antiquus; vetus, -eris
Altar	ara
Alter	senectus, -utis
alter Mann	senex, senis 55
an (wohin?)	in (Akk.); ad 17
(wo?)	in (Abl.) 17
Anfang	initium
anfangs	primo
anflehen	implorare
Anführer	dux, ducis
Angehörige	mei, tui, sui 25
angenehm	gratus; iucundus
angreifen	oppugnare
Angriff	impetus, -us
Anklage	crimen, -inis
anschauen	spectare
Ansehen	auctoritas, -atis
Ansiedlung	colonia; sedes, sedis 50
Ansturm	impetus, -us
antreiben	incitare
anvertrauen	mandare
Anwalt	patronus
anwenden	adhibere
Anzahl	numerus
Arbeit	opera; labor, -oris
arbeiten	laborare
arm (elend)	miser, -era, -erum
arm (besitzlos)	pauper, -eris
Art	genus, -eris
Atrium	atrium
auch	etiam; quoque 25
auf (wo?)	in (Abl.) 17
(wohin?)	in (Akk.) 17
Aufgabe	munus, -eris; Gen. 37
Aufmerksamkeit	diligentia
aufregen	incitare
Aufruhr	tumultus, -us
auftragen	mandare
Auge	oculus
aus	e, ex (Abl.) 17
ausstatten	ornare

B

bald	mox
Band	vinculum
Barbar	barbarus
bauen	aedificare
Bauer	agricola; rusticus
Baum	arbor, -oris 37
Beamter	magistratus, -us
sich beeilen	properare
Befehl	imperium
befehlen	imperare
befreien	liberare
begeistern	incitare
begrüßen	salutare
bei	ad (Akk.) 17
bei (Personen)	apud (Akk. 27)
Beispiel	exemplum
bekannt	notus
beladen	onerare
belebt	celeber, -bris, -bre
belehren	docere
Belohnung	praemium
sich bemühen	studere
benachbart	finitimus
beobachten	observare
bereit	paratus
bereiten	parare
bereits	iam
berühmt	clarus; nobilis, e
beschenken	donare
ich beschließe (mir gefällt es)	mihi placet
beschwerlich	molestus
besetzen	occupare

besichtigen	videre
besiegen	superare
besorgen	curare
bester	optimus
besuchen	visitare
beten	orare
betrachten	spectare
betreten	intrare
beunruhigen	turbare
Beute	praeda
bewaffnen	armare
bewahren	servare
beweinen	(de)flere
Bewunderung	admiratio, -onis
bis zu	usque ad (Akk.) 33
bitten	orare; rogare
Bitten	preces, -um 45
bleiben	manere
Boden	solum
Bogen	arcus, -us
böse	malus
Bote	nuntius
Brauch	mos, moris
breit	latus
Brief	epistula; litterae, -arum 23
bringen	portare
Britannien	Britannia
Brust	pectus, -oris
Bub	puer, pueri
Buch	liber, -bri
Bude	taberna
Bundesgenosse	socius
Bündnis	foedus, -eris
Burg	arx, arcis
Bürger	civis, -is
Bürgerkrieg	bellum civile
Bürgerschaft	civitas, -atis

C

Charakter	mores, -um 38

D

da	tum
Dach	tectum
daheim	domi 32
daher	itaque
damals	tum
damit	ut (Konj.) 27
damit nicht	ne (Konj.) 27
Dank	gratia
dankbar	gratus
dann	tum
dass	ut (Konj.) 27
dass nicht	ne (Konj.) 27
dass doch	utinam 27, 29
dein	tuus
denken an	memor und esse 57
Denkmal	monumentum
denn	nam
dennoch	tamen
deshalb	itaque
dich	te
Dichter	poeta
Diener	servus; minister, -tri
dieser	hic, haec, hoc 44
Ding	res, rei
Donau	Danuvius
Dorf	vicus
dort	ibi
dunkel	obscurus; ater, atra, atrum
durch, hindurch	per (Akk.) 17
Durst	sitis, -is 53

E

Ehefrau	uxor, -oris 37
Ehre	honos, -oris
Eifer	studium
eilen	properare
ein(e)	unus 60
einige	nonnulli, ae, a
einladen	vocare
einst	olim
Eintracht	concordia
eintreten	intrare
einzigartig	singularis, e
endlich	tandem
eng	angustus
entflammen	inflammare
erbauen	aedificare
Erdkreis	orbis terrarum
erfahren (Adj.)	peritus
erflehen	implorare
erfreuen	delectare
erfüllen	complere
erhalten	servare
erhoffen	sperare
es ist erlaubt	licet
erklären	explicare
ermahnen	monere
erneuern	renovare
erobern	expugnare
erregen	excitare
erschaffen	creare
erschrecken	terrere
ersehnen	desiderare
erster	primus
ertragen	tolerare
erwarten	exspectare
erwerben	(com)parare

erzählen	narrare
Erzählung	fabula
essen	cenare
das Essen	cena
die Etrusker	Etrusci, -orum
euch	vos (Akk.), vobis (Dat.)
euer	vester, -tra, -trum
Europa	Europa
ewig	aeternus

F

fahren (zu Schiff)	navigare
Fall	casus, -us
Familie	familia
fangen	captare
Farbe	color, -oris
Fehler	vitium
feiern	celebrare
feig	ignavus
Feind (d. Landes)	hostis, -is
Feind (persönl.)	inimicus
feindlich	inimicus
Feld	campus; ager, agri
Feldherr	imperator, -oris; dux, ducis
Feldlager	castra, -orum 23
Ferien	feriae, -arum
Fessel	vinculum
fest	firmus
festhalten	tenere
Festtag	dies festus
Festung	oppidum
Feuer	ignis, -is 51
Flamme	flamma
Flotte	classis, -is
Fluss	flumen, -inis
fordern	postulare
Forum	forum
fragen	rogare
Frau	femina; mulier, -eris
frei	liber, -era, -erum
frei (von)	vacuus
Freiheit	libertas, -atis
fremd	alienus
Freude	gaudium
Freund	amicus
Freundin	amica
freundlich	amicus
Freundschaft	amicitia
frevelhaft	impius
Friede	pax, pacis
froh, fröhlich	laetus
fromm	pius
Frömmigkeit	pietas, -atis
Frucht	fructus, -us
Frühling	ver, veris
Führer	dux, ducis
Fülle	copia
füllen	complere
Furcht	timor, -oris
furchtbar	atrox, -ocis
fürchten (sich)	timere
Fürst	princeps, -cipis
Fußsoldat	pedes, -itis
Futter	cibus

G

Gallien	Gallia
die Gallier	Galli, -orum
ganz	totus 44
Garten	hortus
Gasse	vicus
Gast	conviva
Gast (Fremder)	hospes, -itis
Gastgeschenk	donum
Gastmahl	convivium
Gebäude	aedificium
geben	dare, *Perf.* dedi
Gebiet	fines, -ium 51
Gedicht	carmen, -inis
Gefahr	periculum
gefährlich	periculosus
gefallen	placere
Gefäß	vas, vasis 49
gegen (freundl.)	erga (Akk.) 21
gegen (feindl.)	contra (Akk.) 21
Gegend	regio, -onis
Gehilfe	minister, -tri
gehorchen	parere
Geist	animus
Geiz	avaritia
Geld	pecunia
gelegen	situs
Gelübde	votum
gemeinsam	communis, e
Gemeinschaft	societas, -atis
genau wissen	non ignorare
genießen	se dare 14
gerecht	iustus
Gerechtigkeit	iustitia
gering	parvus
die Germanen	Germani, -orum
Germanien	Germania
Geschäft	negotium
Geschenk	donum
Geschichte	fabula
Geschrei	clamor, -oris
geschützt	tutus
Gesetz	lex, legis
gestern	heri
gesund sein	valere

Gewalt	vis 53
(Amts)gewalt	potestas, -atis
gewinnen	conciliare
Gewohnheit	consuetudo, -inis
glauben	putare
Glück	fortuna; res secundae
glücklich	beatus; felix, -icis
Gold	aurum
Gott	deus
Götterbild	simulacrum
Grabmal	monumentum
Grenze	finis, -is 51
die Griechen	Graeci, -orum
Griechenland	Graecia
griechisch	Graecus
groß	magnus
so groß	tantus
größter	maximus
Größe	magnitudo, -inis
Großvater	avus
grüßen	salutare
Gunst	gratia
günstig	secundus, opportunus
gut	bonus
das Gut(e)	bonum

H

haben, halten	habere
festhalten	tenere
Habgier	avaritia
Hafen	portus, -us
Hand	manus, -us 32
hart	durus
Hass	odium
hässlich	foedus
Haus	tectum; domus, -us 32
zu Hause	domi 32
nach Hause	domum
von zu Hause	domo
Hausgemeinschaft	familia
Heer	exercitus, -us
heftig	acer, acris, acre; vehemens, -entis
heilig	sacer, -cra, -crum
Heimat	patria
Helfer	minister, -tri
hell	clarus
Herbst	autumnus
Herr	dominus
Herrin	domina
herrlich	praeclarus
Herrschaft	imperium
hervorragend	egregius
Herz	animus; cor, cordis 49
heute	hodie
heute noch	hodie quoque
hier	hic
hierauf	tum
Hilfe	auxilium
hinter	post (Akk.) 17
Hinterhalt	insidiae, -arum 23
Hitze	aestus, -us
hoch	altus
Hochmut	superbia
hochmütig	superbus
höchster	summus
Hoffnung	spes, spei
Hügel	collis, -is 51
Hund	canis, -is
Hunger	fames, -is

I

ich (betont)	ego
immer	semper
die Ihrigen	sui 25
immer noch	adhuc
in (wo?)	in (Abl.) 17
(wohin?)	in (Akk.) 17
Insel	insula
irren	errare
Italien	Italia

J

Jahr	annus
Jahrhundert	saeculum
jeder	omnis, e
jetzt	nunc
bis jetzt	adhuc
Jugend	iuventus, -utis
junger Mann	iuvenis, -is
Jupiter	Iuppiter, Iovis 42

K

Kaiser	imperator, -oris
Kampf	pugna
Kampflinie	acies, -ei
kämpfen	pugnare
Kapitol	Capitolium
Kaufmann	mercator, -oris
kein	nullus 44
kennen (gut)	non ignorare
nicht kennen	ignorare
Kinder	liberi, -orum
klein	parvus
klug	prudens, -entis
Knabe	puer, pueri
Knechtschaft	servitus, -utis
Knochen	os, ossis 49
Kohorte	cohors, -hortis

König	rex, regis
Konsul	consul, -is
Körper	corpus, -oris
Kraft	robur, -oris; vis 53
kräftigen	firmare
krank	aeger, -gra, -grum
Krieg	bellum
Kriegsdienst	militia
Kriegswesen	res militaris
Kühnheit	audacia
Kunst	ars, artis
Kunstwerk	artificium
Küste	ora; litus, -oris

L

lachen	ridere
Lage	condicio, -onis
Lager	castra, -orum 23
Land	terra
Landhaus	villa
Landkarte	tabula
ländlich	rusticus
lang	longus
lange (Zeit)	diu
Last	onus, -eris
Laster	vitium
Lauf	cursus, -us
Leben	vita
Lebensweise	victus, -us
Legion	legio, -onis
Lehre	disciplina
lehren	docere
Lehrer, Lehrmeister	magister, -tri
leicht (zu tun)	facilis, e
leicht (zu tragen)	levis, e
Leid	malum
leiden	laborare
Leiter	magister, -tri
Leute	homines, -um
Licht	lux, lucis; lumen, -inis
lieb	carus
lieben	amare
Lied	carmen, -inis
lindern	levare
List	dolus
loben	laudare
Los	sors, sortis
Luxus	luxuria

M

Macht	potentia
mächtig	potens, -entis
Mädchen	puella; virgo, -inis
Mahl, Mahlzeit	cena
mahnen	monere
manche	nonnulli, ae, a
manchmal	interdum
Mann	vir, viri
junger Mann	iuvenis, -is
Markt(platz)	forum
Mars	Mars, Martis
Marsfeld	campus Martius
Marsch	iter, itineris 38
Matrose	nauta
Mauer	murus
Meer	mare, maris
mehr	magis
mehr . . . als	magis . . . quam
nicht mehr	non iam
meiden	vitare
mein	meus
Meinung	sententia
meist(ens)	plerumque
Menge (Vorrat)	copia
Menge (Vielzahl)	multitudo, -inis
Mensch	homo, -inis
menschlich	humanus
mich	me
Milch	lac, lactis 49
mit	cum (Abl.) 17
Mittag	meridies, -ei 30
mitten	medius 24
morgen	cras
Mühe	opera; labor, -oris
müssen	debere
Mutter	mater, -tris

N

nach (wohin?)	in (Akk.) 17
nach (zeitlich)	post (Akk.) 17
Nachbar	vicinus
nachdem	cum 42
Nachricht	nuntius
nackt	nudus
nämlich	enim 29
nahen, sich nähern	appropinquare
Nahrung	cibus
Nation	natio, -onis
nennen	appellare; nominare
Neptun	Neptunus
neu, neuartig	novus
nicht	non
nicht kennen	ignorare
nicht mehr	non iam
nie, niemals	numquam
Not	inopia
notwendig	necessarius
nun	nunc
nur	solum

O

oberster	summus
obwohl	quamquam
oder	aut; vel
öffentlich	publicus
oft	saepe
ohne	sine (Abl.) 17
Ohr	auris, -is
Opfer	sacrificium
opfern	sacrificare
Ordnung	ordo, -inis 40
Ort	locus

P

passend	aptus
Patrizier	patricius
die Perser	Persae, -arum
Pferd	equus
pflegen	curare
Pflicht	officium
Pflichtbewusstsein	pietas, -atis
Philosoph	philosophus
Pirat	pirata
die Plebejer	plebei, -orum
plötzlich	subito
Politik	res publica
Preis	pretium
Priester	sacerdos, -otis
Provinz	provincia

Q

quälen	vexare

R

Rat, Ratschlag	consilium
rauben	raptare
rau	asper, -era, -erum
Recht	ius, iuris 49
Reich	imperium
reich	dives, -itis
Reichtum	divitiae, -arum 23
Reise	iter, itineris 38
Reiter	eques, -itis
Reiterei	equitatus, -us
retten	servare
Rhein	Rhenus
Richter	iudex, -icis
Rom	Roma
die Römer	Romani, -orum
römisch	Romanus
Rücken	tergum
rufen	vocare
laut rufen	clamare
Ruhe	otium; quies, -etis
Ruhm	gloria

S

Sache	res, rei
Salz	sal, salis
Sand	arena
Saturn	Saturnus
Säulenhalle	porticus, -us 32
schändlich	turpis, e
Schar	manus, -us 32; agmen, -inis
Schenke	taberna
schenken	donare
Schicksal	fortuna
Schiff	navigium; navis, -is
schimpflich	turpis, e
Schlacht	pugna; acies, -ei
schlecht	malus
schlimm	malus
Schmuck	ornamentum
schmücken	ornare
schon	iam
schön	pulcher, -chra, -chrum
schnell	celer, -eris, -ere
Schrecken	terror, -oris
schreien	clamare
Schriftsteller	scriptor, -oris
schulden	debere
Schule	ludus
schweigen	tacere
schwer (zu tun)	difficilis, e
schwer (zu tragen)	gravis, e
Schwert	gladius
sechster	sextus
Seele	animus
Seemann	nauta
Seeräuber	pirata
segeln	navigare
sehen	videre, *Perf.* vidi
sehr	valde
sein (Pron.)	suus
sein (zu sein)	esse
selten (Adj.)	rarus
Senat	senatus, -us
Senator	senator, -oris
sich	se (Akk.), sibi (Dat.)
sicher	tutus
Sieg	victoria
Silber	argentum
Silvanus	Silvanus
Sinn	animus; mens, mentis

Sitte	mos, moris
Sklave	servus
Sklavin	serva
so (beim Adj.)	tam
so (beim Verb)	ita
sogar	etiam
sogleich	statim
so groß	tantus
Sohn	filius
Soldat	miles, -itis
Sommer	aestas, -atis
sonderbar	mirus
sondern	sed
Sonne	sol, solis
Sorge	cura
sorgen	curare
Sorgfalt	diligentia
sowohl ... als auch	et ... et
später	postea
spazieren gehen	ambulare
Speise	cibus
speisen	cenare
Spiel	ludus
Staat	res publica
Staat (Bürgerschaft)	civitas, -atis
Stadt	oppidum; urbs, -urbis
städtisch	urbanus
Stadtmauer(n)	moenia, -ium 53
Standbild	statua
stark	firmus
stärken	firmare
Statue	statua
stehen	stare, *Perf.* steti
im Wege stehen	obstare
stets	semper
Stimme	vox, vocis
stolz	superbus
Strafe	poena
Straße	via; iter 38
streben	studere
streiten	certare
streng	severus
Stunde	hora
Sturm	tempestas, -atis

T

Tafel	tabula
Tag	dies, diei 30
Tal	vallis, -is
tapfer	fortis, e
Tapferkeit	virtus, -utis
Tat	factum
Täuschung	dolus
Taverne	taberna
Teil	pars, partis
Tempel	templum; aedis, -is 50
Tellus	Tellus, -uris
Tier	bestia; animal, -alis
Tisch	mensa
Tochter	filia
Tor	porta
tot	mortuus
töten	necare
treiben	agitare
Treue	fides, -ei
Truppen	copiae, -arum 23
tüchtig	bonus
Tüchtigkeit	virtus, -utis
Turm	turris, -is 53

U

das Übel	malum
über (von)	de (Abl.) 17
überall	ubique
Überfall	insidiae, -arum 23
übergeben	mandare
überlegen	deliberare
Überlegung	consilium
übertreffen	superare
überwinden	superare
die übrigen	ceteri, ae, a
Übung	usus, -us
Ufer	litus, -oris
Umsicht	diligentia
und	et; -que
ungeheuer	ingens, -entis
ungerecht	iniustus
Ungerechtigkeit	iniuria
Unglück (Elend)	miseria
Unglück	res adversae 30
unglücklich	miser, -era, -erum
uns	nos (Akk.), nobis (Dat.)
unser	noster, -tra, -trum
unsterblich	immortalis, e
unter	sub 17
unter (zwischen)	inter 21
Untergang	pernicies, -ei
unterrichten	docere
Ursprung	origo, -inis

V

Vater	pater, -tris
Vaterland	patria
Verbrechen	scelus, -eris
Verderben	pernicies, -ei
Vergnügung	voluptas, -atis
vergeblich	frustra

verherrlichen	celebrare
verletzen	violare
vermeiden	vitare
vermissen	desiderare
verschieden(artig)	varius
verschmähen	repudiare
versorgen	curare
versuchen	temptare
Vertrag	foedus, -eris
verwalten	administrare
Verwandter	propinquus
verweigern	negare
verwirren	turbare
verwüsten	vastare
verzweifeln	desperare
Vieh	pecus, -oris 48
	pecus, -udis 42
vielbesucht	celeber, -bris, -bre
viele	multi, ae, a
vier	quattuor
Villa	villa
Vogel	avis, -is
Volk	populus
Volksmenge	plebs, plebis 52
Volksstamm	natio, -onis; gens, gentis
voll	plenus 18
von (über)	de (Abl.) 17
von ... aus	ex (Abl.) 17
vor	ante (Akk.) 17
vor allem	imprimis
vorbereiten	parare
Vorfahren	maiores, -um
vorlesen	recitare
vornehm	nobilis, e
Vorrat	copia
Vorherrschaft	principatus, -us

W

Waffen	arma, -orum 23
wählen	creare
Wald	silva
wann?	quando?
warten	exspectare
warum?	cur?
was?	quid?
Wasser	aqua
Wasserleitung	aquaeductus, -us
weder ... noch	neque ... neque
Weg	via
wegschleppen	raptare
weil	quia; quod
Wein	vinum
weinen	flere
weise	sapiens, -entis
Weisheit	sapientia
weit	amplus
welch großer	quantus
Welle	unda
wenige	pauci, ae, a
wen?	quem?
wenn (falls)	si
wenn (immer wenn)	cum (Ind.)
wenn nicht	nisi
wer?	quis?
wessen?	cuius?
Wettkampf, -streit	certamen, -inis
widrig	adversus
wie	ut (Ind.)
wie groß	quantus
wild	ferus; ferox, -ocis
Wille	voluntas, -atis
Wind	ventus
Winter	hiems, hiemis
Wirtshaus	taberna
wissen	non ignorare
nicht wissen	ignorare
Wissenschaft	litterae, -arum 23
wo?	ubi?
wohin?	quo?
Wohl	salus, -utis
Wohltat	beneficium
Wohnblock	insula
wohnen	habitare
Wohnsitz	sedes, -is 50
Wort	verbum
wunderbar	mirus
wünschen	optare
Würde	dignitas, -atis

Z

Zahl	numerus
zahlreich	creber, -bra, -brum
zehnter	decimus
zeigen	monstrare
Zeit	tempus, -oris
Zeit(alter)	aetas, -atis
zerstören	delere
Zirkus	circus
zögern	dubitare
zu ... hin	ad (Akk.) 17
zuerst	primo
zufrieden	contentus
Zug	agmen, -inis
zukünftig	futurus
zuletzt	postremo
zusetzen	instare
zuverlässig	certus
zwei	duo 60
zweiter	secundus
zwischen	inter (Akk.) 21

Verzeichnis der Eigennamen

Aenēās, -ae	trojanischer Held, nach der Sage der Stammvater der Römer
Africa	Afrika
Alexander Magnus	Alexander der Große (356–323 v. Chr.), König von Makedonien, der von Griechenland aus ein Weltreich schuf, das bis Indien reichte
Aniō, -ēnis/-ōnis	ein Nebenfluss des Tiber
Apollō, -inis	Gott der Dichtkunst, der Musik, der Medizin und der Weissagung
via Appia	die Appische Straße; sie führte von Rom nach Brundisium (Brindisi)
Arīminum	Stadt in Italien (heute Rimini)
Arminius	Anführer der germanischen Cherusker; er schlug 9 n. Chr. den römischen Feldherrn Varus im Teutoburger Wald
Asia	Asien, Kleinasien
Athēnae, -ārum	Athen, größte und bedeutendste Stadt Griechenlands
Augustus	erster römischer Kaiser (63 v. Chr. – 14 n. Chr.); während seiner Regierungszeit wurde Christus geboren
Bacchus	Gott des Weines
Britannia	Britannien
Britannicus	Ehrentitel für den Sieger über Britannien
Brūtus	römischer Volksheld; er vertrieb um 500 vor Chr. den letzten römischen König, den Etrusker Tarquinius
Caesar, -aris (Gāius Iūlius Caesar)	römischer Feldherr und Staatsmann (100–44 v. Chr.); er eroberte Gallien
Campānia	fruchtbare Landschaft um Neapel
Campus Mārtius	das Marsfeld
Capitōlīnus, a, um	kapitolinisch
Capitōlium	das Kapitol, der Burgberg von Rom mit dem Jupitertempel
Catō, -ōnis	römischer Politiker, bekannt durch seine Sittenstrenge (um 200 v. Chr.)
Cerēs, -eris	Göttin des Wachstums und der Fruchtbarkeit
Chrīstiānī, -ōrum	die Christen
Cicerō, -ōnis (Mārcus Tullius Cicerō)	römischer Staatsmann, Redner und Schriftsteller (106–43 v. Chr.)
Circus Maximus	großer Kampfplatz für Spiele in Rom
Concordia	Göttin der Eintracht
Corinthus f.	Korinth, berühmte griechische Hafen- und Handelsstadt
Croesus	berühmter König in Kleinasien; trotz seines Reichtums lebte er nicht glücklich
Cronos, -ī	Herrscher eines alten Göttergeschlechtes, der Titanen
Dānuvius	Donau
Diāna	Göttin des Waldes und der Jagd
Diogenēs, -is	griechischer Philosoph (404–323 v. Chr.), bekannt durch seine Bedürfnislosigkeit
Drūsus	Stiefsohn des Kaisers Augustus; auf seinen Feldzügen in Germanien drang er bis zur Elbe vor
Ennius	römischer Dichter um 200 v. Chr.
Etrūscī, -ōrum	die Etrusker, ein Volk in Mittelitalien
Eurōpa	Europa
Faunus	Gott der Wälder und Berge
via Flāminia	die Flaminische Straße; sie führte von Rom nach Arīminum (Rimini)

Gallī, -ōrum	die Gallier
Gallia	Gallien (heutiges Frankreich)
Germānī, -ōrum	die Germanen
Germānia	Germanien
Germānicus	römischer Feldherr, bekannt durch seine Feldzüge gegen die Germanen (14–16 n. Chr.)
Graecī, -ōrum	die Griechen
Graecia	Griechenland
Graecus, a, um	griechisch
Herculēs, -is	Herkules, als Sohn von Jupiter und Alkmene ein Halbgott, der zwölf übermenschliche Arbeiten vollbringen musste
Hispānia	Spanien
Horātius	Horaz, römischer Dichter zur Zeit des Augustus
India	Indien
Italia	Italien
Iūlius	Geschlechtername (römischer Familienname)
Iūnō, -ōnis	Juno; römische Göttin, Gemahlin des Jupiter
Iuppiter, Iovis	Jupiter; höchster römischer Gott, Vater der Götter
Iuvenālis	Juvenal, römischer Dichter um 100 n. Chr.
Larēs, Lar(i)um	die Laren, römische Hausgötter, Schützer des Hauswesens
via Lāta	Breite Straße (der heutige Corso); sie führte vom Forum zur Porta Flaminia, von dort als via Flaminia nach Rimini
Latīnus, a, um	latinisch, lateinisch
Līber, -erī	Gott des Weines
Līvius	römischer Geschichtsschreiber zur Zeit des Augustus
Lūna	die Mondgöttin
Marius	römischer Feldherr und Politiker um 100 v. Chr.
Mārs, Mārtis	römischer Kriegsgott
Mārtiālis	Martial, römischer Dichter (ca. 40–100 n. Chr.)
Menēnius Agrippa	römischer Adeliger der frühen Zeit
Mercurius	Merkur, Götterbote, Gott der Kaufleute und der Diebe
Minerva	Göttin der Künste und Wissenschaften
mōns Sacer	Berg in der Nähe von Rom, auf den sich die Plebejer zurückzogen, um ihre politischen Forderungen durchzusetzen
Neāpolis, -is	Neapel
Neptūnus	Neptun, Gott des Meeres
Nerō, -ōnis	römischer Kaiser (54–68 n. Chr.); in seine Regierungszeit fällt der große Brand Roms
Numa Pompilius	der Sage nach zweiter König von Rom
Ostia	Hafenstadt bei Rom
Ovidius	Ovid, römischer Dichter zur Zeit des Augustus; von diesem wurde er an die Küste des Schwarzen Meeres verbannt
Palātīnus, a, um	palatinisch
Palātium	der Palatin, Berg in Rom, auf ihm lagen die Kaiserpaläste
Papīrius	römischer Senator um 400 v. Chr.
Persae, -ārum	die Perser
Phaedrus	römischer Fabeldichter zur Zeit des Augustus
Plautus	römischer Komödiendichter um 200 v. Chr.
Plīnius	römischer Schriftsteller um 100 n. Chr.
Poenī, -ōrum	die Punier (Karthager)

Promētheus, -eī	Prometheus, ein Gott, der der Sage nach die Menschen aus Ton erschuf und ihnen in schwieriger Lage beistand; er holte ihnen sogar das Feuer vom Himmel
Quādī, -ōrum	die Quaden, germanischer Volksstamm nördlich von Wien
Rhēnus	Rhein
Rhodius, a, um	rhodisch, von der Insel Rhodos
Rōma	Rom
Rōmānī, -ōrum	die Römer
Rōmānus, a, um	römisch
Rōmulus	der Sage nach Gründer und erster König von Rom
Sallustius	römischer Geschichtsschreiber zur Zeit Caesars
Sāturnus	altrömischer Gott (vgl. L 29 und S 38)
Seneca	römischer Philosoph zur Zeit Neros
Sicilia	Sizilien
Siculī, -ōrum	die Sizilianer
Siculus, a, um	sizilisch
Silvānus	altrömischer Gott der Wälder
Sōl, Sōlis	der Sonnengott
Subūra	das Viertel der armen Bürger in Rom
Sulla	römischer Feldherr und Politiker; Gegner des Marius
Tacitus	römischer Geschichtsschreiber um 100 n. Chr.
Tarquinius	letzter römischer König, um 500 v. Chr. von Brutus vertrieben
Tartarus	der Tartarus, der Sage nach die Unterwelt und ein Ort für Strafen
Tellūs, -ūris	Erdgöttin, Göttin der Fruchtbarkeit
Tiberis, -is	Tiber
Tiberius	römischer Kaiser; Nachfolger des Augustus
Tītānēs, -ūm	die Titanen, ein altes Göttergeschlecht, die Kinder von Himmel und Erde, die von Zeus (Jupiter) besiegt wurden
Trōia	Troja, Stadt in Kleinasien, der Sage zufolge nach zehnjähriger Belagerung von den Griechen erobert und zerstört
Vārus	Feldherr des Augustus; er wurde 9 n. Chr. im Teutoburger Wald von Arminius besiegt
Venus, -eris	Göttin der Schönheit und der Liebe, Mutter des Aeneas
Vergilius	Vergil, römischer Dichter zur Zeit des Augustus
Vesta	Göttin des Herdfeuers
Victōria	Göttin des Sieges

Zu den Bildseiten

Seite 8/9:

oben links:	Die Familie des Publius
oben rechts:	Markus, Claudia und Onkel Tullius im Zirkus
unten links:	Beim Erledigen der Hausaufgaben
unten rechts:	Römische Frau lässt sich von ihren Sklavinnen frisieren. Relief aus Trier

Seite 32/33:

oben links:	Sklaven bedienen den Onkel Tullius
oben rechts:	Onkel Tullius zeigt Markus und Claudia das Forum Romanum
unten links:	Tempel am Forum Boarium im heutigen Verkehrsgewühl Roms
unten rechts:	Atrium eines römischen Hauses

Seite 68/69:

oben links:	Saturnalienfest in der Familie des Publius
oben rechts:	Das Forum Romanum. Stich von Giambattista Piranesi (18. Jh.)
unten links:	Blick auf die heutige Stadt Rom vom Kapitol aus
unten rechts:	Antiker Hafen. Wandgemälde aus Stabiae bei Neapel

Seite 94/95:

oben links:	Die Porta Praetoria in Regensburg
oben rechts:	Cicero klagt Catilina vor dem Senat an. Gemälde von C. Maccari (19. Jh.)
unten links:	Sitzung im Bayerischen Landtag
unten rechts:	Römische Münzen

Seite 114/115:

oben links:	Das Kolosseum in Rom
oben rechts:	Römisches Kriegsschiff mit Rammsporn und Enterbrücke
unten links:	Die Piazza Navona in Rom, das frühere Stadium des Kaisers Domitian
unten rechts:	Die weiteren ROMA-Bände

Abbildungen: Alinari, Florenz (4); Bavaria Verlag, Gauting – Foto: SSI; Bonechi, Florenz – Foto: Marco Carpi Ceci; CCM (Franz), Bamberg; Giraudon, Paris (3); Hirmer Fotoarchiv, München (2); Interfoto, München; Alfred H. Kettmann, Bamberg; J. Lindauer, München; L. von Matt, Buochs (2); L. Mazenod, Paris; Rheinisches Landesmuseum, Trier (5); R. Rüger, Bischberg (2); SCALA, Antella (7); Wilkin Spitta, Regensburg; Staatl. Landesbildstelle, Saarbrücken; Stiftung Preußischer Kulturbesitz, Berlin; Süddeutscher Verlag, München – Foto: Martin Thomas; Uhl Verlag, Unterschneidheim; V-Dia, Heidelberg; Verlagsarchiv (40); WAK, Röttenbach (5); Zentrale Farbbildagentur, Düsseldorf

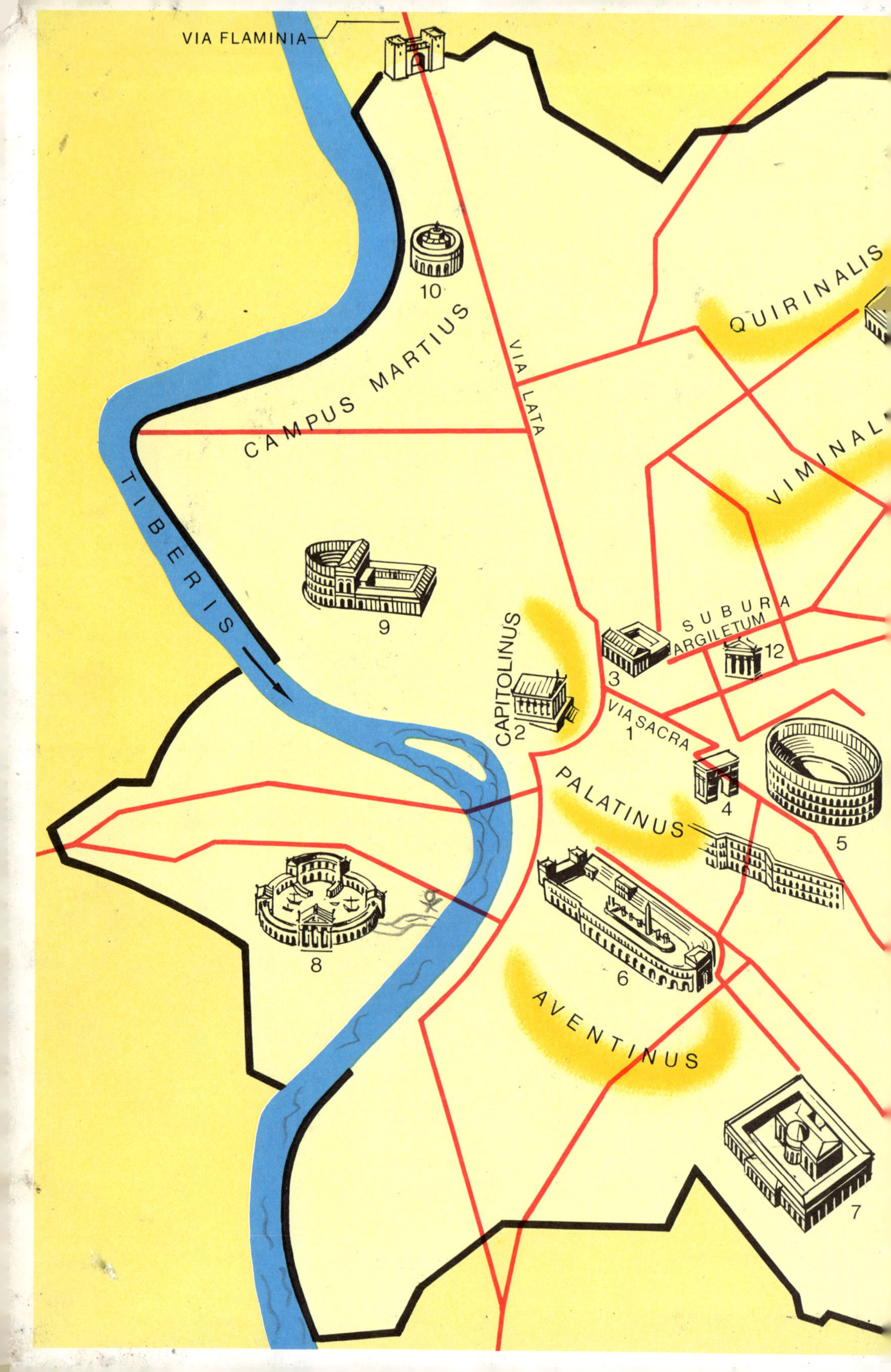
VIA FLAMINIA
10
CAMPUS MARTIUS
VIA LATA
QUIRINALIS
VIMINALIS
TIBERIS
9
CAPITOLINUS
2
3
SUBURA
ARGILETUM
12
VIA SACRA
1
4
5
PALATINUS
6
8
AVENTINUS
7